牵手一生

HAND IN HAND FOREVER

少林木子 编著

内蒙古文化出版社

图书在版编目（CIP）数据

牵手一生 / 少林木子编著. — 呼伦贝尔：内蒙古文化出版社，2009.4
ISBN 978-7-80675-698-0

Ⅰ.牵… Ⅱ.少… Ⅲ.婚姻—通俗读物—通俗读物 Ⅳ.C913.13-49

中国版本图书馆 CIP 数据核字（2009）第 050199 号

牵手一生
QIAN SHOU YI SHENG

少林木子　编著

责任编辑	乌日乐
封面设计	文豪设计

出版发行	内蒙古文化出版社
地　　址	呼伦贝尔市海拉尔区河东新春街4-3号
直销热线	0470-8241422　　邮编　021008

排版制作	鸿儒文轩
印刷装订	三河市华东印刷有限公司
开　　本	710×1000毫米　1/16
字　　数	250千
印　　张	17
版　　次	2009年5月第1版
印　　次	2024年1月第2次印刷
书　　号	ISBN 978-7-80675-698-0
定　　价	56.00元

版权所有　侵权必究
如出现印装质量问题，请与我社联系。联系电话：0470-8241422

前　言

　　"因为爱着你的爱，因为梦着你的梦，所以悲伤着你的悲伤，幸福着你的幸福，因为路过你的路，因为苦过你的苦，所以快乐着你的快乐，追逐着你的追逐，因为誓言不敢听，因为承诺不敢信，所以放心着你的沉默，去说服明天的命运……"

　　一遍遍地谛听着这首老歌，心灵一次次地被打动。

　　光阴荏苒，岁月蹉跎。生活的忙碌，或许已使我们遗忘了曾经的悸动。牵手之后，爱，就如同左手牵右手一样习惯。而过去为牵手找个理由的丝丝情感，已飘落在风中。

　　牵手一生，需要我们理解、宽容、信任，需要尊重、关心、呵护、谦让，更需要忍耐、体谅、怜惜、包容和责任。牵手是向往，是祝愿。牵手一生，是每个人追求的目标，是相爱的人追求一生的梦！

　　当我们牵手走上红地毯的时候，那种幸福的眩晕感让我们落泪。我们十指相扣、相视而笑，手中传递的是无言的默契，是彼此相互的支持，是对今后婚姻的庄严承诺。牵了手以后的日子，是甜蜜的幸福。

　　牵手一生，莫过于"和相爱的人在一起慢慢变老。"因为有了爱，彼此心中就有了一份责任，一份牵挂；一旦牵手，无论今后的日子里，是苦是甜，是悲是喜，也不管未来是鲜花铺路，还是荆棘满地，我们都要不离不弃，彼此相爱。在平淡中体味着爱与被爱，默默地走过四季，走过风景，走向我们幸福美满的明天。

每当看见夕阳下林荫道上相互搀扶的白发夫妻，一种感动总是情不自禁地溢满心头！他们所走过的岁月里物质比现在贫乏、家庭负担比我们沉重，他们的婚姻大多是遵从父母之命、媒妁之言，然而他们相互关怀、相濡以沫，经历了无数的风雨，无论贫穷、疾病、灾难，始终微笑地走在一起——他们是人世间一道最靓丽的风景！

白发不识少年心，却笑岁月早蹉跎。当青春渐渐离我们远去，皱纹悄然爬上我们的额头，乌发全然变成皓首，像一朵枯萎得快要凋谢的花时，还有一个爱着你的人牵着你的手，关心着你，照顾着你，呵护着你。当我们依偎在窗前，看着夕阳依旧如几十年前那般鲜红，正如我们的爱情，虽不亮丽，却温和永恒。那是多么的幸福，多么的浪漫啊！

"没有风雨躲得过，没有坎坷不必走，所以安心的牵你的手，不去想该不该回头，也许牵了手的手，前生不一定好走，也许有了伴的路，没有岁月可回头……"多么真挚的情感，没有修饰、没有夸张、没有承诺，却道出了最美的誓言。

"死生契阔，与子成说。执子之手，与子偕老。"一生牵手，一路与你；一生牵手，永恒不变。

愿天下所有夫妻在平淡真实中牵手白头，慢慢变老！

目 录
CONTENTS

♥ 上篇　做个好丈夫 ♥

　　好丈夫不一定会做家务，但他心里必须装着家，并为了家的安定和幸福时常能策划出妙趣横生的节目；好丈夫尊重父母也尊重妻子的父母；好丈夫不会把自己的意志强加给妻子，同时也不会时刻以妻子的意志为转移；好丈夫要有他自己的事业与追求，他要把自己当成一座山或者一棵树来为家遮风挡雨；好丈夫偶尔也会疲倦，就像妻子躺在他的怀里一样偶尔也享受一点呵护。

好丈夫的 10 条标准 / 3
好丈夫拥有 8 颗心 / 5
好丈夫的 5 项原则 / 6
好丈夫的 4 大角色 / 8
好丈夫的 3 大法宝 / 10
好丈夫的 9 个品质 / 12
好丈夫应做的 12 件事 / 13
好丈夫疼爱妻子的 68 个经典细节 / 16
好丈夫的 5 大责任 / 19
好丈夫的 3 种境界 / 21
好丈夫的 8 项注意 / 23
妻子孕期时丈夫的 6 项职责 / 24
女性讨厌的 50 种男性 / 26
女性心中的男性美 / 28
魅力男士 7 堂课 / 30
用心营造"女人缘" / 31
读懂女人 / 33

妻子最忌讳的 6 点 / 36
好丈夫的 10 "诫条" / 38
妻子写给丈夫的悄悄话 / 39
好丈夫绝对不能说的 6 句话 / 41
让妻子永不变心的 10 大绝招 / 42
怎样对待爱唠叨的妻子 / 44
怎样对待爱"吃醋"的妻子 / 47
怎样对待任性的妻子 / 48
了解妻子的性秘密 / 50
读懂妻子的性信号 / 52
掌握妻子的性欲周期 / 53
激发妻子的性欲 / 55
如何与岳父母相处 / 56
怎样处理好妻子与母亲的关系 / 58
给好丈夫的 15 条忠告 / 59

♥ 中篇　做个好妻子 ♥

　　作为一位好妻子，首先要学会去了解男人，去挖掘、探索他们的心理取向，让自己潜入无声地走进他的内心世界。男人承受的是什么？是社会的压力，生活的劳累！男人肩上扛的是什么？是责任，是辛苦！男人忍受的又是什么？是忍辱负重，是心力憔悴！男人需要的又是什么？男人更需要的是理解、信任、疼爱和关心！所以，好妻子就是丈夫需要时的关心和疼爱。

给新娘的 9 个忠告 / 63
如何做个好妻子 / 65
好妻子就是好主妇 / 67
好妻子的秘诀 / 69
好妻子的 17 条标准 / 70
好妻子应具备的 4 种气质 / 74
好妻子的 4 大法宝 / 76
好妻子"勾引"丈夫的 10 条绝招 / 78

好妻子会与丈夫"调情" / 80
好妻子有"女人味" / 83
好妻子温柔体贴 / 85
好妻子会撒娇 / 90
好妻子有魅力 / 91
让自己成为一个有魅力的女人 / 94
女人魅力语录 / 95
个性，女人最迷人的魅力 / 97
好妻子有智慧 / 99
好妻子"风情万种" / 101
好妻子充满性感 / 103
好妻子是情人 / 107
好妻子会给丈夫"面子" / 108
好妻子应当会"管钱" / 110
如何施展你的性感魅力 / 112
好妻子10大修炼原则 / 115
幸福女人的16个处方 / 119
妻子购物影响丈夫 / 120
给男人一点自由空间 / 121
让老公更爱你的必杀技 / 123
不要干预丈夫的工作 / 124
12种不受欢迎的女性 / 126
令丈夫讨厌的10种妻子 / 128
好妻子的11条禁忌 / 136
好妻子的9条"诫条" / 137
好妻子绝对不说的12个字 / 139
丈夫最讨厌妻子说的10句话 / 141
让你美丽一生的8个绝招 / 143
读懂丈夫 / 145
男人情欲的8大隐私 / 147
领会男人的性语言 / 150
好妻子常与丈夫谈性 / 152
怎样处好婆媳关系 / 154
如何调适好婆媳关系 / 156

与婆婆相处的 3 个原则 / 159
如何与异性交往 / 160
丈夫有外遇，妻子有责任 / 162

♥ 下篇　琴瑟和谐　共浴爱河 ♥

相爱容易相处难。
爱一个人，也许不需要理由，但一定需要理解。
你的理解是对我无言的尊重；
你的鼓励就是给我最大的支持；
你的支持是我前进的动力。
家庭是温暖、是关怀、是和睦、是理解、是自由、是宽容、是放松、更是我们的避风港，每对夫妻在这个温馨的港湾中要多一点理解，多一点关爱，琴瑟和谐，共浴爱河，相搀相扶，白头偕老。

夫妻相吸 4 妙法 / 167
夫妻相处 10 大艺术 / 169
夫妻恩爱 4 大法宝 / 172
夫妻恩爱的 15 堂必修课 / 174
夫妻和谐的 3 条原则 / 177
夫妻恩爱的 9 个规则 / 179
夫妻和睦相处 7 窍门 / 181
夫妻和谐 18 招 / 185
幸福家庭的 7 种"调味品" / 187
夫妻相吸的 20 个完美方案 / 189
把握婚姻美满的 12 条秘诀 / 192
让婚姻永远保鲜的 8 大秘笈 / 195
婚姻持久幸福的 8 大特征 / 198
夫妻沟通的艺术 / 200
幸福婚姻 10 不要 / 204
夫妻 22 条经典"魔鬼定律" / 205

夫妻恩爱手册／207
快感婚姻6方案／208
夫妻性爱3禁忌／210
夫妻性生活7大魅力／212
"新鲜"性生活6主张／214
提高"性趣"的5个直觉／215
夫妻性生活14点禁忌／218
夫妻性生活5点劝告／221
影响夫妻性欲的10大因素／223
夫妻性生活调适的6条原则／224
夫妻性生活禁忌及性保健／227
中年夫妻如何获得新婚般性激情／231
如何改善中年夫妻感情淡漠／232
婚后如何与异性交往／234
与异性朋友交往的三大纪律八项注意／236
侵蚀夫妻感情的6种毒素／238
夫妻间产生猜疑的3大根源／241
夫妻矛盾产生的4大成因／242
激化夫妻矛盾的4种语言／245
夫妻矛盾7忌讳／247
化解夫妻矛盾7妙法／248
吵出更幸福的婚姻生活／249
婚姻危机的本质根源——性／251
婚姻危险期的"曲线"／253
如何度过"危险期"／256
外遇的8种形式／259
夫妻外遇的5种心理／260

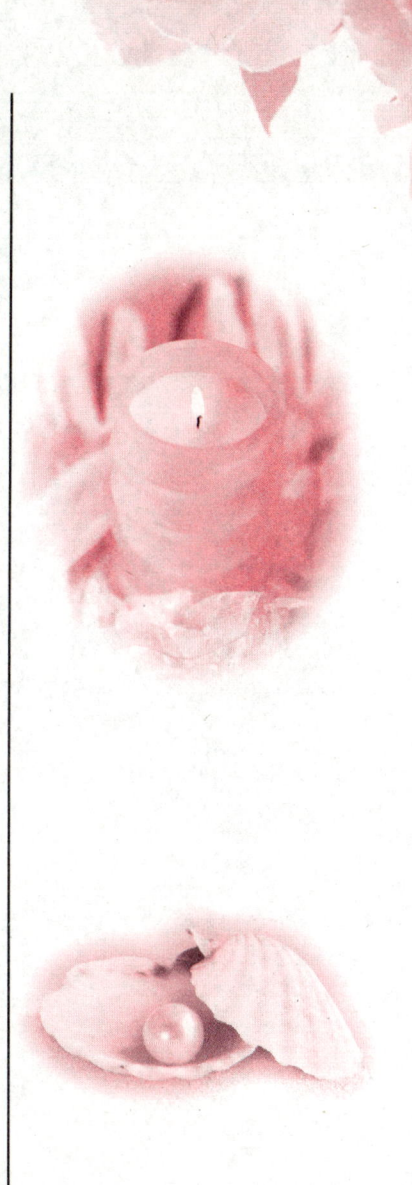

上篇
做个好丈夫

　　如何做个好丈夫？这不仅仅是一个家庭问题,也是一个社会问题。

　　究竟何为好丈夫？其实谁也说不清楚,相信一百个妻子有一百种说法。

　　好丈夫不一定会做家务,但他心里必须装着家,并为了家的安定和幸福时常能策划出妙趣横生的节目;好丈夫尊重父母也尊重妻子的父母;好丈夫不会把自己的意志强加给妻子,同时也不会时刻以妻子的意志为转移;好丈夫要有他自己的事业与追求,他要把自己当成一座山或者一棵树来为家遮风挡雨;好丈夫偶尔也会疲倦,就像妻子躺在他的怀里一样偶尔也享受一点呵护。妻子发脾气时好丈夫会暂时避开锋芒;妻子寒冷时,好丈夫温暖她,妻子春风得意到意志不清时,好丈夫将毛巾敷在妻子额头上;好丈夫也发脾气,但他不会在发脾气的时候伤到妻子的自尊心或者故意毁坏妻子喜欢的东西。好丈夫的一声叹息可以阻止妻子依次的莽撞的行动。好丈夫是妻子在分离时的牵挂,也是魂牵梦绕的归宿。好丈夫与妻子恩恩爱爱甜甜蜜蜜嘻嘻哈哈肩并肩手牵手走向千山万水峡谷险滩——直到生命的尽头。

由于女性的生理特点,决定了女性在心理上依赖于男性,将丈夫作为自己的保护神。在大部分妻子的心目中,丈夫是强壮、坚韧、力量的象征。作为丈夫,应掌握妻子的这一心理特点,勇敢地充当起家庭的支柱,使妻子在心理上有安全感和归属感,像飘荡的小舟驶进宁静的港湾。

　　女性一般不能忍受沉默,她们感情丰富,常常需要表达与倾诉。能体贴妻子的聪明丈夫,不管工作多么忙,心里多么烦,回到家中都能平心静气地认真倾听妻子的讲话,即使是一些微不足道的小事情与小感觉也要认真去听,对她的成绩予以肯定,对挫折与不顺心予以同情和鼓励。

　　女性的"自爱心理"希望不时地、经常地得到丈夫的爱。作为丈夫,应了解妻子这一特殊心理,经常做一点爱的表示,如不时的吻她一下,送她一点小礼物。

　　女性的感情特点是体验细微,能察觉到男性不易发现的感情细微变化。丈夫在专注自己的事业、家庭的未来等大事的同时,也应当注意一些小节,常说几句温存的话给妻子是非常必要的。切记:丈夫的甜言蜜语是妻子不可少的"零食"!

Hand in hand forever

牵手一生

好丈夫的10条标准

责任心强

一个好丈夫首先要爱这个家，时刻把家放在心上，也就是有责任感。要像一颗大树为妻子和孩子撑起一片荫凉，让妻子和孩子有安全感。

体贴入微

有人说：女人要哄。妻子做家务累了丈夫说句体贴的话，或者动手帮着干点儿；心情不好的时候和妻子聊聊，说几句安慰的话，这样任何一位妻子都会感到幸福的。

独具魅力

这种魅力，并非取决于表象的伟岸挺拔与包装的风流倜傥。而来源于他缜密审慎的理性思维，善解人意的温馨话语与身体力行地兑现承诺。

恪尽职守

生活使他们懂得了肩负的责任，他们不会为一时的心猿意马而自酿苦酒，也不会为一时的痛快淋漓而放荡不羁，责任感使他们学会了把握自己。

眷恋小家

他们不会为一时的激情所至，"布方城"通宵达旦；也不会为短暂的诱惑，"恋舞池"彻夜不归。因为称职的丈夫懂得，只有营造好小家，才能拥有快乐的港湾。

善于生活

他不仅仅满足于做妻子生活的伴侣，更期冀自己成为妻子生命的伴侣。因为广博的阅历告诉他们：生活的伴侣唾手可得，而生命的伴侣来之不易。

牵手一生

· 深谙宽容

与爱妻发生争执或凭添不快时，他们既不会河东狮吼，更不会拔拳相向，而只会缄口无语，退避三舍，在忍让中化解矛盾，在宽容中再造和谐。

· 善解人意

妻子秉烛夜读，他会捧一盏香茗而相伴；妻子忙于事业，他会烹制好饭菜在桌边；妻子应酬社交，他也不会醋意大发地跟踪盯梢。

· 事业有成

无论是跻身仕途，还是身为平民，只要大丈夫"志存高远"，在事业上有所进，有所成，有所获，为人妻者，也会对你刮目相看，颇为敬重。

· 心胸豁达

好丈夫不会为鸡毛蒜皮的琐事，而耿耿于怀；也不会为微不足道的小事，去唠唠叨叨或婆婆妈妈。出一言"驷马难追"，办事雷厉风行，必胸多豁达，妻子才会钟爱你。

好丈夫是把不快的压抑埋入心底，把生活的苦涩留给自己，把岁月的重负悄然担起。

好丈夫拥有 8 颗心

责任心

为了家，为了妻子，为了孩子努力工作而不觉得厌烦。好丈夫是天，是家里的顶梁柱。

爱心

妻子把一生交给你，你就要心甘情愿地做那滋养鲜花的肥料。不要吝啬，一句"我爱你"会让她心花怒放，灿烂一整天。

耐心

母亲和妻子的矛盾需要你的周旋和化解，也许有时候你会两边不是人，但你得有足够的耐心，毕竟，她们都是你最亲的人。

宽容心

在妻子手忙脚乱地端出糊了的菜的时候，千万不要皱眉，还要夸她进步不小，这样，她就会乖乖地再为你做真正有进步的下一餐。

专心

要抵得住诱惑，外面的世界很精彩，但只有妻子愿意为你洗袜子、为你生孩子，珍惜身边的她才是最明智的。

细心

女人都是水做的，敏感而又脆弱，你要在她伤感失意的时候给她一个温暖的怀抱，不需要太多的言语。

牵手一生

浪漫心

在妻子的生日或者结婚纪念日，买点礼物，给她个惊喜。哪怕只是一条丝巾或者一个小小的发卡，都能让她感动不已。

欣赏心

别盯着妻子的缺点不放，当她穿上新衣服，夸她漂亮吧！夸张点不要紧，哪个女人会不爱听呢？

夏娃语典

好丈夫站起来是一棵树，为小家遮风挡雨；躺在地上是一座桥，任妻子儿女走过湍流！

好丈夫的5项原则

要摆正婚姻的地位

婚姻是什么？是一件严肃的事情。正像有的人说的，我们在不断的奔走，为的就是寻找真正的爱情。如果你找到了，我恭喜你；如果你结婚以后发现婚姻不过如此，也没有必要泄气。你想想吧，你的父辈，你的父辈的父辈都是这样走过来的，你一定也可以走过去。认真的生活比什么都重要。

做一个品行端正的人

虽然说在任何时候任何场合人品都重要，但是在婚姻中尤其重要。只有具备好的人品，做丈夫才有底气，如果你的心里存有任何的欺骗心理，存有任何的不忠诚，你一定会在与你的妻子的交往中体现出来，你感觉累，你的妻子也累。长期下去问题一定是层出不穷。

要做一个真实的人

你与老婆沟通最好的方法就是坦诚相待，有问题并不可怕，怕的是不能够认真对话。对自己的老婆不要有任何的隐瞒，无论你自己是好是坏，都要把真实的一面暴露给自己的老婆。

有喜悦共同分享，有困难共同承担，同舟共济才可以做长久的夫妻。

做一个宽厚的人

对老婆要有宽容之德，我见过这样的人，对同事可以宽厚待人，可是对自己的老婆却做不到这点，问其原因，这样的人会说，别人犯错误是他自己的事情，与自己没有关系，所以可以宽厚相待；而老婆却不可以这样，有问题就要直接说出，因为老婆是亲人。

要做一个平静安逸的人

夫妻之间相处也要遇事不慌，平静地对待夫妻之间的问题，要经常交流，互相关心，以心换心就没有解决不了的问题。

夫妻语典

实际上夫妻闹不团结，往往不是原则性的分歧，而是因为鸡毛蒜皮的小事引起的，说到底就是你——男人的心胸不宽、度量不大造成的。

好丈夫的4大角色

领导者

在夫妻的婚姻生活中，上帝设立丈夫作头，扮演一个领导者的角色。丈夫应凡事负起带领的责任，作妻儿的榜样。领导者应注意领导的态度和领导的范围。

一个领导者不是发号施令和辖制人的独裁者。愿为首就先为仆；领导就是服务。所以丈夫应以领导的心态应站在服务的地位，处处以妻儿的利益为重，用智慧、爱心、耐心来负起领导的责任。

丈夫当带领妻子一起制定家规，注意妻儿身心的需要和平衡，带领她们从事有益身心的活动。丈夫象船长一样，船出了问题——偏离航道、触礁或沉没，丈夫一定要负责。丈夫若不追求长进，又没有好的榜样，只是霸道地要求妻子顺服，也是造成婚姻破裂的原因之一。

施爱者

爱必须靠着正常的渠道来表达，才能发出光和热来。要让被爱的人感受到你的爱，要用智慧、创造性、以及各种不同的方式向妻子表达。

（1）"我爱你"、"对不起"、"谢谢你"是该常说的话。爱，不仅要放在心里，也要放在嘴上。

（2）分担家务及教导孩子的责任，不要把"男主外、女主内"分得那么清楚。

（3）放弃自己的意愿，达成她的愿望。

（4）不在人前数落她的短处；不把她与别的女人相比。

（5）让她知道她在你心目中的地位，胜过一切人际关系。

（6）用温柔、尊重的态度跟她说话（尤其在人前）。

（7）常向她表示欣赏并称赞她。越挑剔距离越远；越称赞距离越近。

高明的丈夫懂得巧妙地帮助妻子使她更可爱！

保护者

（1）小心翼翼地珍惜，如同珠宝商珍惜一块宝玉一样，惟恐其受到损伤。丈夫应保护妻子以免受到别人的伤害，同时也应了解妻子，帮助改进其人格上的缺欠或偏差。

（2）及时了解妻子生理、心理与情绪的变化情况以及经期、怀孕期与更年期的反应。

（3）要敬重妻子，在作决定前一定先与妻子商讨。厦门人称太太为"牵手"，说出同心同行、二人平等、彼此扶持、互相欣赏、彼此等候的意义，实在太美了！

（4）应视她为骨中骨，肉中肉。以善待己身的心来保养顾惜她。

（5）要喜悦你的妻子不可喜新厌旧，要常常为妻子感到兴奋、欢喜。

供应者

（1）赚钱养家是丈夫理所当然的基本责任。但丈夫也不应埋没妻子的才干，因此妻子若出于甘心情愿运用所长，上班赚钱贴补家用也是好的。但丈夫决不可强迫她承担她还没有足够准备或能力去承担的责任。

（2）应当量入为出，不作超过自己能力的花费或投资，"敬虔加上知足的心便是大利了"，不要为了跟别人比，而带来经济上的压力。

（3）当妻子不能工作或必须留在家里时，丈夫要了解、尊重，并乐意降低生活标准。一个温暖可爱的家比豪华美丽却情绪紧张的家更吸引人。

夏娃语典

> 不要让妻子过于劳累而伤害身心。丈夫应替妻子分担家务，照顾孩子，让妻子的身心得到调剂，重新得力。

牵手一生

好丈夫的 3 大法宝

对不同的妻子而言，好丈夫的标准也是不同的。有人觉得事业成功才是好丈夫，有人认为好丈夫必须温柔体贴懂浪漫。在我看来，能够让妻子更出色的就是好丈夫，要想做到这一点就必须掌握 3 大法宝。

"赏"妻

案例：一个酋长有三个女儿，大女儿和二女儿漂亮能干，均以 12 头牛的聘礼被人娶走。可是三女儿和两个姐姐比起来就逊色多了，不那么能干也不那么漂亮，酋长便放出话来，谁愿意娶她，6 头牛的聘礼就够了。后来，有一个人坚持以 12 头牛的聘礼娶走了三女儿。一年后，酋长见到小女儿的时候，惊讶地发现她变得非常能干，一言一行无不落落大方让人赞赏。酋长问女婿是如何办到的，女婿微微一笑说：我只不过告诉她，她确实值得 12 头牛的聘礼。丈夫的欣赏、赞美和鼓励改变了酋长的三女儿。

其实在这个社会，绝大多数女人都象那个小女儿一样，不那么能干也不那么漂亮。尽管你的妻子只是一位平凡的女人，但如果你用不平凡的眼光来看她，这会让你的妻子不自觉地抬头挺胸。另她认为，哦，原来自己也是非常优秀的。她会开始以更高的标准要求自己，检视自己，于是，进步就成了顺理成章的事情了。

"训"妻

案例：有位女孩因为身材太胖而多次相亲未果，她终日在自卑中抬不起头。有一天，女孩在逛街时与一位打扮时尚、细挑漂亮的女孩同时看中了一条裙子，但却只有一条。漂亮女孩非常傲慢地打量着她，"你不怕撑破吗？"女孩窘得要哭了，她嗫嚅着打算走时，老板过来盯着她说"这条裙子属于你了，但你必须减肥，三个月以后我等你来取。"在这三个月里，老板天天给女孩打电话，只淡淡地重复着一句话"你穿起那条裙子肯定会明艳动人"。最后当瘦下来的女孩穿上裙子的那一刻，她的眼泪涌了出来，多年的委屈和自卑终于找到了决堤的出口，汹涌而出。后来她成了那家布衣店的老板娘。那个女孩就是我的表姐。结婚后，表姐夫想转行做布匹生意，他劝表姐辞职来独立经营他的三家服装连锁店。表姐顾虑重重，"我只是一名普通教师，没学过经营能行吗？""你能行，相信我。"表姐夫非常肯定。表姐怀着忐忑不安的心辞职涉足商业。最初一年，表姐夫推掉所有事情手把手地教妻子学管理、做生意，在他的教导下，表姐越来越自信、能干，一年后自己完全能够胜任，经过她的打拼不到三年连锁店扩大了一倍，表姐成为我们那座小城有名的私营家。

好的丈夫就是一所培训和改变妻子的好学校。为什么这样说呢，因为人与人之间都存有个性差异，两人结婚后，当妻子的一些习惯或者别的什么东西成为你们交流的障碍时，好的丈夫通常会告诉妻子"如果你能够这样我会更喜欢你。"有些丈夫看了可能会不以为然，这是多么简单的事情啊。可是如果这件简单的事情用你一生去做，在你一生中的每时每刻去做呢？我想许多丈夫是做不到的。有些人是宁愿厌倦到终老，也不会为幸福改变。而真正的好丈夫是有毅力与恒心来这样做的，他会用他的爱、他的真诚、他的一言一行来影响自己的妻子。

"识"妻

案例：在美国有一座6公顷的山林，它的主人是一位秘鲁移民。当美国掀起西部淘金热时，主人卖了山林，在西部买了90公顷土地进行钻探，最后将家底也折腾光了也没见一丝金沙或金矿。当他不得不重返故地时，发现那里机器轰鸣，工棚林立。原来，被他卖掉的那个山林，就是座金矿，它就是美国有名的门罗金矿。那些报怨妻子的丈夫就象门罗金矿的主人一样，明明拥有着一座无价之宝，但却不用心开发，甚至置之不理，最终痛失金矿，后悔一生。

其实在这个世界上，每个女人都潜藏着独特的天赋，这种天赋就像金矿一样，埋藏在她们平淡无奇的外表下。好的丈夫会用独特的识别力，用他的恒心和毅力来挖采妻子身上蕴藏的金矿的。

夏娃语典

有心的老公一定要记住，你的妻子最终成为独一无二的宝藏，只需你的双眼和心灵。

好丈夫的9个品质

真实

男子汉要真实,真实最有力量。丈夫不必说谎,那是自找受罪和难为自己,到头来也失去了妻子的信任。

深刻

深刻的男性少,所以才显出深刻的魅力。思想深刻的男人,要比英俊的相貌、高深的学历、官员的头衔、甚至比钞票更有吸引力。

胸怀

有胸怀的丈夫,让妻子感到放心、安全、轻松,可以袒露出女性的内心世界,因为她们相信哪怕自己错了,丈夫也会谅解。

敢为

男人重要的品行是敢为。男人敢于把自己的想法付诸行动,敢为包括:敢想、敢做、敢胜、敢败、敢爱、敢恨。

风度

品德好,作风正,内心世界高尚,若是没有风度也难打动女人的心,风度代表着人格倾向,对男人来说风度是一种成熟美,女性最欣赏男人的就是成熟。

幽默

有幽默感的丈夫,大多具有积极向上的精神,这样的丈夫受到挫折,遇到逆境绝不愁眉苦脸,使人不感到逆境的压力,即使是沉重的生活同样也显示出轻松的心态。

Hand in hand forever
牵手一生

· 进 取 ·

人往高走，水往低流。 男子汉的进取表现在生命的任何一个起跑点。什么时候起跑都不晚，关键是有进取心。

· 浪 漫 ·

"婚姻是爱情的坟墓"？ 夫妻的生活与恋爱最大差别就在于缺少相互间表达爱的浪漫，好丈夫应具备对妻子有一张持久浪漫的厚脸皮，这种厚脸皮的丈夫会让妻子每天都生活在"小女孩"时代。

· 冒 险 ·

女性缺少冒险精神，但喜欢敢冒风险的丈夫，妻子希望能和丈夫一起探险。 探索的意境与那种神秘，令人神往，使妻子的"冒险刺激的好奇心"得到满足。

夏逢语典

有句话叫"男人不坏女人不爱"。坏的魅力就在于他们做事奇特，不多做解释，只是给人最后的结论。这样的丈夫使妻子感到深奥，再加上他们的好品质，才有对女性的引力。

好丈夫应做的12件事

❤ **1** 一定要记得经常对她说：我爱你。不管已经说过多少次，不管是她第几百次问你"你爱我吗？"，或当她对你说"我爱你"时，你都要很真诚地说："我也爱你"。

牵手一生

♥2　如果你不爱她了，放了她。不要白白享受着她的照顾和温柔，然后漫不经心地寻找着别的女孩。不要找到别的女人之后才说我们分手吧。

♥3　在你的朋友和她的朋友面前不要摆出一副大男人的样子对她呼来唤去。女人愿意照顾你，满足你大男人对"三从四德"的喜好，是因为她爱你她宠你，但并不表示她愿意被当做佣人和附庸。

♥4　你答应她的事情再小也要做到。女人都希望有个坚强的肩膀依赖，想告诉你她的一切，但是你如果连小事情都做不好，她怎么去依赖你？当她说一些你不认可的事情也不要去指责或者冷漠地对待，这样她怎么去信任你而把心里话都告诉你？

♥5　不要总在你们相处的时候打游戏或者上网。当你不亦乐乎的时候，她也许已经觉得很被冷落，而你却只注意着你的电脑。

♥6　女人总有几天是经期，那时候是不能用理智控制的。不管她怎么歇斯底里、不讲道理、喜怒无常，你都要哄着她、包容她，绝不要表现出不快和不耐烦。

♥7　不要总向往地说想三妻四妾，说古代男人真幸福呀，说想三人行。她把你当作她的唯一，也希望你把她当作唯一。常这样说的你，她能放心让你出门去会姐姐妹妹、狐朋狗友吗？不要总当着她夸奖红颜知己，不要对别的女人比对她还关心。女人是敏感的动物，她并不是不信任你，她只是对你太在乎，希望你也可以一样。

♥8　不要总当着她的面盯着别的女人。不要总去赞叹别人的美丽，或者对她说你为什么不能如何如何。女人希望你爱的就是她现在的样子，希望自己是你心中最美、最性感、最重要、最爱的人。

♥9　女人不管多贤惠，多有母性，但骨子里都是一个孩子。不要总希望

Hand in hand forever
牵手一生

她多么为你着想,多么会体贴你的感受,多么以你为中心。她也希望可以像孩子一样任性,希望有个人像宠孩子一样宠她爱她,照顾她关心她,而不只是像孩子一样向她索取关爱和宽容。

❤ 10　做错了事情、伤害了她要承认,并且用行动向她赔不是。偶尔放下所谓男人的面子,就能温暖她受伤的心。不要说了要改,下次又犯,她可以原谅你偶尔的错误,但是不能容忍一错再错。

❤ 11　在她脆弱的时候、心情不好的时候呵护她,在她慌乱无助的时候支持她指引他。爱健康自信的她,也爱疾病无助的她,而不是只要求她把最好的一面给你。做她的英雄、她的王子、她的骑士。

❤ 12　绝不要背叛。不要想"家里红旗不倒,外面彩旗飘飘",别把女人当作衣服。

夏娃语典

给她真正的安全感,不一定是婚姻。而是:无论贫穷还是富有,健康还是疾病,相爱相依,不离不弃,直到死亡把我们分开。

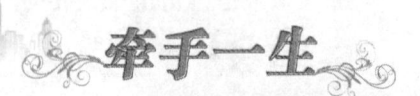

好丈夫疼爱妻子的68个经典细节

好好疼爱你的妻子,你们的婚姻一定会很幸福美满!

1. 只要妻子还能闻到花香,就该常常买些鲜花送给她。

2. 即使已经结婚多年,还是时常赞美她做的菜。

3. 假使在外边受了委屈,不妨告诉她——喜欢她像母亲一样抚慰你。

4. 请妻子对自己的事情发表意见,有时要采纳。

5. 买可以引起两人共同回忆的唱片。

6. 留心预备几个她没有听过的笑话讲给她听。

7. 一起出外应酬时,如果她想回家,听她的话。

8. 千万不要说:"这个菜我中午已经吃过了。"

9. 千万不要问她:"你整天在家做什么?"

10. 买点礼物给妻子,不一定要有什么特别的原因。

11. 不要在妻子发脾气的时候,你也发脾气,这无异于火上浇油。

12. 不要在妻子面前夸赞别人的妻子。

13. 可以偶尔吃醋,表示你很在乎她,但要适可而止。

14. 向新朋友介绍她时,请搂着她的腰,而不是站在一旁用手指点。

15. 在街上遇见美女凝视时间不要超过5秒。

16. 要是她朝你哭,你要不厌其烦地哄她,直到她破涕为笑!

17. 把她的照片贴到钱包、手机……一切经常看到的地方。

18. 离开她绝对不超过10天以上。

19. 在她的同事朋友面前，希望你可以表现得比平时更疼爱她的样子。

20. 永远不要在公众场合对她发脾气后撇下她一人走开。

21. 她做错事情的时候教训她不要紧，最重要的是在那之后要哄她。

22. 发脾气时不要不理她，不要给时间让她冷静，其实她完全不需要时间冷静。

23. 看她的眼神无比专注。

24. 说话的语气情深意长。

25. 有女孩和你说话，你要拉着她的手，如果她恰巧不在旁边，那么请你跟她们保持距离。

26. 过马路的时候牵着她的手。

27. 要懂得珍惜和她在一起的每分钟。

28. 就算再忙，每天都不忘打一个问候的电话。

29. 她生活中不顺心，你要帮忙分析，提出建设性方案若干。

30. 即使全世界的人都不相信她，你也要无条件相信她。因为她也会同样对你。

31. 在她心情遭透，蛮横地发脾气的时候，抱抱她，而不是和她理论。

32. 妻子不讲理是撒娇，而不是撒野。

33. 按时下班回到家给妻子做美味的饭菜。

34. 晚饭后拉着妻子的手去散步。

35. 要每年都给妻子买喜欢的化妆品，把妻子打扮得漂漂亮亮的。

36. 妻子生病的时候要提醒她按时吃药。

37. 对妻子穿的新衣服不能视而不见，而且要说很漂亮，很适合她。

38. 每天晚上抱着妻子睡。

39. 冬天用自己的体温来温暖妻子冰冷的手脚。

40. 每年安排和妻子一起出去旅游。

41. 手机要一直开着，让妻子可以随时找到自己。

42. 在每次小别的前后都要给妻子深深的吻。

43. 多陪妻子上街买最爱的裙子。

44. 下雨的时候挽着妻子的肩，共撑一把伞。

45. 学习各种按摩方法给妻子做按摩，特别要常做足底按摩。

46. 记着妻子不舒服的是哪几天，把妻子的卫生用品买好。

47. 不与其他的女性来往密切而让妻子怀疑。

48. 随时让妻子知道自己是有责任感的人。

49. 尊重妻子的隐私，不限制妻子的自由，相信妻子。

50. 抽时间陪妻子看她喜欢的连续剧。

51. 世界上只有妻子是最美丽的。

52. 晚上和妻子说甜蜜的话。

53. 不和妻子赌气，不能吵架。

54. 经常抱抱妻子，即使在大街上也要；和妻子出门要学会牵手。

55. 和妻子看风景的时候从背后抱着妻子。

56. 吃完饭后洗碗，拖地，脏活累活不能让妻子干。

57. 妻子与人争论时要站在妻子一边，即使妻子不对也要私下再和她说。

58. 告诉妻子的家人："我会照顾好她的，请你们放心。"

59. 在公共汽车上扶着妻子，偷偷的亲妻子。

60. 精心给妻子煲很有营养的汤，并让妻子多喝一点。

61. 永远记住三月八日和妻子的生日。

62. 打雷的时候抱着妻子说：别怕，有我在！

63. 夏天的晚上给妻子点上蚊香，不让老婆被蚊子咬。

64. 妻子一个人在外多打几次电话，叮嘱注意安全。

65. 和妻子接吻的时候要全身心投入。
66. 妻子为你做了每件事要心存感激。
67. 每次打电话都让妻子先挂,不让妻子有失落感。
68. 常给妻子拍照,留下愉快的每个记忆。

> 没有人是完美的,分享她的缺点,包容她,而不只是指责,更不要在她最需要你的时候默不关心。

好丈夫的 5 大责任

爱你的妻子

在我们当代文化中,许多人把爱当作纯感情上的事。 这是一个很不完全的概念。 真正的爱是出自意愿。

在圣经时代,大部分婚姻是包办的。 父母之命决定谁和谁结婚,在当今世界许多地方仍然存在这种现象。 然而,包办的婚姻并不一定是夫妻之间没有温情挚爱。 其实,包办婚姻的国家比自由国家的婚姻成功率更高,因为在现代所谓自由婚姻的国家里,离婚率有时高达近百分之五十。

我这样说不是提倡包办婚姻。 这里的要点是婚姻的成功最终不是取决于如何进入婚姻,而是夫妻双方在婚后的行为举止。 如果双方都忠心地各尽其职,按圣经命令的职责去做,那么婚姻就会成功,彼此也会有真挚的爱。

吸收信息

丈夫应当让妻子经常地发表心里的想法,并对她的思想、感情要敏感,

牵手一生

即使她不用言语表达出来，你也要能够知道她的想法。 她没有说出来的感受常常是她最深的感受，做为她的丈夫应当对这些感受尤其敏感。 婚姻瓦解的一大普遍因素是夫妻之间没有交流。

丈夫也应当记住她妻子有她自己的一种特别智慧，常被称为"直觉"。他可以借一长串费劲的推理达成一些结论，但当他向妻子说出时，他可能很惊讶她的回应是："我早就知道是这样的。"

作决定

一旦夫妻之间有坦率、互敬的交流，下一步就是实际决定。 在这时，丈夫的责任是作出最后的决定。 在许多时候，如果有良好的交流的话，妻子是乐于让丈夫担起这个责任的。

保养、顾惜

每一位丈夫对他妻子应有的态度可以用一个词来表达：特别。 每一位丈夫都应当对自己说：我的妻子很特别，没有别的人真正像她。 为此，他应该以一种与其他女人不一样的方式与她相处。 这不单指性关系，也包括他想她的方式，谈论起她的方式、对待她的方式。

保养、顾惜这两个词表示一种亲密的关注，顾及最细小的事。 丈夫应当关心他妻子的健康、外表、她的发型、她使用的香水等。 妻子关注的事他也当关注。

称赞她

有些丈夫很吝啬称赞的话，那是假经济，他们会很惊讶妻子多么渴望称赞一下她们会作出怎样的反应。 称赞你的妻子是你可以作出的一项最好的投资。

如果一个男人有一个忠实、委身的妻子，他没有可能以金钱来衡量她的价值。 所以，丈夫所能做的最起码的一点是向他妻子说出衷心的称赞。

> 一个好丈夫首先要爱家,时刻把家放在心上,要像一颗大树为妻子和孩子撑起一片荫凉,让妻子和孩子有安全感——就是责任!

好丈夫的3种境界

丈夫对于一个家庭来讲,是主心骨、顶梁柱,地位至关重要,作用十分重大。因此,做为一位好丈夫应该具备以下3种境界:

男人的大度

常常说男子汉大丈夫,宰相肚里能撑船,丈夫在妻子面前首先是以男人的身份出现,正因为如此你才可能在妻子面前产生异性的魅力和吸引力。男人最大的魅力就在于他的大度,俗话说"好男不跟女斗",丈夫应该对妻子更多地体贴、关爱和支持。

有些男人由于心胸狭窄、脾气暴躁,在家里趾高气扬,很少能够听得进妻子的意见;喜欢耍大男子主义,什么都以我为中心;刚愎自用,生怕听了老婆的话就是妻管严,就有失自尊,特别那些动辄打老婆的男人最让人看不起。真正的男子汉,应该当好妻子的护花使者,总是在妻子最困难的时候伸出你的手,在妻子最痛苦的时候献出你的爱。只有宽宏大量的男人、对妻子体贴关爱的男人,才称得上是一个真正的男子汉。

大度的男人能够用心倾听妻子的唠叨,能够主动回避争吵,不与老婆在无原则的事情上争输赢;大度的男人即使认为自己有理,也能够静心听取妻子的烦恼,让家庭的战火永远也点不起来。

当家的好手

作为一个丈夫千万不要忘记了自己在家庭中应该担当的责任,应该履行的义务。家庭日常生活料理、钱财管理、孩子教育、老人赡养,都离不开你

的操心。

"当家当知柴米贵"。成家了，就得去掉单身时的一些恶习，在生活上身体力行，多下厨房体验操持家计的辛苦；在经济上注重节俭，少一些不必要的应酬和开销，多一些家庭建设性投入；在家务上多分担少推诿，体力活、苦活、脏活、累活要主动做。在家庭经济遇到困难的时候，要多承担养家糊口的责任。自古以来，男人在养家上注定得多承担一些责任。

妻子的良友

丈夫是妻子的人生伴侣，是陪伴一生的亲人，你的存在对于妻子来说实在是太重要了。"少年夫妻老来伴"，这句话虽老套，却是很有道理的。年轻时夫妻俩缠缠绵绵，激情燃烧，经久之后，虽然再也没了年轻时的激情，但更添了浓郁的亲情，双方再难分彼此。有时间还是多陪陪妻子和孩子，即使你不做任何事，躺在家里看看电视、聊聊天，也会让妻子感到慰藉。当然最重要的是激情不要因婚姻久了而平淡，保持永远的激情，让爱情之花常开。

做妻子的良友，不仅体现在早回家、多回家，也表现在与妻子多些谈话、交流，让亲人不再寂寞。有空闲的时候，也不妨陪同妻子、孩子逛街，散心，多享受一下家庭的天伦之乐。

夏娃语典

做一个好丈夫，要在生活上多关心、在感情上多体贴、在经济上多承担、在利益上多谦让，既要做妻子的亲密爱人，又要做妻子的蓝颜知己，你可以不富有，但不可以没有一颗体贴关爱之心，不能没有责任感。

好丈夫的 8 项注意

1. 注意保持袜子干净。男人永远不会懂得一双臭袜子会引起女人怎样的反感。

2. 即使你的菜没她做得好,也要注意不时地下一回厨房,这会让她感觉到你的体贴。女人最反感男人把她看成天生的"厨房动物"。

3. 出去吃饭时,可以替她点菜,但注意不要告诉她该吃什么不该吃什么。该吃什么女人自己是最清楚的。

4. 注意记住结婚纪念日。不要觉得是老夫老妻了就无所谓,女人在这一点上是永远不会无所谓的。

5. 注意决不让她在夜里单独出门。这一点你做得越坚决就越证明你在乎她。

6. 注意不要说她的新发型不好看。女人换新发型都会经过精心地考虑,你的一盆冷水等于说她没眼光,这会让她在很长时间都不会原谅你。

7. 谈到你以前的女友时,注意记得说"她们都不如你"。要知道女人这时最希望听到的就是这句话。

8. 如果女人问"我是不是胖了?",注意永远不要说是。其实是不是胖了女人自己清楚,她只是想在你的回答中寻求一点安慰而已。

> 在这里,我向作丈夫的你保证,如果你这样在妻子身上播种,你定会赢得丰硕的果实!

妻子孕期时丈夫的 6 项职责

❤ 1 与您的妻子共同学习有关怀孕、分娩、育儿的知识,比如参加孕产妇教育课程、怀孕俱乐部活动、怀孕朋友经验经历交流会等。丈夫要学习一点妊娠的生理知识,了解各种怀孕、分娩的知识,认识到哪些情况可能会出现,应如何帮助妻子解决难题,出现哪些情况应该及时到医院去检查,妻子在妊娠各期应重点注意哪些内容等。为了妻子与孩子的安全,孕早期与孕晚期禁止性生活。

❤ 2 与您的妻子共同承担怀孕阶段保健活动,如按时陪同妻子定期检查身体、及时帮助记录胎动、胎心、早孕反应以及其他情况,为医生提供参考。有条

件者,可以为妻子建立家庭病案,帮助妻子练习分娩动作和呼吸技巧,帮助妻子进行家庭自我监护。这不仅有利于孕期保健,还可以作为将来给孩子的第一份礼物。对于一个懂事的孩子来说,还有什么能比这充满父母之爱的孕期档案更好的礼物呢?

③ 作好后勤保障工作,妻子怀孕以后体力上和精神上负担很重,对营养也非常需要。怀孕初期,妻子的胃口会发生改变,如喜欢吃酸性食物;随着胎儿的生长发育,孕妇的营养需求会不断增加。丈夫应根据妻子的营养需要随时调整饮食,全面满足孕期营养的需要,比如保证新鲜蔬菜、水果的供应以满足维生素的需求,同时加些糙米或粗粮能预防便秘。其次,要注意保证妻子的睡眠与休息,并适当陪同妻子进行体育活动及娱乐,使妻子的心情愉快、劳逸结合。丈夫还应该承担洗衣、打扫卫生等家务,尽量减少妻子的体力劳动。

④ 经常与妻子交流情感,了解妻子的心理状态与需求,并尽量予以满足。更重要的是使妻子产生一种安全感,从而使妻子不再为分娩感到担忧。丈夫对妻子的保护,会使妻子"心中有数"。

⑤ 做妻子的"保镖"。陪妻子外出时,丈夫应起到"忠实保镖"的作用,防止妻子受到不经意的伤害,如碰撞腹部等。节假日、工作之余,丈夫可以陪伴妻子到空气清新的地方散散步,而且应尽量每天坚持一定时间的户外活动。这不仅有利于妻子的健康,而且可增进夫妻间的感情。

⑥ 为妻子分娩与孩子出生的安全,做好精神上、物质上的准备,可以请教一些有生育经验的朋友。提前做好产妇住院及出院物品的准备,以及出院后家庭环境的布置;检查孩子用品是否齐全;住院及出院时与家人的联系方法和有关交通工具的安排,以防情况突然发生时手忙脚乱。

夏娃语典

做一个好丈夫对于每位妻子而言要求是不同的,有的人也许只需要你多花点时间在家,但有的妻子不仅要求你物质上富有,也要求丈夫在精神上多体贴。

女性讨厌的 50 种男性

1. 大男子主义的男人。
2. 和朋友吃饭，永远不肯出钱的男人。
3. 喜欢对女性评头论足的男人。
4. 心胸狭窄的男人。
5. 对女性不尊敬的男人。
6. 言语无味的男人。
7. 饭后不抹嘴的男人。
8. 动辄骂粗话，却自以为有性格的男人。
9. 满头头皮屑的男人。
10. 在饭桌上公然打嗝的男人。
11. 言语尖酸刻薄的男人。
12. 沉迷赌博的男人。
13. 认为"老婆是人家的好"的男人。
14. 领带的颜色和上衣、长裤的色调永远不相衬的男人。
15. 口沫横飞的男人。
16. 打老婆的男人。
17. 自以为英俊潇洒，任何女性都会对他一见倾心的男人。
18. 对家庭没有责任感的男人。
19. 没有主见的男人。
20. 没有道德观念的男人。
21. 对上司唯唯诺诺，对下属颐指气使的男人。
22. 油腔滑调的男人。
23. 满身脂粉气的男人。
24. 只会发号施令，而不动手帮忙的男人。
25. 骗财贪色的男人。

26. 穿耳洞戴耳环与手戴几个戒指、脖子上挂项链的男人。
27. 暴发户式的庸俗男人。
28. 忸忸怩怩、搔首弄姿的男人。
29. 不时鼓起下唇吐气以吹动额前垂发，还以为很潇洒的男人。
30. 穿着背心上街溜达的男人。
31. 小指留长指甲的男人。
32. 头发杂乱无章的男人和头发梳得油亮平滑又紧贴头皮的男人。
33. 过度追随时装潮流或自以为能带动时装潮流的男人。
34. 穿不恰当衣裤在不恰当时间于不恰当场合出现的男人。
35. 裤子拉链从没拉好过的男人。
36. 懦弱、不识抬举的男人。
37. 老是争辩，不虚心又不认错的男人。
38. 皮鞋不擦干净的男人。
39. 走路拖鞋跟的男人。
40. 懒散、做事慢吞吞的男人。
41. 生活不积极，没目标，还自以为享受人生的男人。
42. 爱占他人便宜又老担心被人占便宜的男人。
43. 说谎不眨眼，吹牛不脸红的男人。
44. 不穿背心，一流汗衣服就贴上背部的男人。
45. 牛仔裤脏，西装裤的臀部已磨到发亮的男人。
46. 满脸油腻腻，有口臭又不自觉，讲话老往人身上靠的男人。
47. 老不认老，小不认小的男人。
48. 在公众场所大呼小叫，还自以为豪放的男人。
49. 不为他人着想，只为自己考虑的男人。
50. 任何时间、任何场合都戴黑眼镜的男人。

牵手一生

> 如果你和你所不爱的女人结婚,你便是彻头彻尾的坏蛋,一点善良感也没有。一个女人在婚前也许不会爱男人,可是婚后却会表现真心的爱。

女性心中的男性美

1. 诚实、正直、不虚滑。没有阿谀和小市民气,实事求是,肝胆相照。自信而又不自负,谦让而又不随从,不卑不亢,不整人害人,不搞小动作,光明磊落。

2. 有大将气派。果断但不武断,沉着而不呆板,刚毅却不鲁莽,在艰险和威吓面前决不退缩,为真理敢于挺身而出、气量过人,不斤斤计较小事,不婆婆妈妈,大事认真,小事糊涂。

3. 博学多识,勇于进取,有强烈的事业心。不人云亦云,有胆识,富于独创性,在事业上百折不挠,执着坚定,认准了目标,不干好决不罢手。知识丰富而不迂腐,失败之后有更大的激情。

4. 爱憎分明,驱邪扶正。平时或危急关头能牺牲自己的利益甚至生命去保护弱者,伸张正义,是弱者的力量支柱,是邪恶的眼中钉。

5. 懂得生活,兴趣广泛,会体贴人。对那种呆板、不懂生活、兴趣单一的男子,女性们嗤之以鼻,对迂腐怪僻的男子更不放在眼里。

附:男人应有的15种风度

1. 穿着得体
2. 仪容整洁
3. 深沉博爱
4. 热情幽默
5. 文雅大方
6. 礼貌待人
7. 理让三分
8. 宽宏大度
9. 姿态超然
10. 才华横溢
11. 身心健康
12. 注重细节
13. 信心十足
14. 刚毅果敢
15. 进取强烈

6. 体态魁梧，五官端正，容貌一般，举止大方、自然、潇洒。男性美的核心是要有力度、要体现出男子的内在力量，同时又要富于人情味。

男人既要热情奔放，又要冷静沉着。女性最不能容忍的就是男人女性化！

附：女性喜欢的男性

一位心理学家就"你最喜欢怎样的男性"这一问题曾对数千名结婚不久的女性做过调查，结果如下：

"他必须智慧过人。"许多女子认为这是最喜欢的男性的第一个标准。绝少女子会爱上一个智慧不如自己的男人。即大部分女子认定资质愚鲁的男性欠缺吸引力，即使那男子有财富及社会地位。

"他必须受过良好的教育"。这句话不是指男性一定要受过高深的教育，都一定是大学毕业生，但对文学、艺术、哲学及其他自然科学的基础知识要有一定的了解。

"他必须有进取精神"。大部分女性认为：男子必须在人生征途上永不停步，比别人踏前一步，不背着手跟在后头。

牵手一生

魅力男士7堂课

基本保养天天做

作为男士，皮肤比起女性来说，要粗糙和油腻一些，一方面皮肤毛孔粗大容易藏污纳垢，另一方面皮肤油腻容易使毛孔堵塞，使得整张脸看上去油头灰脸，很不雅观。所以，在每次洗脸时，最好都能用上洗面奶清洗，并用紧肤水等进行护理。

定期修理发型

现在男士头发留的大都是短发，几天不理就让人觉得头发又长了许多，显得不太精练，有必要进行定期修理，而六个星期修剪一次发型是比较理想的频率。另外适时变换一下发型，整个人的精神面貌也会焕然一新。

勤洗护发

由于男士头发大多较短，在睡觉后或风吹之后都容易走形，而使用定型用品又容易起屑、粘灰，造成头发变脏，所以男士头发更需要经常清洗和护理。

天天修面

为避免下巴成为"秃毛刷"，要坚持养成天天修面的习惯，给人精致清爽的感觉。

清理眉毛

修眉不是女性的专利。男性五官最有魅力的就是眉毛了，两道挺拔的浓眉能够使人深深感受到男性的魅力。但不是所有的男士均有完美的眉型，所以有必要清理杂毛，还眉毛以清晰明朗的外形。

Hand in hand forever 牵手一生

> 保持面部不泛油光

在各种社交场合中，应该随身携带吸油面纸，随时一吸，就能使面部恢复清爽。

> 使用男士香水

清淡雅致的男士香水会使男人显得更有品位和气质，不妨洒上一点，会使男人更有魅力。

爱娃语典

那种任凭暴风骤雨，泰山顶上一青松的姿态与品格，还有曾经的不凡创业心路和青春励志悲情，都对女人有着难以言说的吸引力。

用心营造"女人缘"

> 多说赞扬的话

面对知识女性，比说她漂亮更管用的是说她"聪明"、"智慧"、"有头脑"，知识女性通常觉得自己智商很高，自负聪明。 在与妻子谈话时，除了声调之外，你的声音有三个要特别注意的因素：速度、音高和抑扬顿挫。速度指的当然是快慢，音高是说话声音的高低、音量的大小，抑扬顿挫则牵涉到节奏和变调。 这样会使你的声音变得更加悦耳动听。 谈话时要注意对方声音速度和音高，以此判断对方是否心情变坏。 假如一个人说话速度加快，说明情绪激动，可能要生事端；如果声音低沉下去，表示他在思考，也许是好也许是坏，请小心判别。 正确合宜的声调、速度、音高和抑扬顿挫能

牵手一生

帮助你在角色和声音之间取得平衡，那么你和女性沟通便能获得成功。

适当地破费一下

为妻子花钱，不可以花得大张旗鼓花得暴发仓促，而要花得优雅不俗，花得情趣盎然，最好如羚羊挂角无迹可寻，只见情致不见铜臭。知识女性虽然让人费心，但和她给你带来的丰富的感觉和变化的快乐相比，还是值得的。

如果一个知识女性嘲笑她自己的职业成绩，千万别当真。这类似于母亲骂自己的孩子，自己怎么说都行，旁人若傻乎乎地跟上一句半句，她能恨你一辈子。知识女性口不对心的时候相当多，和知识女性相处，在这一点上必须步步小心。

夏娃语典

聪明的老公一定会对妻子说："老婆，你在我的心里永远是最出众的。"

附：魅力男人的5点引力

1. 有情趣

一个有魅力的男人一定要浪漫有情趣，这会让你觉得如沐春风，随时都可以给她意想不到的惊喜，和你在一起，会让她永远保持一种热恋的情态，即使步入婚姻，也可让你的生活青春不老，那温情的拥抱，背后的玫瑰，跌荡在水晶杯里的红酒，快乐永远都是至高点。

2. 有品味

一个有魅力的男人一定要有品味，他不仅仅懂得衣服的搭配，举止的优雅，演绎他的品味最好的试金石是看他爱上什么样的女人，很难想像一个散发君子兰气息的男子身边是一个邋遢不羁、喋喋不休的女人。

3. 有职业

一个有着合适职业的男人才会有成熟魅力的举止。事业是男人的垫脚石，一个令人满意的职业才可以让一个男人顾盼飞扬，试想一个连温饱都在挣扎的男人如何让他有心思去顾及其他。

4. 懂干净

干净、清爽并不是女人的专利，一个魅力的男人同样需要，指甲永远修剪合宜，衣领永远纤尘不染，靠近他，你还会感觉一股淡淡的香气。这样的男子谁又会不喜欢，这样的味道谁不会留恋。

5. 会微笑

喜欢微笑的男人不仅仅有着别人难以比拟的亲和力，微笑也是一种自信，让别人不自禁的就沉入你那微微牵动的嘴角中，经常微笑的男人一定是有着宽博的胸怀，所有的困难都不会萦绕他的心，他总是在适当的时候给你勇气，他的肩永远会像磐石一样坚定地可让你依靠。

读懂女人

女人的力气表现在韧性上

一般说来，女性体内脂肪较多、肌肉较少，因此在活动中，她们的耐久性较之男性要强得多。比如一男一女两位长跑者，他们年龄、身体素质等方面基本相等，在大多数情况下，女的虽然不比男的跑得快，但却比男的跑的时间长。这是因为，在跑的过程中，男女运动员都要靠体内的糖原质提供"燃料"，但糖原质提供的"燃料"是有限的，这就需要脂肪取而代之继续提供"燃料"。据加州大学戴维斯分校搞的一系列考察证明：女人体重中有25%是脂肪,而男人脂肪重量只占体重的15%。因此,在糖原质的"燃料"用尽后,女人能长时间地、有效地利用脂肪提供的"燃料",保持旺盛的体力,而男人则精疲力竭了。

女人善于用直觉观察事物

一般说来,人的大脑分右半脑和左半脑,分别控制思维和观察:左半脑控制"语言能力",如听、说、写等;右半脑控制"视觉能力",如形、色等。

就儿童而言,女孩的左半脑比男孩的发育得快,而男孩的右半脑又比女孩的发育得早。这就是为什么女孩的说话、写作能力比男孩的强,而男孩的拼凑汽车模型的能力又比女孩强的原因。成年男女的大脑功能的区别也很重要。当一个男人在读书时,他用左半脑;当他看地图、找旅游地点时,他用右半脑。而女人的大脑分工不是如此分明。控制视觉能力的部分也有语言的功能,控制语言能力的部分又有视觉的功能。因此,她们往往同时用大脑的两个部分处理事务,造就使她们在某些方面比男人具有观察力。这种靠直觉帮助思考的本领,也使得她们在和别人谈话时,常常是不单听对方说话,而且还观察说话人的表情、衣着、动作等,从中探察出对方的意思。因此,她们在发觉人们嘴上说的和心里想的是否一致上,是占优势的。

女人十分重视自己在家庭和社会生活中的价值

男人应该明白,女人不是家庭或社会生活中的附属成分。导致婚姻失败的最主要原因之一是夫妻之间缺少沟通。而造成这一现象的原因是各自不了解对方的要求和心愿。作为妻子,她的心愿之一是与丈夫分担他事业中的困难,同享事业中的成就。许多丈夫自以为和妻子沟通很多,其实,他们所谓的"沟通"经常是冷冰冰的指示,如"星期四晚上我回来得晚一点","什么时候吃饭,我饿了","别等我吃晚饭了"等等。对妻子来说,这根本不叫"沟通"。她们需要的是对她们的尊敬、爱护,给她们以温暖、跟她们交流思想。

女人最喜欢具有以下12条美德的男人

(1)不殴打孩子和妇女,尊重老人。

(2)不贪求眼前的利益,尤其是金钱。

(3)即使女性的思想十分贫乏,也只说她懂得的话。

(4)能接受任何必须要做的工作,并且一丝不苟,坚持到底。

(5)如果需要,哪怕已经精疲力尽,也会挺身而出。

(6)只要认准了方向,就不害怕任何人的取笑。

(7) 即使没有钱买衣服,至少也会把自家的厕所和门前打扫干净。
(8) 对生活、对人类始终保持充分的信心。
(9) 即使是干最脏的活挣来的钱,也会在干净的地方花掉。
(10) 看到害虫及危险,能够立即排除。
(11) 伙伴和朋友就是财富,他懂得特别加以重视。
(12) 充分理解他人,但绝不阿谀逢迎。

礼物不在贵重,而在于真诚

从女人的观点来看,最好的礼物是那些较平实的,而不是那些浮华夸张的。有个丈夫专门收集情人卡,随时送给太太,每当她心情不好时,他就把一张卡放在她可能发现的地方,这使太太非常开心。

不少女人真的怕自己不够漂亮

女人需要明确的赞美:"我喜欢那个发型",或者"你穿红衣服很好看"。这种赞美的话能给女人鼓励,使她注重打扮,使爱情不断得到滋润。

女人也重视工作

女人希望她们的丈夫或男友重视她们的工作,像他们重视自己的工作一样。每次太太谈论她自己的工作时,丈夫应竖着耳朵细听。不用说,由于在这方面沟通好了,他们之间的感情会越来越深厚。

女人需要男人耐心倾听她说话

男人心目中的交谈是研究问题、辩论是非,找出解决办法的途径。为了达到这个目的,他也许会一再打断女人的话,要她"明白"他的意思。然而,女人宁愿男人友善地倾听,而不愿他们老是发表意见,她们会说个不停,直到觉得心里恢复舒畅为止。

女人不像男人那样容易坠入爱河

女人择偶时,通常较重视各种实际的因素。女人也许亟需爱情,但她们内心仍有位品评专家在问:这个男人可靠吗?因此,男人除了要注意头发、衣服和礼貌等外,还要具有仁慈大方和忠实可靠的品德。

牵手一生
夏娃语典

> 女人希望和她偕老的男人与她地位平等,尊重她的长处,容忍她的缺点。简单地说,她需要的是朋友、情人、了解她的伴侣。

妻子最忌讳的6点

1. 丈夫在外沾花惹草,包二奶。

2. 丈夫对自己的感情无动于衷,如丈夫上夜班,妻子送热牛奶,而丈夫一句话都没有,觉得这是应该的。

3. 夫妻争吵时,丈夫开口便叫"滚",或者声称要离婚,因为这些话很伤感情,也是妻子听了最伤心的。

4. 丈夫对自己娘家人不热情。娘家来人丈夫不阴不阳,这样会使妻子产生一种被人看不起的感觉。

5. 丈夫懒惰,下班回家后情愿和别人聊天,等妻子回来做饭吃,让妻子觉得自己像个被雇的佣人似的。

6. 丈夫小气,男子汉心胸应该宽广,不要小里小气,否则会使妻子觉得丈夫办不了什么大事。

夏娃语典

女人认为好丈夫会唱"爱就一个字,我只说一次",不会唱"你有几个好妹妹";好丈夫会唱"懂你",不会唱"你像雾像雨又像风";好丈夫会唱"爱是一个长久的诺言,平淡的故事,要用一生讲完",不会唱"为什么总在那些飘雨的日子里,深深地把你想起"。

附:国外保护女性的法规

埃及在法律上规定,在女性面前,任何男人不可出口不逊,用污言秽语侮辱女性,违者监禁一年,若在一年内再犯,则坐牢半年。

秘鲁法律规定,丈夫谩骂妻子可罚5天至10天监禁,殴打妻子则判刑1至2年。

美国犹他州立法规定,夫妇一旦在床上发生口角,妻子有权喝令丈夫下床睡在地板上。否则,丈夫会被控以精神肉体虐待而遭监禁。丈夫强奸自己的妻子要被判刑制裁。

印度德里市议会通过一项法律,规定在公共场所用污言秽语或动手动脚调戏妇女,犯刑事罪。初犯者入狱15天,重犯者入狱一个月。

保加利亚禁止在有孕妇的地方吸烟,否则予以处罚。男子不许向女学生扮鬼脸。英国法律规定,任何照管未满16岁女子的人鼓励或造成她卖淫、非法和他人发生性关系的,要判处有期徒刑两年。

好丈夫的 10 条"诫条"

1 忽视妻子。男人只顾工作,在家对妻子不闻不问,造成妻子心理上的阴影。

2 脾气暴躁。任何女人都喜欢随和的丈夫而不是粗暴的丈夫。

3 饭来张口。一些丈夫不愿做家务,饭来张口、衣来伸手,好像把妻子当成保姆。

4 胸无大志。整天浑浑噩噩,得过且过,让妻子失望。

5 婆婆妈妈。对于家中的事,男人不要事无巨细都插一杠子。整天围着小事转,时间长了会让妻子小瞧你。

6 小肚鸡肠。一个心胸狭窄的丈夫最容易被妻子瞧不起。男人应该有男人的气魄,凡事斤斤计较的男人,会让妻子觉得没面子。

7 缺少情调。缺乏情调的男人会使妻子失望甚至伤心。因为,女人都向往具有浪漫情调的生活。

8 过于小气。把钱看得比什么都重要,这会使妻子觉得自己还比不上金钱,感到没夫妻情分。

9 偏袒一方。周旋于母亲和妻子之间,最忌讳的是偏袒一方。要解决这种矛盾,务必做到难得糊涂,大智若愚。

10 穿着欠妥。男人过于讲究修饰或衣着不整,都会令女人生厌。在仪表和穿着上,只要掌握整洁、大方、得体,有一定品位就行了。

妻子写给丈夫的悄悄话

> 好丈夫不会修好"围城","圈"好女人,就一个人到"城外"潇潇洒洒;好丈夫不会让女人在婚后感觉就像街上大甩卖的招牌,打折降价;好丈夫不会让妻子感觉自己只是自己丈夫的保姆。

❤ 千万要记住,绝对不要拿妻子和别的女人比。

不要老说别人的妻子如何如何好,说她不漂亮。对大多数女人来说,听到自己最爱的人说她的一句好那是比所有人说她的好加起来还受用。何况,爱她还忍心伤害她吗?

❤ 不可以三天两头的冷落她。

女人都是敏感多疑的,她会把很多事情往消极的方向想。出门前的一个蜻蜓点水的吻、回家推开门时的一个拥抱都会让你的妻子以后想起来感动万分,这些对于丈夫一点都不难做到,不是吗?记得在你难过时告诉她让两人一起分担,在她难过时要牵着她的手把手心的温度传给她。

❤ 不可摆脸色给妻子看,一个对女人发脾气的男人是很可恶的。

你在生意场光鲜整洁,她在家中忙里忙外的,繁忙的家务已经让她有了一肚子火了,你应该要知道就是因为她在你背后所做的这一切才能让你无后顾之忧。如果丈夫下班后回家说:老婆,

牵手一生

你忙了一天,辛苦了!女人笑笑说:没什么的,你才辛苦呢!那是多么和谐的一幅画。

❤ **4** 男人在一起是比工作比职位,女人在一起是比丈夫比孩子。

所以在她的女友面前一定得表现出你对她的宠爱和疼惜,让她觉得自己是一个公主,拥有了会让所有女人嫉妒的那份完整的爱。如果她是一个明理的女人,她肯定也会在你的哥们面前给足你面子,让你在朋友面前做个顶天立地的大男人。

❤ **5** 和男人喜欢看美女一样,女人也喜欢看帅哥。

你可以吃醋可以生气,可是一个真爱你的女人其实看到帅哥时的心境比男人看到美女时的心境更加单纯,她只是看到一些美好的东西有些感叹而已,就像是看到一幅美的图画一样,不像男人那样会有更多的幻想。

❤ **6** 老婆是娶来疼的,有修养的男人是绝对不会打老婆的。

如果真爱她那就一定要尊重她,不能随便动手。如果你已经不爱她了,那么你就摸摸自己的良心:我还能让她幸福吗?如果答案是否定的,那就放她走吧,让她找个真正能对她好的人。让自己别再错下去也让她自由吧!

❤ **7** 女人喜欢男人的大男子主义,这样让她们觉得很安全。

可女人更抵挡不了男人的温柔,如果说女人的温柔是对付男人的利器,那么男人不经意的温柔对于女人绝对是可以说是核武器。但是女人也有自己的天性那就是天生的母性情结,她偶尔会把你当做自己的孩子一样处处宠爱着,但你要记住不要得寸进尺。

❤ **8** 家庭永远是第一。

男人固然要对工作负责,却也要有职业道德,要从工作中得到乐趣,但不要做工作的奴隶,我们工作是为了更快乐地和家人在一起,享受生活很重要,记得不定时地和你们妻子和你的孩子一起享受天伦之乐。

❤ **9** 妻子的父母就是自己的父母。

将心比心,爱屋及乌。老吾老以及人之老,只要内心深处真正感到这就是我自己的父母,心理上对老人依恋亲密,老人会感受到这份真心的。何况,人老了很像孩子,只要像哄孩子般哄老人开心就好了。我们自己也有老的一天,要做好下辈的镜子,让他们知道怎么去尊敬老人。

10 夫妻相处切记要坦诚、信任、宽容、理解。

不可事事隐瞒但也可在迫不得已时说些善意的谎言,个中尺度自己把握。多多站在对方的立场上去看一件事,想想她的处境,体会一下她的为难之处。记得:你是她最爱的人,你要理解她,支持她,在她犯错误时要宽容以对。

夏娃语典

> 是丈夫就要愿意为妻子舍命、牺牲自己;就要完全接纳、饶恕对方;就要凡事包容、凡事盼望、凡事忍耐。明白爱妻子就是爱自己的道理。

好丈夫绝对不能说的6句话

1 "我不想见你"

既然成为夫妻,虽说不再是"一日不见,如隔三秋"了,即使因为某些分歧或发生矛盾,真的不想再与妻子见面,也千万不要说出这样伤害妻子感情的话。

2 "我就是烦你"

当初是那么相爱,一定不会有烦的时候,现在结婚了,就觉得妻子有许多地方让自己不如意而产生厌烦的情绪是可以理解的,但是无论如何不该说出"我就是烦你"。

3 "我们分手吧"

即使是你首先不爱她,你也该有风度的让她提出分手。

丈夫习惯做的,就是对她越来越冷淡,让她自己觉得没趣,然后说:"我们分手吧。"

妻子会感激男人把这五个字留给她来说。她会永远记得是她首先不要你了。这样的话,她也不会那么恨你。反正我是永远也不会和妻子说出这样五个字的,我觉得这是对丈夫的起码要求。

❤ 4 "我不爱你了"

丈夫说这五个字太残忍。这么残忍的事也做得出来,不是太没风度了吗?

况且,丈夫说出这五个字,是很危险的,愤怒的妻子会给他一巴掌。为人为己,丈夫还是应该礼让一下,把这五个字让给妻子来说。

❤ 5 "我永远恨你"

堂堂男子汉,哭哭啼啼的对着女朋友说:"我永远恨你。"多么难看?与人为善,对谁也不要那么恨的。妻子把一切都奉献给丈夫了,当然是互相奉献,到头来,换来这样一句无情无意的话,实在是太说不过去了。

男人只能够说:"我永远爱你。"有时也不要扪心自问是不是特别的真心。

❤ 6 "你忘记我吧"

这五个字,有的丈夫常常抢着说。好像自己很大度,还觉得自己很宽容。你以为自己是什么?你以为妻子真的无法忘记你吗?

丈夫这样沾沾自喜得令人讨厌。这五个字,更应该留给妻子来说,让她赢回一点尊严。

夏娃语典

> 好丈夫更不会让妻子相信:"婚姻是爱情的坟墓"。因为好丈夫一定是懂爱、会爱、珍爱的男人。

让妻子永不变心的 10 大绝招

❤ 1 每天尽可能的多拥抱妻子,即使她嫌弃你一身臭汗也不怕,因为她心里是甜的。

♥ 2　总是真诚的对妻子说："我爱你！""爱你的一切！""我们在一起真快乐！"。也许有人会嗤之以鼻："老套！"但究竟有几个人做到了呢？

♥ 3　家务永远是令人头疼的，主动和妻子分担，并抢着炒菜做饭。不管你做得多难吃，只有妻子会面不改色吃下去，并且还会鼓励你："多做几次就好吃了！"

♥ 4　妻子的生日，各种节日，纪念日，你不大张旗鼓庆贺也罢，但是要记得送礼物给她；你不送礼物也罢，但是要请她与你共度晚餐；你不请她吃饭也罢，但要记得带束花给她；你嫌送花浪费也罢，那就给她买点她喜欢的小零食；你不买零食也罢，但要记得电话问候一下，最不济也要发个有意义的短信给她。

♥ 5　有空，不累，就陪妻子逛逛街，千万不要拿男人都讨厌逛街当借口。

♥ 6　自己的女同事，女性朋友，若有机会就介绍给妻子认识，千万不要来个电话就躲起来接听，和别人暧昧的谈笑，装得自己多受人欢迎似的！大方地让她了解你的朋友圈，只会让她更加地信任你！

♥ 7　勇敢地担负起养家的责任，不论妻子是独立型还是小鸟依人型的，即使妻子现在同你一样工作着，每月拿或多或少的薪水，你也要把自己当作家里的顶梁柱！

♥ 8　妻子想学习知识提升自己的时候，尽量地鼓励她，为她创造条件，并且自己也要变得积极，同她一起进步，妻子学得越多越自信越有内涵，你也会少了许多女人胡搅蛮缠的烦恼。你们一起进步，也可以平衡彼此之间的差距，也为创造美好生活添砖加瓦，是谓比翼双飞也。

♥ 9　人的很大一部分时间都花在工作上了，自己的工作要经常和妻子聊聊，其中的快乐和痛苦要与她一起分担。所以，遇到挫折最可靠的方法是和爱人分担，她绝不会落井下石，只会鼓励你、支持你，因为你把她当成可以共

苦的人,她就真的能与你共患难!

❿ 如果家里只有一台电脑,永远不独占着(除非你是IT的),要么和妻子一起玩,要么指点妻子玩。你离开去喝水的时候,顺便帮老婆也倒一杯!

蛋蛙语典

从现在开始将抱怨的精力多花在这些实际行为上吧,为老婆一生一世永不变心而努力!

怎样对待爱唠叨的妻子

女人的唠叨都是有原因的! 她不是因为太辛苦,就是因为太忙碌,不是少于沟通,就是过于爱你! 而当你,让一个女人太辛苦,太劳碌,太郁闷的时候,你又不愿意让她用语言来缓解她的压力,来倾诉她的痛苦,那就是你的不对了! 反之,如果一个女人在太辛苦,太劳碌,太郁闷的时候,仍然保持着对你深刻的爱,而只不过,有一些小小的唠叨,那么,她又是多么地可爱啊! 所以,你怎么可能不理解她的唠叨? 怎么可能不还以她更深刻的爱呢?

妻子爱唠叨,丈夫可用录音机悄悄地将其啰嗦话录下来。 当妻子情绪好高兴时,好心地把录音放给妻子听,再用幽默话语使其认识自己唠叨之过,日后她也就会尽量抑制唠叨了。

减少妻子唠叨的内容。 一切都做好了,她就没有唠叨的内容了。

通过潜移默化的影响,减少她对生活、对自己的期望值。 妻子境界的提高,会使她分清主次,培养处理生活问题的能力。 妻子越自觉、越独立,唠叨就越少。

减少妻子唠叨的机会。 让她没有时间唠叨。 如果真的希望耳目清静,不妨出去走走。

在她情绪好的时候,要明确表示你不喜欢妻子唠叨,或者这在婚前就挑

明。

要学会说"别理我"。心烦的时候要及时向妻子揭示。以免发生冲突。

作为男人需要理解的是：

1. 女人生活在语言里。女人常常说一件事时，联系到所有的事。事实上，她们在追忆自己的生活，在这些事中找到自己的影子。

2. 女人在"唠叨"中删除自己脑中的无用的信息。生活学家说人类最可钦佩的能力之一是遗忘的能力，否则每人每天吸引的几亿条信息会使人发疯。女人为什么能详细地、毫无目的的描述一件事发生过程的全部细节？她们需要找到客观存在、倾诉它，并遗忘它。

3. 女人的抱怨不是指责对方，而是突出自己。这是实现自己自我价值的方式之一，听者不可误解。喜欢唠叨的女人往往是最勤快的女人，她们在工作中、在家庭中做的事情多，付出的心血最大，不让她"说"几句心理实难平衡。

女人的唠叨常常分成这样的几种：

1. 抱怨型

"你看你又乱丢袜子了？""说过多少次了，拿完东西把柜门关上，你又忘了！""哎呀，快把鞋子脱了，我刚拖完地呢！""你说过今天你刷碗的，怎么又赖掉了呢？""游戏都玩了两个小时了，你就不能停一停啊？"……

抱怨型的唠叨是因为女人太累了！忙完一天的工作，已是骨头快散了，回到家里，还要计算柴米油盐，还要收拾杯碗盘盅，还要打扫角角落落，女人也是肉长的，并不都是"铁打的娘子军"，忙这忙那的同时，自然也会有些烦躁，如果这会儿看到袜子乱飞，柜门横亘，心情无论如何是好不起来的！抱怨也就在所难免了！试想想，如果一个男人忙完工作以后，还要干这么多的事，哪个男人又能理直气壮地说："我不会抱怨！"

2. 质问型

"给孩子买的那个小奶嘴呢？忘了？我不是告诉过你下班以后去买的吗？""你今天是不是帮我买了两份报纸？啊？怎么只有一份？我的话什么时候你认真听过啊""你为什么总是嫌我烦啊，我哪有这么烦呢？""你为什么什么也不干，难道这家里的事都是我一个人的吗？"……

质问型的唠叨是因为女人太忙了！她们忙于工作，忙于家务，有时不能顾及一些小物品的购置，会让男人在下班回家的途中帮着买回。而男人又常常一知半解，记了上句忘了下句，不能很好地按照她的意思来做，女人又苦于自己分身乏术，不能亲力亲为，对于男人的不满意，也就只能在嗓门上发泄发泄了，其实，这样想来，女人还是挺可怜的！

3. 倾诉型

"嗨，我们单位同事生了个大胖儿子！""跟你说呢，我们单位同事生了个大胖儿子，长得特可爱！""哎，那个小胖孩可有趣了！""你说我这发夹好不好看啊？""我这发夹是不是很好看啊？""今天同事们都说我这发夹好看呢？"……

倾诉型的唠叨是因为女人太郁闷了！这种倾诉型的女人多半拥有一个不善言辞的丈夫，交流起来常常要慢上一个或者两个节拍，于是女人就会忍不住地一问再问！要么这个丈夫不解风情，从来不会主动地赞美与欣赏，女人只好一遍又一遍地重复了！所以，这种重复似乎跟女人本身无关，倒是男人的责任大些！

4. 温柔关爱型

"你吃药了吧？""出门别忘了穿衣！""回来的时候小心门边的那条水沟！""出差在外，如果天气冷了，自己买件衣服啊！""你今天胃疼不疼啊？"……如果说这一种唠叨只是偶尔地出现，那么，男人多半会觉得很幸福，只是女人常常习惯让它反复多次地出现！

温柔关爱型的唠叨是因为女人太爱你了！这种唠叨其实不用找太多的理由！因为重复地唠叨一些关爱的话语，本身就是幸福的意义所在！

爱唠叨的妻子一般来说分析问题的能力很差，这才会喋喋不休，重复一些没有意义的言语。帮助她分析问题，理顺思路，甚至规划人生，自然能够减少唠叨。

怎样对待爱"吃醋"的妻子

当丈夫和异性交往时，妻子心中就觉得酸溜溜的，像吃了醋一样。这些妻子总希望自己的丈夫坚守"男女授受不亲"的礼教，她们或因一时误会便盯梢、跟踪丈夫；或听信流言蜚语无端怀疑丈夫的社交活动；或不准丈夫与异性接近，限制其社交活动；或捕风捉影疑神疑鬼乱猜疑。有的妻子见丈夫与异性谈笑，便当场撒泼吵闹，诽谤侮辱女方；或回家后与丈夫使性，胡搅蛮缠，没完没了。遇上这样的妻子确实令人头痛，但既然遇上了，怎样正确对待呢？

忠于妻子

妻子爱"吃醋"，对丈夫有些不放心。丈夫一定要注意用自己的行动，加强妻子对自己的信任。要检点自己的作风，不可背着妻子做任何对不住妻子的事。丈夫心中只有妻子，永远忠于自己的爱情，丈夫的纯真举动，迟早会消除妻子心头的一切疑云，妻子自然也就不再"吃醋"了。

消除误会

有的妻子对丈夫的猜疑，由于没有及时地消除，使误会酿成了"醋"。所以，作为丈夫应细心观察了解妻子，弄清妻子"吃醋"的原因。

不避妻子

丈夫参加社交本是正常的事，与异性接触应大大方方。殊不知，越是隐蔽，妻子就越怀疑；越是不让妻子知道，妻子就越是认定里面有鬼。作为丈夫，若有可能，尽量让妻子陪自己一起参加一些社交活动，让妻子对自己的关系行为有正确的认识。同时，在结交异性朋友时，最好也让妻子知道，能请她们来家中做客，与妻子也交个朋友，那就更好了。

讲明危害

妻子爱"吃醋"，必然要把丈夫看得紧紧的，时时拴在自己身边，这不仅使丈夫陷入家庭小圈子里，生活单调乏味，而且也妨碍了丈夫的正常工作和社交。同时由于凭空编造莫须有的"第三者"，往往会伤害他人，造成严重的后果。妻子爱"吃醋"，虽然是以爱丈夫为出发点，却以损害丈夫、伤害夫妻感情为归宿。因此，妻子切莫把爱"吃醋"视为"小事"。事实上，由于丈夫不堪妻子的猜疑而与妻子分手的悲剧，生活中并不少见。这就告诫爱"吃醋"的妻子，要真正从思想上认识猜疑、嫉妒的危害，从而自觉改正。

正确理解

妻子爱"吃醋"确实给丈夫带来一些苦头，但应从积极方面考虑，毕竟她这样做是真心爱丈夫，怕失去丈夫。从这个角度去看待妻子，火气就会消失，丈夫就能冷静下来，认真帮助妻子克服这一缺点。只要丈夫心胸坦荡、光明磊落，多数妻子会化猜疑为信任，矢志不渝忠于爱情，从而更加敬重丈夫，夫妻关系会更加亲密无间。

夏娃语典

丈夫对爱情的忠贞行为，是消除妻子猜疑的最有效的"灵丹妙药"。

怎样对待任性的妻子

在家庭生活中，如果夫妻有一方太任性，就会影响家庭和睦，这种家庭中的不安定因素，如果不及时设法加以消除，任其发展，就会使另一方的感情受到伤害。长久下去，夫妻感情的裂痕就会在此出现。因此，任性者应注意控制自己的情绪，要尊重对方的感情，努力改掉任性的坏毛病。

任性的产生和形成，后天环境起着决定作用。一般来说，从小在娇生惯养环境中长大的人；条件优越，自恃高人一等的人；只受别人温暖照顾，而

Hand in hand forever
牵手一生

不关心照顾别人的人；一贯接受，很少给予的人，最容易形成任性的性格。要改正这种任性的毛病，需要有个过程，不是一朝一夕能解决的。因此，丈夫对妻子的帮助要有耐心，切不可急躁。

应当使妻子明白，任性是自私的表现。人与人之间，应当彼此尊重，夫妻之间也是如此，有的人认为，丈夫是自家人，碰着不顺心的事，向他发发脾气，要点"小性子"没什么，这是一种对自己、对他人都不负责任的态度。对于妻子的任性，起初丈夫可能凭着对妻子的爱，而给予容忍，然而，久而久之，丈夫对妻子不加收敛越发严重的任性，失去了耐心，变得越来越反感，因为妻子的任性失去了女性所特有的温柔、恬静，和这样的妻子在一起，常常使自己处于尴尬和被动的地位，整天看着妻子的脸色行事，业余时间几乎都搭在解决由妻子任性而引起的矛盾冲突上。试想，谁愿意和这种傲慢无理、任性刁蛮的人生活在一起呢？因此，妻子的当务之急是彻底改掉任性的毛病，以挽回即将失去的爱情。

事实表明，妻子的任性与丈夫的姑息迁就也有关。妻子每次毫无理由的任性、发脾气，丈夫都忍让、自责，使妻子的任性非但不能得到自我控制，反而会使她的性格更加蛮横。因此，发现妻子太任性，应及时严肃地加以制止，这既对妻子有利，也对丈夫、家庭有益。

爱逢语典

任性，是妻子个人的自身修养问题。她们与周围的人很少相处和谐，缺乏自我牺牲精神。因此，作为丈夫应有耐心帮助任性的妻子加强自身修养，懂得关心他人，尊重他人，宽容他人，学会控制自己的情绪，把任性、发火消灭在萌芽状态中。

牵手一生

了解妻子的性秘密

现实生活中,许多夫妻的性生活都不尽如人意。其原因,主要是夫妻双方对彼此的性要求、性表现和性满足缺乏了解。尤其是丈夫,只知道过性生活,却不了解妻子的性秘密。一般来讲,妻子的性生活秘密有以下几点:

良好的情绪会产生和谐的性生活

不少丈夫认为,在繁忙的工作之余,性生活是一种放松和安慰。他们以为妻子也会有这种感受。其实不然,绝大多数的妻子在性生活开始之前都需要有一个良好的情绪相感觉。世界著名的性学家约翰逊博士曾说过:"对于女性来说,情欲和感情是不能分割的情绪,称心如意的性生活是柔情蜜意之后的连续统一体。"丈夫的一切言行,都会影响到妻子,继而影响到性生活。因此,丈夫对妻子的称赞、夸奖、亲吻、拥抱,都是必不可少的。这对性生活的和谐,也是十分有益的。

感情交流可激发妻子情欲

调查发现,75%有婚外恋行为的妇女在家中不能同丈夫进行感情交流。她们不是因为性不能得到满足而找情人,她们寻求的是充满温情的夫妻对话。对她们来讲,交谈和感到被爱比性更重要。尤其是忙于家务和孩子的妇女,体贴理解和交谈是一种真正的满足。舒心惬意的交谈和温柔亲切的言语还能加强随之而来的性欲分享。在做爱前告诉妻子自己很爱她,轻轻地呼唤妻子的名字,轻轻地抚摸妻子的头发,将会给妻子带来无限的乐趣。

妻子的性担忧

美国加利福尼亚医科大学心理学专家巴布切通过调查后,发现只有60%的妇女在性交时能达到性高潮。而另一部分妇女,由于不出现性高潮,从而在心理上出现一种"性交高潮压力感"。这种压力来自于妻子本身及配偶。实际上,性生活的目的是爱。如果通过性生活后能加深爱意,目的就达到了。假如一味追求出现高潮,只会给妻子增加心理压力。而这种心理压力,又会抑制性快乐高潮的产生。

Hand in hand forever
牵手一生

担忧体态失去苗条

许多妻子生育以后"曲线"变直了,她们担心失去迷人之处。对此,丈夫不要虚情假意地奉承说她依然很美,应该赞美她身上其他迷人之处,如柔软的肌肤、迷人的眼睛,并告诉妻子,自己并不在乎她已经失去的某方面的魅力,因为这些对自己来说并不迷人,并不能吸引自己。真正能够吸引自己的,是她现在仍具备的迷人之处。

房事后妻子仍需要温存的抚慰

许多妻子对丈夫房事后的独自酣睡颇为反感。她们在房事后希望能够继续得到丈夫的爱抚和温存。丈夫的细语、亲吻、抚摸,会使妻子得到另一种性欲的满足。如果丈夫确实太困,也应搂抱着妻子慢慢入睡,同进梦乡。

除性交外,妻子仍需要抚摸

丈夫得到性满足的途径是狭窄的,性交是唯一的。他们喜欢浪漫的情调,但却不知平时搂抱、抚摸妻子的脸颊、理理妻子的头发,都会使妻子感到性欲的满足。如果只在性交时做上述动作,便会使妻子误认为:他只有在干这件事情时才爱我。因此,作为丈夫别忘了平时的"感情投资"。丈夫给妻子一分爱,妻子便会以十分来回报。

总之,了解了妻子的"秘密"以后,便会使夫妻生活亲密无比,夫妻相敬如宾,一日不见如隔三秋。

夏娃语典

> 对妻子而言,满足性欲并非仅限于性交。语言、抚摸和亲昵的举止,都会使妻子感到性的满足。

牵手一生

读懂妻子的性信号

一位妻子半裸着身躯从洗澡间出来,对丈夫轻声说:"今天早点睡吧。"丈夫以为妻子累了,便顺口答道:"你先休息吧,我还有些事情需要处理。"当丈夫料理完事情来到卧室准备睡觉时,发现妻子还没睡,便上前亲吻妻子,谁知妻子生气地推开了他,自己蒙头便睡。丈夫莫名其妙……

丈夫哪里知道妻子生气的原因,更没有理解妻子叫他早点睡,并不是为了睡眠问题,而是向他发出的性信号。

人们习惯认为性的主动者是丈夫,而妻子则是被动的。其实,这种认识是片面的。性欲是人的一种本能活动,是健康机体的一种正常生理现象,无论男女都会出现一定的性要求。

但是,由于长期封建意识的影响,女性往往对于性要求羞于启齿。所以,一旦出现了性欲,常喜欢用含蓄、内向的方式向丈夫发出信号,如暗示性的语言和象征性的动作表情等。那位从浴室出来的妻子正是希望能够得到丈夫的温存。此外,妻子的每一个眼色,或在丈夫面前更换内衣,或穿上漂亮的睡衣躺在床上等等,都可能是妻子发出的性信号。粗心的丈夫不善于察颜观色,不注意接收这些性信号,甚至粗暴拒绝,往往刺伤对方的自尊心,影响夫妻间的感情。久之,还会使妻子出现性欲减退,诱发失眠、头痛、情绪不稳等多种疾病。夫妻性生活的默契配合是增加婚姻凝聚力的可靠保障。

当然,作为新时代的妻子,也不要千变万化地发出各种各样的信号,在丈夫面前还有什么不能说呢?理应把心中的爱说出来,免得造成误会,影响感情。

夏建语典

作为丈夫,要学会随时洞察妻子的性信息,从情人的角度爱护、关心妻子。

掌握妻子的性欲周期

正常性生活的次数和卫生

人的性生活频度与性格、体质、年龄、职业等有密切的关系。每对夫妻间的性交次数有很大的差异，即使同对夫妻在不同的环境、工作条件、情绪和身体健康的情况下，也有所不同。一般来说，性交的次数是：25～35岁，每周2次；35～50岁，每周1次；50岁以上，每月1～2次。这样的原则对某些夫妇来讲并不合适。夫妇间性交的次数主要以性交后第二天双方不感到疲劳为原则，如性交后次日出现疲劳，全身不适、食欲减退、腰酸、腰痛，女方出现下腹坠胀感或精神不安，则可能性生活过频，应适当停止一段时间，以利于恢复体力。

男女双方均应注意外生殖器的清洁卫生。每天晚上双方都要用温热水清洗外阴部位。男性应将包皮翻上去，将包皮内侧及冠状沟内的积垢清洗掉；女性应把大小阴唇及阴道前庭部位的分泌物清洗掉，这样可以在性交时避免把细菌带入到阴道内而引起感染。

饮酒后、精神过度兴奋、情绪不安、身体不适、过度疲劳时，均不宜过性生活，另一方要给予关心和理解，不要勉强或强行进行。性生活的时间，以晚上睡觉前最为适宜，因性交后会觉得疲劳，即可进入睡眠，易于恢复体力；老年人也可以先睡眠，醒来后再性交。

妻子在月经期不应该过性生活。经期内整个盆腔充血，子宫内膜脱落。子宫腔内表面是一个创面，若这时过性生活，很容易引起盆腔感染，如子宫内膜炎、输卵管炎和盆腔炎等，造成女方病痛和不孕。

妊娠期和产褥期的性生活

妇女在妊娠早期，即受孕头3个月内，应完全禁止性生活，因为性交的刺激，会引起子宫收缩，引起流产。妇女在妊娠晚期，尤其是在临产前1个月内，也应绝对禁止过性生活，因为由于性交的刺激，可引起子宫收缩而导致早产。另外，性交时精液内精子可把存在于阴道内的细菌带进女方盆腔引起感染。妇女在妊娠中期可以过性生活，但要有节制，动作不宜强烈，特别应小心女方腹部受压。

如果是高龄孕妇，或有多次自然流产或早产史的孕妇，在整个妊娠期间都要停止性生活。

妇女分娩后，整个生殖器官需要 6 ~8 周才能逐步恢复正常，夫妻在这段时间内也应避免过性生活。

绝经后的性生活

妇女绝经后，卵巢功能减退，体内雌激素水平降低，使得阴道粘膜萎缩，阴道干湿，可导致性交疼痛，甚至性交困难。绝经后的妇女，性生活要适当减少，以每月 1 ~2 次为宜。经调查研究表明，绝经后妇女完全没有性生活，可产生阴道明显萎缩，如仍保持有适量的性生活，可延缓阴道萎缩的时间，所以，适当的性生活对老年人来说是有益的。

如果每天晚上都以完全相同的方式做爱，即使每次都达到高潮，最后仍然会变得索然无味。这是因为已经毫无期待了。以某位女性的亲身经历来说：只要她在上面，以臀部转圈摩擦男性阴部，便能达到高潮。因此，他们每次做爱都采取这个姿势，很快达到高潮便匆匆结束，结果一点也不满足。事实上就是那句老词：愈慢到口的东西愈有滋味。也就是说，愈慢到达高潮，快感愈强烈。在采取刺激感最高的姿势时，一到达足以带起兴奋感的程度，不要等到高潮来临，便应该换成其他姿势。这么做不仅是用来延迟高潮来临的时机，也可以趁机发掘其他姿势的乐趣。

女人在月经前后都渴望得到丈夫的爱抚和温存，她可能表现的十分主动和殷勤，故作姿态的向丈夫撒娇等。男人应注意到这种变化，掌握妻子的性欲周期的特点，及时满足她的性需求。

激发妻子的性欲

　　许多妻子抱怨，她们过的是一种"有性无爱"的性生活，毫无情趣而言。 究其原因是：不少丈夫在性生活过程中只图自己快乐，作爱前既无必要的情感交流，作爱中也无温柔的抚爱，一旦自己性爱高潮一过，便算"大功告成"，独自呼呼入睡了。 性学专家多次指出，对大多数妇女来说，丈夫炽热的爱情和温情脉脉的感情交流，可使她们的性欲要求达到最佳状态。 因此要想提高妻子的性欲，做丈夫的平时要多关心体贴妻子，多和她们进行交流。 同时，在作爱过程中也要更多地给妻子温柔、体贴，多说一些赞美夸奖她的话，也可以轻声地、甜甜地呼唤妻子的爱称。

　　许多由青年逐渐步入中年的妇女，虽然性生活的经验已经颇为丰富，但是由于身体逐年发胖，身材和容貌已今非昔比，因而十分担心自己对丈夫失去吸引力，很少或不愿主动向丈夫提出性要求。 例如，有位发胖的妻子诉说，她每次过性生活只敢在黑暗中脱去衣服，生怕因太胖而遭到丈夫的嫌弃。 为此，作为一个体谅的丈夫，这时应该诚恳地对妻子说："亲爱的，我不在乎这些，我仍像以前一样那么爱你"。

　　懂得妻子的性反应差异，任何匆忙行事的做法，不仅使丈夫难以获得满意的性生活，更会使妻子感到十分失望。 久则久之，造成性冷淡。 因此，夫妻双方作爱时，丈夫一定要充分考虑到妻子的性要求，性反应差异在自己的性高潮即将到来之前，也帮助妻子逐渐进入性高潮。 办法是：一方面控制自己的射精时间，同时充分刺激和抚摸妻子的性敏感部位或变换性交体位，把妻子的性欲推向高潮。

　　无论是在性交前还是在性交后，女性都特别渴望丈夫对自己身体任何部位的亲吻、抚摸和拥抱，而当丈夫抚摸和亲吻她的嘴唇、乳房乳头、大腿内侧、阴蒂等敏感部位时，她们会获得销魂的极度快感。 对于视觉的敏感性，女性则不如男性。 当男子看到女子裸露的身体或阴部时，阴茎立即会快速勃起，引起性兴奋；而当女子看到男子裸露的身体，不仅不会立即引起性兴奋，相反，对多数女性来说，她们只会感到十分别扭和难受。

牵手一生
蔓佳语典

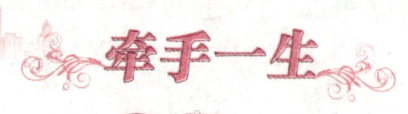

> 在性生活中，大多数妻子总是希望丈夫能更多地亲吻、拥抱和抚摸，而不希望性器官的迅速接触。只有当性刺激积累到一定水平时，她们才乐意直接性交。

如何与岳父母相处

在生活中，夫妻关系往往并不仅仅限于夫妻两人之间。父亲总是疼爱女儿的，对自己的女婿，则常常并不那么友好。因此，丈夫应该学会面对"泰山"大人。

案例：

小王新婚不久，深得岳母的喜爱，却总是不知该如何面对冷漠的岳父。

一天，他陪妻子回娘家，又碰上岳父的冷脸。无意中，他发现岳父家的书柜里放着一副象棋，就向岳父搭讪说："您下象棋呀。"岳父眉头动了一下，又恢复了以往的冷淡，"嗯"了一声。细心的小王没有忽略这个小动作。他马上意识到岳父可能很喜欢下象棋。于是，他马上说了一句："我也喜欢下象棋，可下得不太好。您能指点我一下吗？"嗜棋的岳父犹豫了一下，还是答应了。

结果，这一下，两个人下出了缘分，下出了感情。

现在，三天不见小王的面，岳父就会主动邀请小两口去做客。可见，女婿和岳父，并非天生的仇人。

女婿对岳父母应存感激之心。虽说是自由恋爱，但岳父母花了半辈子心血才把女儿抚养成人，给你作了媳妇，这也是一种大恩大德，做女婿的应该铭记在心，加以报答。

女婿在岳父母面前要经常夸奖妻子，这是与岳父母和睦相处的需要，也是融洽夫妻关系的需要。你可以夸她心灵手巧，会织毛衣做家务；夸她心地善良，会待人处事；夸她孝顺贤惠，上尊父母，下和兄嫂；夸她治家有方，精打细算，会过日子。女婿夸奖女儿，说明小两口关系融洽，岳父母对女儿的未来放心满意。在他们看来，女儿是自己一手抚养大的，女儿身上的优点都是自己培养教育的结果。女婿夸妻子就是在夸奖岳父母。女婿夸奖妻子，妻子高兴，岳父母更高兴。这种赞誉可以造成一种良好的家庭心理气氛，会引起家庭各方面良好的连锁反应，增进家庭的和睦。

女婿仅嘴巴甜而无实际行动，其赞许就会显得太廉价，其效果也就不会理想。一定要与行动紧密配合，多做奉献。对岳父母要从各方面给予照顾和帮助，特别是在生活上，钱多花一些，事多做一些，切记不要让妻子回娘家索取东西。娘家的兄弟姑嫂，很讨厌出阁的女儿回来要钱要物。许多家庭纠纷、婆媳矛盾就是由此而产生的。

赡养父母，是法律赋于子女的义务。女儿有义务，女婿同样有义务。平时多到岳父母家看看老人，谈谈心，遇到节日、生日买点礼品去祝贺，让老人精神愉快；还可以把岳父母请到自己家中住几天，调剂一下生活。

人们常说，女婿如半子。女婿对岳父母应如同自己的父母一样恭敬、孝顺。在各种场合都称岳父母为爸爸、妈妈，而且要自然、亲切。做女婿的嘴甜，意味着亲近，能起到沟通感情，融化心理隔阂的作用，也是亲情亲密感的填充。长辈人走过的生活道路长、经验多，应该允许岳父母过问小家庭的生活，允许他们指责挑剔，欢迎他们帮助指教。

但是，作为长辈应该意识到女婿与岳父母的关系，并非一种骨肉情，二者相处的基础是相互尊重。小两口一旦发生矛盾，岳父母不要宠女儿，指责女婿；更不要乱出"馊主意"，致使女儿和女婿的矛盾越闹越大。岳父母对女婿的家务不要过分"参政"，当小两口发生争吵时，最好不要介入。

女婿对岳父母尊敬，妻子也会对公婆尽孝道。反之，一个不关心岳父母的人，妻子同公婆的关系一定会受到影响。

牵手一生

怎样处理好妻子与母亲的关系

男人要处理好同"泰山"的关系,同样也要处理好妻子与自己母亲的关系,否则,就只好当一块倒霉的"夹心饼"了。

案例:

阿国与妻阿敏是大学同学,婚后第四年,他们从外省调来家乡工作,与阿国父母同住。阿敏工作忙,常加班,家务事阿国多做了些,阿国妈心疼儿子,便埋怨她,说她回来吃现成饭。阿敏爱打扮,爱穿吊带裙,阿国妈看不惯。中秋节阿敏买月饼送给公婆,被阿国妈偷偷扔掉。阿敏炒几个菜,孝敬公婆,阿国妈也嫌她做得不好吃,且当面说"你真笨"。阿敏常向阿国哭诉委屈,要求分开住。他俩倾全部积蓄,买了房。搬出去住后,阿敏乐了,妈妈却恼了,说母子分离整整8年才团聚,为这个女人,又分开了。

阿国爸爸"文革"时受迫害,阿国妈妈在清贫艰难中一手养大唯一的孩子,母子感情很深。阿国母亲现已年近花甲,阿国要求妻子理解他,迁就母亲,更不要拒绝母亲来家小住,阿敏答应了。但是母亲每次一住就是几个月,对阿敏的态度也没有改变。因此阿敏与阿国多次为母亲激烈争吵。调回家乡工作以来,小夫妻是大闹小吵数不清,过去的情爱几乎吵得不见踪影。婚姻危机中,他们不敢要孩子。他们都已年过30,面临的却是家无宁日甚至是离婚的命运。

人的一生只有一个母亲,鱼与熊掌不能兼得时,阿国宁愿选择母亲,他需要一个能接纳母亲、又爱他的妻子。但当他接过妻子写好的"离婚协议书"时,双手发颤、泪眼模糊……

在这件家庭纠纷中,如果贬低阿国妻子、住到他家指指点点的人不是他母亲,他会毫不客气地说,这是我们夫妻之间的私事,不需要你介入!

回家乡前,阿国既孝母,也爱妻。回家乡后这两件事发生了冲突,原因是母亲闯进了他们的二人天地,爱情鸟的飞行空间受到了限制。孝敬母亲与夫妻和睦本是平行而独立驾驶的两条船,只有不善操作的人才会互相撞沉。

对"孝"的理解不是与老人非要在形式上朝夕相处,也不是必须言听计从,而是在行动上关心他们的冷暖起居,在心中随时挂念他们,有空就去电话或亲自回家向他们问安。观念迥然不同的两代人硬绑在一起会产生"同住难"的烦恼，都会感到自身的私人空间被侵犯。

婚姻语典

在家庭内的多边人际关系里，有一条主线是夫与妻。一切其他人际关系（包括子女）都不应该凌驾于夫妻关系之上。一个人结了婚却不重视婚姻是犯大错。如果他对他原本无辜的妻子都不能接受的话，这辈子只能不结婚才能尽"孝"了。

给好丈夫的 15 条忠告

1. 不管你信或不信，男人是社会的主体。所以丈夫应该有种责任感。

2. 25 岁之前，请记得，爱情通常是假的，或者不是你所想像的那样纯洁和永远。如果你过了 25 岁，那么你应该懂得这个道理。

3. 吃饭七成饱最舒服。对待女友最多也请你保持在七成热度。

4. 30 岁之前请爱惜自己的身体，前 30 年你找病，后 30 年病找你。如果你过了 30 岁，你自然也会懂得这个道理。

5. 事业远比爱情重要。如果说事业都不能永恒，那么爱情只能算是昙花一现。

6. 请你相信，能用钱解决的问题，都不是问题。如果你认为钱就是王道，有钱有女人，没钱没女人，那么，女人不是问题。

7. 请永远积极向上。每个男人都有他可爱的地方，但是不可爱的地方只有不积极面对生活。

8. 不要连续 2 次让同一个女人受伤害。好马不吃回头草，是有他道理

牵手一生

的。如果认真考虑过该分手,那么请不要做任何舍不得的行动。

❤9 如果你和你前女友能做朋友,那么你要问自己:为什么?如果分手后还是朋友,那么只有两个可能:你们当初都只是玩玩而已,没付出彼此最真的感情,或者必定有个人是在默默的付出而无怨无悔!

❤10 请不要为自己的相貌或者身高过分担心和自卑。人是动物,但是有区别于动物。先天条件并不是阻挡你好好生活的借口。人的心灵远胜于相貌,请相信这点。如果有人以相貌取人,那么你也没必要太在意。因为他从某种意义来讲,只是只动物。你会跟动物怄气吗?

❤11 失恋时,只有两种可能,要么你爱她而她不爱你,或者相反。那么,当你爱的人不再爱你,或者从来没爱过你时,你不必遗憾,因为你失去的只是一个不爱你的人。

❤12 请不要欺骗善良的女孩。

❤13 不能偏激的认为金钱万能,至少,金钱治不好艾滋病。

❤14 请一定要有自信。你就是一道风景,没必要在别人风景里面仰视。

❤15 受到再大的打击,只要生命还在,请相信每天的太阳都是新的。

夏逢语典

男人不养家,天理不容;女人不养家,天经地义。社会责任,家庭责任注定了大男人顶天立地;小男人胸怀大志,泰山压顶不弯腰!

中 篇
做个好妻子

怎样做位好妻子？好妻子没有绝对的标准和规范。

男人的欲望很多很强，但最希望自己能够拥有一位善解人意、体贴温柔的好妻子作为他一生的伴侣。作为一位好妻子，首先要学会去了解男人，去挖掘、探索他们的心理驱向，让自己潜入无声地走进他的内心世界。男人承受的是什么？是社会的压力，生活的劳累！男人肩上扛的是什么？是责任，是辛苦！男人忍受的又是什么？是忍辱负重，是心力交瘁！男人需要的又是什么？男人更需要的是理解、信任、疼爱和关心！所以，妻子要给予丈夫更多的关心和疼爱。平日生活中的嘘寒问暖、服侍周到、无微不至的照顾都来自于生活的点滴。无论多晚，默默等候他的归来，为他端来一杯水，盛来一碗饭，陪着他、看着他快乐的吃，让他感受到爱的温暖和家的温馨。同时，更要关心他所关心爱护的父母兄弟姐妹，以及亲朋好友。逢年过节回老家探亲，主动备好礼品，用不着他操心，要替他多分心。爱他所爱，顺他所意，只要他感觉自己快乐幸福就好。对他敞开自己的胸怀，多多给予你的爱，饱填他失落的空白，满足他精神的欲望。

很多婚后的女性，变得爱埋怨，甚至是后悔当初结婚。现实生活中，耳边很少听到恋爱时的甜言蜜语，感觉生活枯燥、乏味、没有激情。可男人应该拥有自己的事业,当他在生活中因忙碌而忽略你,作为妻子应该学会理解,懂得体谅。因为他所付出的一切,都是因为爱你和这个家,让你过上更好的日子,这也是他爱你的一种方式。对他少一点批评和挑剔,多一点表扬和鼓励,更不要吝啬付出,爱需要用心去体会。当男人失意的时候,好妻子会伸出温暖的双手,扶他一起走过那段孤独的旅程。那怕是风雨兼程,陪伴他共渡难关,抚慰他受伤的心,鼓励他积极乐观挑战自己,勇往直前战胜自己。无论在怎样的场合,站在怎样的角度,妻子都应极力维护丈夫的利益。

人间需要温情,生命需要感动,夫妻需要坦诚,心灵需要交会,即便是刹那的瞬间,也是永恒。平凡的生活,点滴情节,都在我们心中酝酿沉淀,因为真情太重,爱的深沉,所以愿意追随。婚姻并不是束缚,假如你爱他,就该给他放飞的自由和空间,切莫用你自私的爱捆绑他,即使你拴得住他的人,也未免能拴得了他的心。外面的世界很精彩,人的目光是用来欣赏的,男人走在路上,多看一眼美女,是对美的追求,对生活的热爱,不是什么罪过,更不是什么别有用心。妻子更要尊重丈夫的隐私,没必要去看丈夫的钱包、手机和QQ。切记:信任和宽容是维护幸福婚姻的最重要的纽带!

爱是世上最美好的语言,没有什么可以玷污爱的尊贵与神圣。因为心中有爱,才会有感动,才会有至真至纯的流露。好妻子们:生命是短暂的,相信爱情,珍惜拥有,用善良的爱心去包容一切吧,只要你全心全意去爱你的丈夫,你就会拥有世上最大的幸福。

真心付出最爱,回报定将拥有。

给新娘的9个忠告

爱是一生的艺术

一个和睦的家庭一定有一个为人友善的女主人,她不需要过多介入丈夫的世界,给丈夫相当大的空间。因为这些聪明的女人知道自己在丈夫心目中的位置,她对丈夫的信赖来自她的自信心。正是由于女人的大气,熏陶出事业有成的丈夫。夫妻生活不可能每一天都是最幸福的一天,但只要在每一天尽力把事情做好,就足够了。

学会倾听

女人说话的时间是男人的几倍,而且妻子对丈夫滔滔不绝的时候,最讨厌丈夫充耳不闻或是打断话茬,因为女性太需要发泄,这是女性的习性。虽然大部分男人不会像女人那样唠唠叨叨,这并不意味着男人不想说话。如果一个女人能让男人在她面前有一种倾诉的欲望,这样的关系才更和谐,才会持久。

学会妥协

一对夫妻在平日的生活中,所能给予对方最大伤害的话是:"跟你在一起真亏,你根本配不上我。"如果你不幸福,对方同样不会幸福。能给予对方最美好的礼物,就是你自己的幸福。幸福的婚姻绝非将军与士兵的搭配,而是将军与士兵角色的不断变化。中国传统的中庸之道是幸福婚姻的基础。妥协并非天生,但却是婚姻路上牵手一生的人必须学会的内容。妥协的人往往是充满自信、品格健全、善解人意的强者。

婚姻是两个100%

婚姻是你的100%加上我的另一个100%。如果把婚姻比喻成一个人的身体,那么,男人是头脑,女人是心脏,两个"器官"相辅相成。婚姻中的平等和平分,本身就是一个误区与错觉。找到个人最合适的位置,远比在彼此竞争中实现的自我价值真实、现实得多。男人的迁就不等于幸福,女人的超越不等于荣

牵手一生

耀。为了家庭的完整与和谐，如果男人在外奉献得多，女人就对内多关注一些。

结婚容易离婚难

如果两个人看对了眼儿，觉得应该住在一起过日子，领个结婚证实在简单。然而，这份证书的分量却非秤砣所能衡量。

不要轻言离婚

若有的人在离婚与不离之间煎熬，我会给他们一条忠告："不要听别人的意见，因为任何人都没有走进你们两个人的世界。听自己的心，问自己的心。如果你还爱他，就不要离。爱的力量可以战胜一切艰难。"如果两人已为人父母，那么我还要说："千万不要在子女长大后抱怨，当初我们不离婚，就是为了你。"

夫妻闹矛盾并非坏事

一对相爱的男女最终走向离婚，问题不在于两个人是否志同道合，意见分歧有多大，而是双方在矛盾发生后如何解决。吵架是完全有必要的，问题在于要化解分歧，夫妻间在争吵的过程中，不断探讨、解决、妥协。这一步步的心理变化如果被孩子看到，他们就会潜移默化地在现实生活中培养解决问题的能力。

人是不讲理的动物

男人有时也需要哄。如果妻子总是在他的耳畔重复：你怎么这么讨厌，你怎么这么笨，你为什么做这个，你为什么做那个。丈夫日久天长感到反感了，逆反心理越来越强，索性把那些惹妻子责怪的言行变本加厉地做下去。

时刻自省的四句话

对待家人像对待朋友，对待朋友像对待家人；夫妻双方谁也不欠谁，所以要懂得对配偶的付出表示感激；不要把对方当傻子；不要拿伴侣的"短"比别人的"长"。

亚当语典

爱是一种境界，该放手时就放手，给对方一个喘息的空间、一份充满信赖的爱情。宽厚、大度才是彼此情感的基石。

如何做个好妻子

帮助丈夫

妻子应在哪些方面来帮助丈夫呢？每个人有每个人的独特性及优点，可以在许多事上帮助丈夫，但一般来说至少可以在以下的事上帮助他：

1. "智慧妇人建立家室。"由于女人较细心、敏感、富创造力、想像力，可以使家成为温暖、舒适的居所，这是对丈夫最好的帮助。

2. 关心他的事业，对他的兴趣乐于参与。

3. 当丈夫有需要时，能及时地提供意见、忠告与改正的方法。箴言中的贤妇"开口就发智慧，舌上有仁慈的法则。""法则"可以翻成辅导或协谈。

4. 丈夫最重要的角色之一是领导者。而一个领导者最痛苦的事就是无人拥护、支持他的领导权。所以妻子的本份是拥护、支持丈夫在家庭中的领导权。

5. 在教导孩子的事上跟他合作，决不在孩子面前持相反的意见。

6. 帮助丈夫孝敬长辈，照顾亲属。因为女人记性好，较易记得重要的节日、长辈的喜恶，看见亲人的需要。"她张手周济困苦人，伸手帮补穷乏人。"

7. 在属灵的追求上彼此劝勉，互相代求，成为最好的祷告同伴。古人说："二人同心，其力断金。"

8. 乐于关注地倾听他的喜怒哀乐。分担他的忧愁，分享他的喜乐，成为他最亲密的朋友。

9. 满足他的需要。"他丈夫心里倚靠她，必不缺少利益，她一生使丈夫有益无损。"

敬重丈夫

1. 把丈夫的需要放在孩子的前面。这在中国文化中较难，中国人比较重视良母的价值，而忽略贤妻的意义。难怪有许多丈夫抱怨说："自从我们有了孩子以后，我的身价就一落千丈！"其实有些男人在情感上比小孩子还脆

弱，你不重视他，有另外一个女人稍微赞赏他一下，他就会飘飘然忘了自己是已经结了婚的人。夫妻是家庭中的两根柱石，夫妻的关系稳固，孩子才能得到最大的安全感和幸福感。

2. 决定事情时先与他商量，听取他的意见和劝告。

3. 满足他的要求。

4. 找机会称赞他积极的一面。赞赏他的职业，并参与其职业的活动。

5. 支持并帮助他达成个人目标。

6. 不在人前纠正、反驳他（男人自尊心较强）。

是感化他不是改造他

"……若有不信从道理的丈夫，他们虽然不听道，也可以因妻子的品行被感化过来，这正是因为看见你们有贞洁的品行和敬畏的心。"

妻子没有责任，也没有能力改造自己的丈夫。许多女人婚前存着"婚后慢慢改变他"的希望，但婚后都是失望。妻子若一味的想改变丈夫，会给他带来极大的压力，自己也会有挫折感，造成家庭气氛紧张。

注重内在美的培养

不单靠外貌吸引人。妻子不单单应注意外表的整洁与修饰，更应花时间注重内在美的培养：

"温柔"是对他人的感受表示细心的关怀。"安静"是一种内在的平安和谐，使妻子在重重的压力中无忧无惧，且能平静安稳地面对生活中的突发事件或特殊情况。

上帝创造女人，最了解女人。女性另有一特性——敏感与细腻，若不能以宁静的心来加以平衡，它就要成为沮丧、失望的来源。一对男女成立了家庭，就要面对许多新的挑战和压力。妻子要不断地操练用温柔安静的心来面对生活，在重重的压力中能够无忧无虑地把家庭的气氛维持住。不论遇到什么风浪，都不致使"家"动摇，而能稳稳地一起成长。

亚当语典

"爱丈夫,爱儿女"是圣经所教导的次序。"待人有恩"就是乐于饶恕,不是得理不饶人。"爱"与"饶恕"是解决问题的妙方,妻子不论对长辈、丈夫、儿女都要不断地用"爱"来包容,用"饶恕"来化解矛盾。

好妻子就是好主妇

现代女性具有独立的人格,但是,一些"妇道"还是需要很好地遵守,这样才有利于塑造美满的家庭。

怎样才能当好一个家庭主妇呢?

有冲突不必紧张

人人都有竞争的意识、竞争的倾向,甚至是竞争的兴趣。夫妻作为两个独立存在的人,有不同的生理规律、不同的生活方式、不同的消遣兴趣。所以夫妻二人不可能永远同时、同步产生相同的欲望、需要、兴趣等。冲突或迟或早,或大或小总要发生,并不可怕。一个时期内的不协调实乃正常现象。主妇们不必恐惧,不要害怕丈夫讨厌,不要害怕会被遗弃,自己要对婚姻有持久的、足够的信心。

牵手一生

不必永远为对方着想

许多妻子以为只要在家里对丈夫礼貌、体贴、服务周到，以为不让丈夫讨厌，就是个好妻子，于是便无休止地这样做下去。然而事实恰恰相反，久而久之，丈夫一定会厌烦。时时、事事为对方着想，总是克制自己的需要、欲望，然后一一地牺牲，这实际上是不知不觉地让对方负疚。家庭主妇不必总是顾及别人，而是大胆地做你认为应该做的事。

不要期望过高

女性大多是理想主义者，常常把想像当希望、当现实。妻子心目中的家庭，都是玫瑰色的，妻子眼中的丈夫都是"白马王子"；母亲眼中的子女，都应该成龙成凤。过高的希望里常常带来更大的失望。于是女主人总是不满意，总感到现实不如想像的好，处于这种心态的妇女很难成为好的家庭主妇。只有把期望值降下来，知足常乐，才能当好家。

没有哪个女人能够满足一个男人的全部需求

妻子有一种被珍爱、被保护的内在需求。当她们感到丈夫在关心她，就有了一种安全感，感到有了保障；反之，则有一种不安全感。所以女人总是想方设法了解丈夫是否对她关心、爱护，因此总想满足丈夫的全部要求。这是非常幼稚、非常不现实的想法。因为人具有多种多样的性格特征、多种多样的情趣、多种多样的要求，性别不同又加大了这种差异，何况一个人的兴趣需要也是随时间和环境的变化而变化的，另一个人怎么可能全部去满足呢？妻子千万不可自己给自己提出不现实的要求，不可"自己和自己过不去"。

亚当语典

已故美国总统艾森豪威尔的妻子玛蜜·多特曾在《如果我现在又当了新娘》一文中说："如果我现在才结婚，我还是像以前那样做个家庭主妇……家庭主妇是我的工作和乐趣。尽我所能，使艾克的家永远保持稳定和安定，这是我感到最奇妙、最有价值、最繁忙而快乐的生活。"

好妻子的秘诀

一个家庭的建立很容易，但怎样守住这个家，经营这个家却并非是件容易的事。夫妻间在朝夕相处的过程中，难免有磕磕碰碰，妻子的一言一行都将影响到夫妻间的感情。

婚后两个人未必要亲密无间，在这方面尤其是女人，更应该时刻注意自己的言行，检点自己的言行，给对方一个应有的空间，彼此信任，坦诚相待，这样才能使婚姻地久天长。那么在婚后的生活当中女人应该注意哪些呢？

在生活当中，女人总在不经意中说"你看谁家的某某如何如何""你什么都不是"等，以此来抱怨自己男人的无能。殊不知这样往往会大大挫伤男人的自尊心，一味的讽刺挖苦都有可能将其男人置于绝望的境地。所以说你既然选择了他，就应该面对现实，知足常乐，只要是男人尽力了，我们就没有责怪他们的理由。而是应该互相鼓励，支持才对。

男人在外面闯事业难免有应酬，所以经常回家晚是常有的事。此时作为妻子的你不应该把"你去哪了"挂在嘴边。男人感觉那是在"审犯人"。一次一次的"审"，犹如"敌我"相对，时间久了，彼此之间难免产生隔阂。所以说给男人一点应有的空间，爱他就应该相信他。距离是心灵的氧气，适当的"空隙"可以增进感情，这样才不至于窒息。

家庭生活中有很多琐碎的事情，比如各自父母家庭中的事情，尤其是男方家庭中的事情。因为各自生活的环境不同，做事情的想法也不尽相同，有些事情你可能觉得有些过分或者是看不惯，而此时作为女人的你应该学会"宽容"，不要斤斤计较。对长辈宽容则孝，对兄弟姐妹宽容则善，夫妻间宽容则和，所以说男人喜欢大智若愚的女人，喜欢"傻"得可爱的妻子。

在生活当中往往能看到：男人的手机响了，女人都会不自觉地问"谁的电话"，更有甚者有些女人有翻看自己男人手机的爱好。大凡看到陌生人通话记录，都不忘了问"谁的电话"，如果是女人的名字，更要再三盘查。如此这般的质问只能使夫妻之间的矛盾升级，百无一利。所以说女人不妨留一点隐私给男人，保持一点神秘感并非对婚姻有害。

女人大都有爱"唠叨"的毛病，应该学会就事论事，善解人意，而不要自己唠叨起来没完没了，即使再有"耐心"的男人这样下去也会被"吓跑"的。所以在生活当中应该学会：不要唠叨。

亚当语典

在婚姻生活中，女人的角色是很重要的，随口而说的话、不经意的举止都应该值得去注意。古人都云：难得糊涂。所以说幸福的家庭也要靠你——女人去营造！不妨试一试。

好妻子的 17 条标准

男人对他们所爱的女人有什么期待？身材、外貌、能力、家世、个性？也许都有可能。但要在现实中，找一个集各种优点于一身的完美女人出来，未免有点太过荒唐。自古以来，男人梦想中的好妻子都是"出得庭堂入得厨房"的所谓秀外慧中的女子。那么在当代男人眼中，最渴望成为自己妻子的女人是什么样呢？

优雅动人

不管是朋友聚会还是他们公司的新年晚会，她的衣饰可以不惹眼，但底线是不要让他在众人面前丢面子。本着内外兼修的原则，她最好应对得体，有修养，有见识，有品位。除此之外，有了白头发要及时去染。不要让自己胖到不可收拾再去减肥。不要用洗旧的廉价内衣去配衬上千元的开司米外套。跟他亲热的时候不求妖艳，但求齐整——求你了，不要让他看见你的内衣绽线或者内裤破了一个洞。

重视性爱

她不是性爱无度的女人，但也别冷静到不把夫妻性爱当回事。她有健康的性观念，懂得主动，能跟丈夫坦诚交流对性爱的感受。

• 重视家庭气氛 •

不要天天叫外卖。会几道从妈妈那里学来的拿手菜，工作不忙的时候为他做餐饭，有没有烛光不重要。略懂女红，他的扣子掉了，她很快就能缝上。有爱心，孩子出生后坚持母乳喂养，不怕身材走样。

• 养成读书的习惯 •

婚后的女人大多只读通俗或时尚杂志，这很正常。偏偏有些男人会有些浪漫情结，喜欢诗书文章，并希望自己的伴侣也有此雅好。读书是好事，当然读书不是为了装门面。读书让她免于无知的罪过，让夫妻间有更多的共同话题，还能让她的气质得到提升。总的来说，那还是一种有乐趣、有回报的付出。

• 偶尔跟他一起做梦 •

油盐柴米的生活里，男人心中偶尔会溢出一些不切实际的梦想。就算太过虚无缥缈，也不要不留情面地嘲笑他。心情好的时候，跟他一起做做梦。别太担心，有哪个正常男人会那么死蠢，以为一场梦会永远不醒呢？

• 带点幽默气质 •

女人的温柔和善良是糖，但一味的甜总有一天会把男人给腻死。幽默气质是盐，它在女人的身体中分布稀少，可一旦存在，就能调出与众不同的味道——跟那些一听成人笑话就捂耳朵的女人相比，能讲得出一两个成人笑话的女人当然更有情趣。

• 爱屋及乌 •

爱他，就主动关心他的家人。他父母的生日，要早早地汇钱或者买礼物；他的兄弟姐妹有事，要比他还着急；对他老家来的穷亲戚，不露出鄙夷之色，因为鄙夷他的亲戚就是要鄙夷他的过去，就是鄙夷他这个人。

• 充满自信 •

对他跟女性朋友的交往，不要神经过敏，有点风吹草动就认为他有了外遇，要抛弃你。自信的女人永远不做跟在丈夫屁股后面嗅来嗅去的警犬，也不懂什么叫被抛弃。就算他真有了外遇，你也有信心能把他拖回自己的身

牵手一生

边——如果你还愿意要他的话。

· 宽容他的平凡 ·

不对他期望过高，对他的平凡和平淡予以最大限度的宽容。他不是有钱佬，不是叱咤风云的成功人士，就是乐意跟着他过普通人的日子。要宽容，也识趣，不会动辄唠叨、抱怨他笨，赚不了大钱——要知道，男人最怕也最烦的就是这个。

· 要坚强独立 ·

有些男人喜欢女人做依人小鸟，好让他们去保护。更多的男人则喜欢女人具有独立精神，不要动辄一把鼻涕一把泪，也不要整天黏着他，弄得自己的世界里除了他之外连个聊天的朋友都没有。男人喜欢有自己的空间，同样，女人也需要有自己的空间。坚强独立的女人，在他心中才是最美。

· 会洞悉男人的心理 ·

好妻子应该懂得男人的心理普遍都有双重性。一方面他会时时表现出男子汉大丈夫的气概，本能地爱惜、证明自己的力量、能力和威望；另一方面他有时又像个孩子，需要妻子的温柔，爱抚和关怀。

· 不要当众羞辱丈夫 ·

一个妻子如果当众羞辱丈夫，会使其人格和自尊严重受损。夫妻在房里争吵斗气，有时像嬉闹一样感情交流的需要是可以自愈的。而当众羞辱丈夫，使丈夫大丢面子，便会产生家庭和人格的双重伤害，且难以自愈。

· 要给丈夫留一点个人生活空间 ·

大多数的已婚女性不管居家或外出，都希望自己的丈夫陪伴。而男性在婚后仍然希望保持与其他朋友的交往。保持一些个人婚前的业余爱好。一个了解丈夫心理特点的妻子，会给丈夫留出必要的生活空间。

· 少些埋怨多些鼓励 ·

俗话说："萝卜白菜各有所爱。"丈夫有其衣着打扮、菜饭口味、业余爱好等多年养成的习惯，聪明的妻子如果感到他某些地方不太得体，可以适时进行引导、劝说，但千万不要过分埋怨，斥责和挑剔，对正当的业余爱好还要给予鼓励。

尊重丈夫的亲属

一位妻子成了丈夫家中出色的前台人物，其丈夫高兴而动情地对人讲："我妻子出面，让我在家人面前的形象更伟大了。"这位妻子的品德得到丈夫和亲人的承认，使夫妻感情与日俱增。

勿沉迷于物质享受

好妻子要充分考虑家庭的经济状况，不要轻易出现超过家庭支出能力的要求。这样做容易让丈夫产生妻子究竟是爱人还是爱物的疑虑，即使是合理的要求也应靠双方的共同努力逐渐兑现。

把握关键的几分钟

丈夫每天上班前和下班回家后的几分钟里，妻子的情绪往往会对丈夫造成巨大的影响。因此，妻子温柔的表情、愉快的心情等积极的情绪，会给家庭带来欢乐祥和的气氛。

亚当语典

作为一位聪明的妻子，任何事物在没有确定之前，都不要去猜疑、计较。假如他真的一不小心误入毒草深处，你应及时伸出爱的双手去挽救。

牵手一生

好妻子应具备的 4 种气质

"人不是因为美丽而可爱，而是因为可爱才美丽"。如何做一个可爱的气质女人呢？

自 信

在这个处处充满竞争的社会，那种自怨自艾、柔弱无助的女人已日渐失去市场。男人不再是女人的主宰，女人也早已不是男人的附庸。"男人追求的极致是成功，女人追求的极致是幸福"的名言也日渐黯然失色。女人学会自我拯救和自我完善永远是最重要的。渴盼男人赐予你幸福的想法永远是被动而不安全的。

男人欣赏乐观自信的女人。这个世界上自强自立的女人多了男人背负的精神压力就比较小。而且，一个男人能与一个不仅只满足衣食之安的女人共度人生，生活永远不会陈旧，人生也不会走向退化。

高 贵

女人的高贵并非指的是一定要出身豪门或者本身所处的地位如何显赫，这里的高贵是指心态上的高贵。男人最反感放荡轻浮、心态猥琐的女人。生活中男人可以是女人的护花使者，但女人本身要给男人提供一种信心——这种信心就是让男人放心，而且乐意为你托付爱。

小仲马的《茶花女》中的主人公爱上妓女，只因为身为妓女的那个女人气质高贵而又有十足的女人味。这种女人往往会给男人生活的信心和勇气，因为她们生命里潜存着一种净化男人心灵、激励男人斗志的人性魅力。现代女性要做到不媚俗、不盲从、不虚华，自然少不了要有这种让男人倍加欣赏的高贵气质。

善意通达

这里所说的善意不外乎指女人的温柔。但在这里把温柔改为善意更好。男人当然喜欢女人的温柔，因为女人的温柔能给男人的心灵取暖。然而，温柔有时候似乎又是一种没有原则的爱。一个女人对一个不值得托付温柔的男人付出爱，从某种程度上说是成全了男人的罪恶。

爱应该是有所节制的，而且应该是向善的。因此，好女人对男人只要心怀善意就行了。女人爱得泛滥，男人就不太懂得珍惜。在这个年代，男人不再习惯固定在一个小小的居室之中，因此女人更应该学会调适自己，不要一味地为情所困，以至让感情取代了生活的全部。

聪明乐观的女人往往能尝试着让自己的心灵变得通达起来，让爱在一种平淡中走向坚固和永恒。有些时候感情这事儿你放开来看，其实恰恰就是一种最好的把握。

一位知识女性，她深爱着她的丈夫，但是，她爱她丈夫的时候也没忘记珍爱自己。她的丈夫常年在外经商，但他们的感情十分融洽，从未有过一丝半点的裂缝。有人问："你不担心他在外面寻花问柳吗？"这位女士回答："我和他的爱从来都是平等的。从接受他的爱的那天起，我就给了他信任，我爱他但不苛求他。我希望他成功完美，但我从未把自己的一切抵押在他身上。我担心什么呢？"有些时候感情这事儿你放开来看，其实恰恰就是一种最好的把握。

有些女人从一开始就把自己摆到一个乞求感情的地位上，悲剧的根源往往就在这里：你对自己都不自信，别人怎么看重你？男人往往就是这样：你过于看重他，也就是昭示他可以轻而易举地主宰你的感情和幸福了！在这一点上你首先就输了。因此，感情是最在乎尊重和平等的……不用说，有见地和胸怀的女人，男人自然会感到她的可爱了。

做事有主见

心理学家分析认为，女人往往感情胜过理智，对待友情、事业、婚姻亦如是，这是阻碍女人发展的致命弱点。

一位在深圳的打工妹，在其他打工仔打工妹纷纷陷入现代都市的浮躁与繁华当中迷失自己的时候，她依然保持着清清纯纯的农家女孩的本色。在她的宿舍里，其他女孩几乎都交上了男朋友，只有她尚是"单身贵族"。她告诉家乡的一个女朋友说，我不会喜欢深圳的男人，因为我的根不在那里。我出来只是想挣点钱，一些寄给家里，一些留着给自己置办嫁妆。我今后当然要找男朋友，但我会回家找个本分的男人。像我的这些姐妹，有的不甘心在流水线上做蓝领，绞尽脑汁想去傍大款，能永远幸福吗？我只想靠自己努力工作挣钱，然后回家过平静的日子……无疑，这种站在现实的根基上能够清醒地审视自己的有主见的女人，也不失为男人眼中可爱的女人。

牵手一生 亚当语典

> 男人爱上一个女人的同时,并不希望在爱的约束下丧失自己的一方世界,男人在乎爱情的默契、宽容和理解。因为这种爱不至阻止男人身心释放地闯荡人生——毕竟,在男人的眼里爱情并不能代表人生的全部。

好妻子的4大法宝

作为一个男人,一个丈夫,都希望做妻子的在丈夫面前巧施妙法,永葆魅力。

羞 涩

羞涩是女性美特征之一,它蕴含着妩媚和柔情,它不仅是情窦初开的少女用以传递爱情的特殊语言,更是婚后夫妻之间的爱情信号。可惜不少妻子恰恰疏忽了这点,一过洞房花烛夜,特别是生过孩子后,在丈夫面前的羞涩便荡然无存,使那毫无节制的"赤诚"亲昵,将爱情的神秘面纱破坏殆尽,彻底兜底儿,造成爱的单调、贫乏甚至令人厌倦而窒息。 当然,这里并不主张妻子过于拘谨胆怯,而是希望妻子借助羞涩来激发丈夫的爱恋之情,从而丰富夫妻生活的情趣,提高夫妻生活质量,并给爱情留出一些余地,以致春色不枯爱常新,愿天下青年、中年乃至老年的妻子们,都保持一点特有的羞涩,它会使女性显得年轻,魅力无比。

撒 娇

仗着爱人宠爱故做姿态,谓之撒娇,显然"撒"的"娇"更柔嫩、可爱,为人所悦,受人所宠。 一个备受虐待的孩子总不会在暴戾的后娘面前撒娇的。 说起来似乎是孩子的事,但引进夫妻生活领域,那娇媚妖娆的妻子在丈夫面前一番"娇"顿可激起爱之涟漪,惊起浪花,因它实质上是妻子凝聚着千恩百爱的爆炸式释放，丈夫会因认识到被爱的自我代价而获得高度心理满足，从而使夫妻之亲密升华到一个更高的层次。建议天下曾有此种体验的中、青年及至老年妻子们都不妨将你的"娇"在丈夫面前"撒"一"撒"，试看效应如何？

逞强

与撒娇相反，妻子适度的逞强，同样会迸发特有的魅力，尤其与撒娇交替使用时，同样一件事，大人做很平常，幼童做则因嫩弱而显出一种稚气美，女性，虽不能说是天生的弱者，但与男性相比毕竟是柔弱的。在夫妻生活中明知难以胜任之事，却要逞强偏为之。成功固然美，不成也美，或更美。妻子心理示弱嘴里逞强的立体交叉情趣，显示出一种童稚气，一点野性，丈夫无不为之砰然心动。

遮掩

神龙见首不见尾，怀抱琵琶半遮面，半遮半露，半虚半实，耐人寻味，妙在遮掩。原始人在改革全裸时，首先是遮掩了阴部和乳部，在道学家看来，这是人类本能的遮羞，在艺术家看来，这不是遮羞，相反是人类本能的美好展示，是强调，是突出，是通过"遮"来引起丰富想像力，是借助"掩"来增加神秘诱惑力，因而，妻子欲对丈夫保持历久不衰的朦胧感，须得学会掌握掩的艺术，哪怕是老夫老妻，也应尽可能避免淋漓尽至，暴露无遗，该遮掩的部位还是遮掩，如此这般，既能收其欲盖弥彰之效，又有保其"神秘的元素"，确不失为妻子展现魅力的又一妙术。

亚当语典

一个亲切的笑容，一声温柔的问候，一颗纯真的心灵，才能构成一个亲不完、爱不够的女人形象。

好妻子"勾引"丈夫的 10 条绝招

很多妻子心里都会期待自己拥有非凡的魅力，这样就会轻而易举地掳获丈夫的目光。

穿高跟鞋

一双合适的高跟鞋配上薄丝高筒袜，会令你的双腿亭亭玉立，在丈夫眼中增加许多难以言表的魅力。

适度裸露

女人关键部位露得太多，会被误认为是"暴露狂"，不正经。故如何露得恰如其分，是一门大学问。对颈部有自信的女人，穿 V 字领的衣服，再搭配以金项链，即能衬托美丽的颈线；对肩部有自信的人，不妨穿着削肩、直筒型服饰；如果担心肩露太多，不妨缀缝一些花边或是搭配肩围；对胸部有自信的人，可以多解开一粒衬衫的纽扣，穿透明衬衫搭配同色系的花边胸罩。对大腿有自信的人，宜穿迷你裙。若穿长裙的话，宜露出足踝。

显露羞态

害羞是女人吸引男人并增加情调的秘密武器，出现得适时而又恰如其分，便成媚态，是一种女性美，如一派天真的脸上突然泛起红晕的少女，没有哪个小伙子不会动心。但要注意此态不可"使用过度"，否则有淫荡意味，那就走向反面了。

使用固定牌子的香水

选择适合自己某种固定牌子的香水，会成为你的专有标志。他闻到这种香味，就知道你来了。一般人多把香水洒在手帕、衣服上，这不但使香味易于消失，而且会使衣服招致虫蛀。有些女人把香水涂在发根、耳背、颈项和腋下，这也不好。最好的方法，是把香水涂在肚脐和乳房周围，另用一小团棉花，蘸上香水放在胸罩中间，这样不但使香味保持长久，还可以使香味随着体温的热气，向四面八方溢散。

学会动作语言

那脉脉含情的目光，那嫣然一笑的神情，那仪态万方的举止，那楚楚动人的面容，有时胜过了千言万语。

培养你的"神秘之美"

把自己塑造成带点神秘感的形象，让他觉得你永远是个谜，是一本百读不厌的书。

给丈夫送一个甜蜜的绰号

送一个甜蜜的绰号给你的男人，会使你们彼此间显得更加亲密无间。让人惊奇的是，一些有显赫身份的总统、议员，也乐意恋人叫他们的绰号。这些被男人觉得可爱的来自女性的绰号主要有：小鸭鸭、小帅哥、小瓜瓜、小浑球、小傻瓜、小乖乖、大力士、大头仔、大老虎、玩具熊老大、蜜糖宝贝、宝贝蛋、神气熊、健美先生、菜时派、迷人精。

孩子气的表白会让男人觉得很开心

当你花了很多钱买了几张戏票，准备约丈夫一道看戏时，你可以在电话中用孩子的顽皮口吻说："我是个很坏很坏的坏小孩。我买了几张戏票，我如果告诉你票价有多贵，你一定会大发脾气。可是我保证，只要你不生气，我就从你的头顶，吻到你的脚尖。"相信你的丈夫听了，会哈哈大笑地说："从头顶到脚尖，是吗？嗯，这个值得哦！"

女性要风流而不下流

风流与下流，都与女性的娇媚有关，但却是有分寸差别：娇媚表现得恰到好处则为风流，娇媚得过分了则为下流。通常，所谓风流是先天的，下流则属于后天的。不具有风流特性的女人，男人会感到索然无味；有这些特征的可称为是下流：穿着令人作呕的内衣；口臭；牙齿黑；声音浑浊；常说些下流不正经的话；吃东西时发出声音；造谣生事。

表现"脆弱"是造成女人味的秘诀

为了满足男性天生喜爱"保护"女性的欲望，适当表现一下"脆弱"是

必要的。这种"脆弱"既可表现在生理———一副弱不禁风的模样；也可表现为精神方面的"脆弱"，像怕打雷或者容易掉眼泪。

亚当语典

女人的微笑是最具杀伤力的武器。女人的笑，应该灿烂而不张狂，温暖而不放肆。

好妻子会与丈夫"调情"

就两性相处来说，坦承自己的性需要，让伴侣了解如何取悦自己，才能使人更快速地达到感官愉悦的巅峰，这是调情的功用所在。积极开发性自我能让你在两性关系上无往不利。因为男人永远不知道下一步你会带给他们什么样的惊喜。

讲讲真"性"话

有人说：男人是视觉的动物！通常男性都喜欢看 A 片，男性的视觉是很容易受到挑逗的，女士完全可以利用一些东西，来挑起男人的热情，你不妨去借张 A 片，借助影片的影响力来挑起他的热情。你还可以到情趣用品店，购买一些情趣内衣及性感的吊带衣，让他们一饱眼福。在前戏进行时，女人更可以抚摸自己、或是舔舔嘴唇，这些动作都可以满足他们的视觉享受，轻易地勾起男性的性欲。

很简单的道理，看看欧洲的"钢管舞"为什么这么的兴旺，就可以理解上面的意思。其实男人很希望在性爱过程中，对方主动的用爱抚和用舌头舔寻自己身上那些埋了地雷的性感带。

利用掌心微微地摩擦他胸部的两点（其实许多男性的两点是很敏感的，不过这个部位常被女人忽略）然后用手指温柔地磨擦，并以口水粘湿它，用牙齿轻咬，对着它们吹气，营造出欢愉的悸动。

Hand in hand forever

牵手一生

男人做爱时是全情投入的，比较注重互动性。 如果男人在床上拼了命的苦"干"，你却丝毫不理会他的感受，一会儿看看书、一会儿又电话聊天，要么躺在那里一动也不动。 天哪！ 那还不如到卫生间自己解决算了！ 其实偷懒也要讲技巧，不然干脆不要做好了。 说的这里感觉到了"沟通"的重要性，你不妨试着和他好好"沟通"。 有时候由一些床上的互动，你就能让他明白你的意思。

这样挑逗他

你有多久未曾享受过被男人围绕的滋味？ 只要多一点点勇气，生活里处处可以找到爱情的惊喜。 该如何眉眼含春、嘴角带笑，才能让男人忍不住向你靠近。

无论从两性关系或自我成长观点来看，卖弄风情不仅能带来乐趣，还能使生活凭添滋味，根据心理学家的分析，它更是人类与生俱来的驱动力。 过去的研究相信调情过程是由男性主导。 就像自然界里雄性对雌性求偶一般，男人在看到喜爱的女人之后，受内分泌趋动向她发出爱的邀请，企图在众多求爱者中拔得头筹，获得青睐。 然而最新的研究却显示整个过程的掌握大权是操在女性手里。 女性会对心仪的男性传递讯号，鼓励他对自己发动追求攻势。 心理学家称这种动作为下意识的诱惑，其实就是一般所说的调情。

肢体语言若运用巧妙，可以加速一段恋情的温度。 当你与他独处，不妨以小动作增加两人的接触：适时轻拍他的手背表示赞同他的意见，轻抚他的秀发，在他耳边细语，让你俩的膝头不时相触……有许多女人误认为当感情步入稳定之后，就不再需要调情来增加情趣。 其实适当的调情不仅可以使你俩重燃初识时的恋爱之火，更能够让他的性欲"起死回生"。

牵手一生

专家建议，以下几点调情守则适用于任何时刻与地点，而且效果都好得出乎人意料之外。如边深情凝视他，边伸舌轻舔上唇。或将中指轻触芳唇，来回摩娑，好像在品尝他的手指那般甜蜜……。

精神医学家根据多年临床经验表示：对于男人来说肉体上的亲密接触往往比在心理上了解"被需要"更能增强他的安全感。所以，适时地对伴侣调情，绝对能使恋情绽放出不一样的火花。

调情能给恋情带来正面影响，不仅能抓住爱人的注意力，增加你俩的亲密度，让伴侣了解不仅他需要你，你也渴慕他的热情。

如果你生性保守，想借调情来使已呈疲乏的恋情起死回生却又无从下手，请记住适时展现柔弱，央求伴侣帮助是第一守则。在伴侣面前表现柔弱、要求帮助，能够增加彼此的生活情趣。

学习如何卖弄风情也有助于开发性自我，使你克服胆怯的个性，更能享受亲密关系。就某方面而言，卖弄风情和表演有异曲同工之妙，都能使患者在短暂过程中暂时忘记拘谨的"本我"，久而久之就能使个性有很大改变。

表面上看来，一个勇于开发性自我的女人性感、活泼，在两性互动中如鱼得水；而在生活层面上，她不仅更积极进取，遇上挫折与困难也比较能够克服。

也许你会因自己没有傲人的胸围、窈窕的身材和妩媚气质，而从不觉得你有与男人调情的潜力。其实，一位吸引人的调情者重点并不在于拥有美貌，而是展现自信与专注，专注的眼神与美好的仪态是最有效的调情手段。

亚当语典

细心观察，体会对方的需要，就是最令人无法抗拒的调情方式。

好妻子有"女人味"

现在社会上有一种现象让人们忧虑，那就是男人日趋女性化，而女人日趋男性化，特别是那些少男少女们，仿佛男孩子都抹上了一层奶油，女孩子都染上了一丝霸气，在此并不想指责，也没有权力说奶油味是女人的专利，女子只能静如止水，不许放肆，不许超出雷池一步。可是这世界作为一个和谐的整体，它毕竟需要男性的美与女性的美来平衡。现代女性的美，离不开追求和谐，通过美的塑造，女性的各方面品质都会有所提高，其生命力、创造力亦将得到充分的发挥。现代女性美是立体的美，它既要求女性有美好的外在形体，更要求有智慧才干，高雅的内在素质，既要求女性具有现代人的性格色彩，也不乏中国传统的含蓄美。

几乎所有的女人都立意将"女人味"作为自己做女人的基础。对于来自四面八方的对她缺少"女人味"的指责，那些女强人们也总觉得惭愧，力图用各种方式加以证明，她具有女人味，并且比一般女人一点也不少，拼命要做一个让孩子满意的"好母亲"，让丈夫满意的"好妻子"，让婆婆满意的"好儿媳"。

有的男人会说，一个充满自信的女人颇能吸引男人，一个只会服从而无自己主见的女人只会令男人们生畏。然而，好多男人会说："我感到头痛的只是那些喜欢处处争先的女人，妇女要占据了半个天空，甚至整个天空，那怎么叫人受得了呢？"所以，现实生活中，一个一有空就打毛线的女人比一个有空就看书的女人更容易被周围的人接受；一个一开口就是衣食住行的女人比一个一开口就是政治新闻的女人更容易赢得男人的欢心。

一般人们谈起女人味，总是会联想到性感、妩媚，联想到丰姿绰约、风情万种的女人，似乎只有这样才是女人味。一直以来，女人味的评判始终都是男性视角，然而，现代的女性们已经有了更广阔的自塑空间，一些未曾完全逝去的传统规范，也早已无力承诺女人的终身幸福。她们在困惑中空前成长，她们在思索女性生活课题的时候，也为自己铺开了一个更加广阔的生活空间。因此，女人味的内涵也就变得宽广和深远。

牵手一生

女人味是"很女人"

女人味首先就是丰姿绰约，简单说来就是"很女人"的女人才有女人味。男人眼中的女人味，首先必须是一个美好的容貌、轻盈的体态，恰到好处的服饰、温柔的语言等。总的来说，女人味，代表着男性对女人的所有期待。

温柔可人是女人味的重要体现

大多数男人最喜欢的是女人的温柔。女人最能打动人的就是温柔。当然，这种温柔不是矫揉造作，温柔而不造作的女人，知冷知热，知轻知重，和她在一起，一些内心的不愉快也会烟消云散，这样的女人是最能令人心动的。温柔是女人特有的武器，尽管男人也有温柔的一面，但并不能取代女人的温柔。

善解人意

有女人味的女性通常是心思敏捷，玲珑剔透，善解人意，特别能体现出她们善解男人意，因此，人们和有女人味的女性在一起的时候，无论是言谈聊天、行动举止，都显得恰到好处，让人如沐春风，这就是女人味了。

母性的光辉

鲁迅说过一句话：女人只有女儿性和母性，没有真正的妻性，妻性通常是女儿性和母性的结合。女儿性是女性的另一种气质，但女儿性太强，可能会显得黏人、烦人；只有母性，才能令女性显示出圣洁的光彩。

独有的风采

每个女人都会有自己的优势，有自己的个性或独有的风采，如果能将这种风采很好地发挥出来，就能形成与众不同的魅力，这就是女人味。因此，每个人都有不同的女人味。

男人对女人味这个话题更加有发言权，一些在女人眼里不一定很漂亮的女人，如果能突出自己的长处，也会成为很有味道的女人。

智慧和自信

女人味应该是存在于智慧和从容自信中，具备这种特质的女人才能从内向外雕琢，透出一种让人信服的气质。人们常常以为女强人就是一股男人婆的样子，但事实上真正有本事的女强人，是很会发挥自己的女性优点的，并且还能利用这种长处，上下沟通，处世圆滑，成为一个团队的中坚力量。

风情和风骚

风情，是女人味的极致。一个风情万种的女性，无论男性女性的评价，都和女人味紧密相联。如果能将属于女性自身的独有风情淋漓尽致地展现出来，那么她也是一位"女人中的女人"。

风骚，不是强作风情，真正的风骚是从骨子里散发出来的，矫揉造作。

亚当语典

欣赏你的清纯，享受你的放荡。这话虽听起来很色，不过反映了目前大部分男人的心态：最好看起来很清纯，很乖，符合小鸟依人的传统观念；但是骨子里又要柔媚到足以把他抓的服服帖帖。

好妻子温柔体贴

温柔是女人的天性。女人的温柔是社会所期望和赞扬的，会使女人为拥有这种天性而自豪。作为女人，一般都具有保持女性所特有的温柔的秉赋，同时与男人的刚强浑然一体，成为人类社会的两大要素。男人以刚为主，女人以柔为主，刚柔结合，相得益彰。女子多温柔，皆以温柔为美。

温柔的同义词是善良而不是丑恶，温柔的反义词是冷酷而不是刚强。温柔是一种美德，也是一种力量。温柔像春天的花蕾，点缀着人生；温柔像夏天的树阴，能使人消散心头的忧愁和烦恼；温柔像秋天的果实，给人们带来幸福和欢乐；温柔像冬天的暖阳，给人们带来温馨和喜悦。

温柔是纯情发出的柔光，是美好心灵的外在表现。善良的品德常在温

牵手一生

中呈现出光彩。温柔不是世故圆滑，更不是虚假伪善。它表现着孩子般坦率诚实的人格，袒露着赤子般端正无瑕的情怀。

温柔是人的天性的一个侧面，男人和女人在刚柔方面又有所不同。男人是刚中有柔，女人则是柔中有刚。女人在更多的时候表现出温柔的一面，因而给人的感觉是温柔善良、多情多爱。女人的温柔一半来自天性，一半来自环境。当一个妙龄姑娘面对自己的恋人时，当一个妻子面对忙于自己事业的丈夫时，当一个年轻母亲面对自己的娇儿时，当一个女儿面对年老体弱的父母时，心里就会情不自禁地充满柔情蜜意。这般柔情可以表现为充满激情的拥抱和接吻，也可以表现为亲切的关怀和爱护。它能像春风一样吹散爱人心头的忧愁和烦恼；它又能像清澈的溪水，浇灌着友谊之树和爱情之花，使一切变得美好和谐；它也能像阳光雨露一样，哺育着娇儿健康成长，让爱的感知从小便牢牢印在他们的心身里。这就是女人的品格，这就是女人的爱情和母爱。

一般说来，越是胸怀宽广的人，越是具有较高的文化素质修养，越能正确理解刚和柔的关系。她们既不迷恋于脉脉柔情而丧失进取精神，也不因为醉心于事业而冷酷无情。她们懂得刚柔相济的力量和它们各自的价值。在强者辈出的改革开放时代，人们似乎对"女强人"、"女企业家"、"女政治家"等产生一种特殊的崇拜心情，好像性情温顺的女人，便不会成为"女强人"、"女企业家"、"女政治家"等，其实这完全是一种误解。社会上一些女强人绝不缺乏柔情。英国前首相撒切尔夫人可谓是世界上著名的女强人了，她叱咤风云，不让须眉；但在家中却把丈夫尊为"户主"，每周不管多忙，也要挤出时间为丈夫买香肠，亲自为丈夫做几顿早点。很明显，撒切尔夫人在家中要担当起妻子的责任，也要享受做妻子的天伦之乐。我们的革命前辈邓颖超，在公务繁忙的情况下，还要穿针引线，为周总理缝补衣衫。国际著名影星索菲娅说："我将做母亲视作我在生活中可扮演的最伟大的角色。应该最大限度地把爱抚和柔情献给孩子。"著名的国际美发美容师协会香港协会会长郑明明女士认为："如果不能同时拥有事业和家庭这两份成功，就不能算一个成功的女性。"她还说："别看我在外边办化妆品公司、美容院，是一个工作狂，在家里却学会了对丈夫百般宽容。丈夫嗜烟如命，可是我一向怕闻烟味；我心细如丝，丈夫却心粗如绳，甚至忙工作连结婚纪念日也忘记了，这些都得容忍。细心照料丈夫和孩子是我的天职，一个妻子丢掉了天职，就是丢掉了幸福。"由此可见，女人对生活奉献柔情，犹如男人对生活奉献勇气和力量一样伟大。

女性的温柔表现在许多方面：她们待人谦和亲切。她们可能平时说话不多，但是她们一旦说起话来，却妩媚动人，足以使人销魂荡魄。 在与人交谈中，女人大多使用惊讶的、难以料到的、愉悦温和的语调，同时往往带有浓厚的感情色彩。 并且，在谈话中女人很少打断男人的话，而男人打断妇女的话却随处可见。 当人们作为客人去串门或走访时，女主人往往热情地欢迎和招待客人。 在与他人的交往中，微笑也成了女性角色的一部分，大多数女人都能以微笑来体现自己谦和、大方的气度。 因此，女人待人谦和亲切的风度往往令人赏心悦目。 她们善解人意。 人们普遍有一种心理，即对那些对自己的一言一行心领神会、体贴入微的人都有一种由衷的欣赏与喜爱。 女人天生比男人心细。 她们的善解人意，及时为他人排忧解难，极易获得人们的好感和青睐。 她们具有善良的心灵。 中华民族自古以来就崇尚忠厚、无私无畏、刚直不阿的品德，而鄙视奸诈狡猾、凶暴残忍、趋炎附势、贪财逐利的劣性。 女人的善良心灵，即是源于这种深厚的优良民族传统。 她们乐于济人、好施于人。 对于生活困难的家庭，无人赡养的孤寡老人，衣食无着的孩子，遭受各种灾害的灾民，她们大多数都会予以怜悯、同情、周济和帮助。

女性的温柔使她们在人际交往中，能够以诚待人，宽于待人。 宽容是女性情感中的重要部分，它能融化他人心头上的冰霜，驱散眉宇间的愁云，焕发克服困难的力量。 因此，在生活中多一份女性的宽容，人们就会多一份理解，多一份真情，多一份美好。 她们柔声细语、温文尔雅。 谈吐是女人的风度、气质的组成部分，是女性素质的重要表现形式。 谈吐，不仅指言谈的内容，而且包括言谈的方式、姿态、表情、速度、声调等。 女性高雅的谈吐，是学问修养、聪明才智的流露，是女性魅力的体现。 另外，随着现代意识的增强，审美情趣的提高，女性越来越悟出自身美的价值，因而自觉地去维护自身美，塑造自身美。 亭亭玉立的站姿、轻盈敏捷的走姿、温文尔雅的坐姿，是女性献给生活的一束常开不凋的鲜花。

总之，温柔是女人的代用词，是女人的优良品质和内在美。 温柔是女性善良心态的表现，温柔是女人对男人的一种体贴和安慰，温柔是女人对孩子的一种保护和母爱，温柔是女人对他人的一种尊重和关怀。 因此，可以毫不夸张地说，只要女性多奉献一份温柔，人间就会多增加一份温馨，多增加一份爱。

温柔的诠释

女人应该是温柔的。 什么样的男人能抵挡女人发出的温柔攻势？ 被你的温柔折服，男人会不喜欢吗？

温柔体贴善解人意的妻子才能让家庭成为宁静的港湾。 男人较女人相

牵手一生

比，会多些负担和责任，当然女人每天忙家务忙孩子还有工作也不清闲，但是男人毕竟会比女人累些，所以男人累了的时候要懂得体贴疼爱，为他捶捶背揉揉脚，帮他缓解一下忙碌的疲劳。 为他冲一杯茶，削一个苹果，剥一个香蕉，让他坐下来歇歇。 给他一个清洁的家，让他在忙碌之后能静静的感受一下温馨，感到家里温情如水，可以尽情地放松，抛弃一切烦恼和压力。 让他可以在家里恢复体力，补充能量，激发起拼搏的勇气。 温柔体贴善解人意的妻子能够给男人提供一个宽松的环境，不会因为他的社交圈子有异性而大发醋意，她会非常巧妙地和他的异性朋友成为朋友。 她不会限制男人的自由，她会理解他、支持他，做他的坚强后盾。

温柔体贴善解人意的妻子能够让男人喜欢自己的家，让他在外时，总是惦念着自己的家，而且，也会让孩子也会喜欢自己的家，因为在这个家庭里，由于这样的妻子，每个人都会感到温暖。

温柔体贴善解人意的妻子要给男人以肯定。 赞赏他的所做，对他充满信心，不要因为他不如别人事业有成就看不起他，不要在他失意的时候讽刺挖苦他，而应该给予他安慰和鼓励，让他有信心东山再起。 一个男人最怕的就是被自己的女人看不起。 挫折每个人都有，但是面对挫折一定要给他信心，让他坚强面对，或许因为挫折他会灰心意冷，一蹶不振，这时候女人是最好的强心剂，他知道他爱的人相信他的能力，所以他会有信心战胜困难、战胜自己，最终会取得胜利。

温柔体贴善解人意的妻子要做一个好儿媳，好母亲。 婆媳关系处好了，男人也会过得开心和舒心，如果婆媳关系处不好，男人只能夹在中间作难。 做一个好母亲，给孩子温暖的家，培育他们快乐健康的成长，是男人最开心的事。 在他忙碌后回到家，看到可爱而懂事的孩子，他们的心中该是多么的满意和欣慰，有这样的好妻子，能照顾好老人，教育好孩子，男人该是多么轻松和开心。

温柔体贴善解人意的妻子做男人身边的左右手。 在男人累了的时候，给他一个微笑，一个吻，一个拥抱，男人会减少疲劳。 在男人困惑的时候，和他聊聊天，说说话，慢慢的开导他，把他的困惑解开。 有时候男人就像一个孩子，需要向妻子撒撒娇，在他坚强的背后也有脆弱的一面，他需要女人温柔的手，需要女人善解的心，需要女人温柔的疼爱。

温柔的品性

不可爱的女人都是一样的，可爱的女人各有可爱处。

抛开容貌体肤不说，单就可爱女人的气质情致而论，那千种娇媚、万般风韵,谁又能说得尽呢? 作为女人,你尽可以潇洒、聪慧、干练,但首先有一点不能少,那就是必须温柔。

女人存在的理由就是因为她具备男人所缺乏的温柔。 温柔,这是作为母亲和妻子的女人不可缺少的一种基本的资质和品性。 "温柔"这两个字很自然地就和关心、同情、体贴、宽容等词语联系着。 温柔有一种无形的力量,能把一切愤怒、误解、仇恨、冤屈融化掉。 在温柔面前,那些吵闹吼叫、斤斤计较、强词夺理、得理不饶人,显得那么可笑可怜。 温柔是一场无风无雷的小雨,淋得你干枯的心灵舒展如春天的枝叶。

女人,最能打动人的就是这温柔。 温柔像一只纤纤细手,知冷知热,知轻知重。 只这么一抚摸,受伤的心灵就愈合了,昏睡的青春就醒来了,痛苦的呻吟就变成甜蜜幸福的鼾声了。

看一个女人善良不善良,就看她是不是温柔。 人总是以善为本,可善良是看不见摸不着的,如果善良是平静的湖泊,温柔就是从这湖上吹来的清风。

一个不温柔的女人根本谈不上善良,就算她有倾城倾国的美貌再加上一百条优点和一千种特长,也绝不是可爱的女人。 温柔是一块磁石,只要你进入它磁场之内,你就不知不觉被它吸引,想躲也躲不开。

温柔里面包含着深刻的东西,那不是生硬地表演出来的,而是生命本体的一种自然散发。 只有生长于生命内部的这种爱性,才能经得起考验,历久不衰,一直相伴到生命的终结。 注意,那种不知温柔为何物的女人,当她表白爱的时候,你可要小心上当! 温柔可不是娇滴滴、嗲声嗲气,这里有真假之分。 娇滴滴、嗲声嗲气是假惺惺,是故做姿态;而温柔是真性情,是骨子里生长出来的本能的东西。

温柔是人人都能感觉到的。 一个女人站在面前,说上几句话,甚至不用说话,就能感觉出这个女人是温柔还是不温柔。

男人希望女人像一杯清淡的茶,没有花哨的包装,但是实在、体贴、内秀,让人放松。

温柔地做个好女儿,好母亲,好妻子。

温柔地做一个品德高尚,有爱心、有同情心的人。

要知书达礼,还要有一点单纯,有一点天真,有一点童趣,有一点含羞的神情。

牵手一生

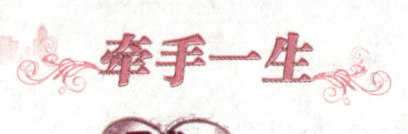

亚当语典

> 温柔是女人特有的武器，哪个男人不愿意被这样的武器击倒！温柔有一种绵绵的诗意，她缓缓地、轻轻地放射出来，飘到你的身旁，扩展，弥散，将你围拢，包裹，熏醉，让你感受到一种宽松，一种归属，一种美。

好妻子会撒娇

女人撒娇就像一道风景线，展现出女人最美丽的一面。但凡男人都喜欢看到女人撒娇：抿着小嘴，跺着小脚，再加上一副梨花带雨的样子，心肠再硬的男人也会甘拜下风。

有人说，每个成功男人的背后，都有一个会撒娇的女人！是啊，当男人在外奔波工作了一天，回家最想看到的就是妻子温馨甜蜜的微笑服务！"老公，你累了吧，来，我帮你敲敲背""老公，我做得菜好吃吗？""老公，我帮你把洗澡水放好了，一会来洗个热水澡，减减乏。""老公，你总是在外面吃饭，也不回家陪我。"嘿，你这样一发嗲啊，保准男人们吃不消了，想在外面吃饭的则赶紧回家陪娇妻，如果实在不行的话他也会早点赶回来！

还有，在他生气时你撒娇地抱他一下，保证他不会动粗了。在他口出粗言时，吻一下他的嘴巴，他不但骂不下去而且还会苦笑着拿你没办法！家里又不是法院，不用长篇大论讲道理，更不需要争得面红耳赤，只要你懂得撒娇和体贴，就能享受家庭的幸福！

其实不论男人还是女人，在社会生存环境的种种压力下，都希望有个知心贴意的人，能营造一个轻松被爱的感觉！我想起一个男性朋友曾对我说过，他的女朋友很容易生气，可是生气的样子实在是太可爱了，让他无论如何都舍不得怪她！这就是撒娇的好处！当然撒娇的前提是必须有人宠爱。如果没人宠爱，你撒的哪门子娇？总不能自己给自己撒娇吧！

亚当语典

> 凡是正常的男人恐怕没有几个不喜欢女人撒娇。会撒娇的女人可以使春风化雨,会撒娇的女人可以化腐朽为神奇,会撒娇的女人可以裂石开碑,会撒娇的女人可以刺动男人的每一寸肌肤!每一根神经!让多少热血男儿沉醉?碎了多少钢铁男人的壮志豪情?有个会撒娇的女人最幸福!这句话,是全天下男人的真心告白。

好妻子有魅力

年龄是女人最大的敌人,这话一点不假。但是真正有魅力的女人是经过时光打磨出来的。随着阅历的增多,你会更有气质,会更有女人韵味,称赞你美丽的人会越来越多。

男人喜欢贤惠的女人,但并不喜欢保姆型的女人。生活中有很多女人放下自己的个性和追求,封闭自己的智慧和成长,把自己永远固定在保姆的角色里,结果却丢失了自己,那还有什么魅力可言!

作为女人,更应该爱惜自己。自爱的女性,懂得珍惜并把握现在的美好。自爱让女人学会珍惜自己的身体,珍惜自己的生命。懂得在沉重与轻盈之间热爱生活。

拥有一颗温柔平和而善良的心,用自己的乐观笑对人生,是女性的魅力所在。

温柔是女人应具备的要素,"女人是水做的"不仅仅形容女人眼泪多,还是用来形容女人似水的柔情。

男人有时就像一个长不大的孩子,需要女人像母亲一样的去爱抚他,关心他;需要女人用温柔来缓解他的压力,用温柔来给他营造一个心灵的栖息地,让他能放松的休息,养精蓄锐,去迎接更激烈的竞争。能够给老公动力的女人,在老公眼里无疑是最美丽的。

保持积极向上乐观的态度,我们不能改变周围的环境,不能改变别人的想法，但可以改变自己心情，快乐是心境，把你的快乐传递给身边的每一个人。简单而快乐，会使你一直保持心境开朗，那么你一定脸色红润，越来越美的。

女人的微笑是最具杀伤力的武器，女人的笑灿烂而不张狂，温暖而不放肆。

一个亲切的笑容，一声温柔的问候，一颗纯真的心灵，才能构成一个亲不完，爱不够的女人形象。

亚当语典

魅力女人大多数都很会照顾男人，特别是自己的男人，只有被照顾好了的男人，才更懂得去欣赏女人，照顾女人，魅力女人也因此获得更为丰饶的发展沃土，更加丰姿绰约。

附：魅力妻子应具备的品德

1. 有孝心、善良

孝敬父母，尊敬老公，对自己充满信心，这是你的修养和魅力表现。不要老问这种低智商的问题，如：要是我和你妈同时掉进河里，你先救谁？这根本不是有修养女人说的话。

2. 贤惠、知书达理

这是自古不变的女性美德。从你内心流出来的，是你的气质和教养，这些品德是你和别人差异的根本，也就是说，你的优秀表现在你的气质和教养上。

3. 有思想、有品味

有思想，证明你有主见，不会纠缠在别人的闲言碎语中；有品味，彰显你与众不同的表达方式和办事风格。即使你老公很失意，你也不要骂他没有用，而是安慰他。你告诉他，困难是暂时的。并不断地鼓励老公，让他重整旗鼓。

4. 维护老公的尊严

要知道男人最重要的是尊严，有时在家里批评老公，要有足够的理由，而且要以建议性的口吻与老公对话；不要在公众场合讽刺、嘲笑老公，因为一个不懂维护老公尊严的女人，是一个无知的妻子。

5. 充分信任老公

你包容老公，给他相对的私人空间，充分相信他，这是你尊重自己的表现。不要对老公的行为吹毛求疵，或疑神疑鬼，如果你经常怀疑老公，让他觉得你不信任他，婚姻的危机也许就在你眼前。

6. 物质欲望淡漠

过多的物质欲望，会使你老公紧张，甚至为你的消费不堪重负，你应该以一颗平常的心看待生活。有条件时坐宝马都可以，艰苦的日子骑自行车也不要抱怨，一句话，吃得苦中苦，方为人上人。况且，有时候安于现状和保持乐观的态度，可以使自己的青春时间延续更长。

7. 把幸福寄托于家庭

养成良好的生活习惯，不要把快乐寄托在抽烟、饮酒或者通宵狂欢上，应该把幸福寄托于老公和家庭，把家庭当作你的人生中重要的归属港湾。

8. 挖掘自己的童趣

如果你老公很爱你，就会无微不至地关心你、呵护你最纯真的天性。如果你保留天真的童趣，你滑稽的话语和天真的动作等，滋润了枯燥而平淡的家庭生活，给家庭营造一种轻松的环境，夫妻生活才快乐。

9. 懂得读书听音乐

读能提高自己修养的书籍，听能丰富自己的气质的音乐。书籍和音乐能过滤你心灵的垃圾，使生活中的琐碎东西无法在你的心灵上烙下痕迹，让自己保持一颗年轻的心。

10. 懂得养生之道

学习基本的医学知识，学会做一手好饭菜，守护家人的身心健康，这是一个好妻子必须具备的素质。

如果你拥有这些品德，你的婚姻因你而光芒四射，即使在暮年，你给老公的温暖，在你老公心底里记忆如初，犹如一团火，融融地燃烧着……

让自己成为一个有魅力的女人

美貌的妻子固然可爱,但夫妻间互相吸引的原因很多时候也不完全在于青春美貌,而在于魅力。青春美貌随时光而消逝,而魅力却历久弥新。作为妻子,如何增添自己的魅力呢?

❤ **1** 要丰富自己的内涵。不断学习,掌握各种技能,提高自己的生活品位,让自己的智慧体现在言谈里、笑容中、生活中、内在的美犹如宝石,不会随着岁月而消逝。

❤ **2** 要气质高雅。有些女性其貌不扬,但却颇具魅力,其奥秘在于她们具有迷人的气质和完美的女性特征。高雅的气质是女性与男性之间心灵沟通的重要因素,高雅的女人一定会让丈夫喜欢。

❤ **3** 要善良温柔。自古以来,都说女人如水,温柔是女人的天性,女人的柔情是丈夫的港湾,是丈夫的依赖所在。温柔、善良的妻子不仅会给家庭带来和睦,也会给自己带来终身幸福。

Hand in hand forever

牵手一生

❤ 4 要自尊稳重。女子端庄淑静的气质,本身就有吸引男人的魅力。要防止轻薄、任性的行为和不良欲望的萌生,要善于自我克制,拒绝诱惑,自尊自爱。

❤ 5 要积极上进。女人在为人之母后,不仅要做贤妻良母,而且要有事业心、进取心,丈夫总喜欢妻子有高尚的生活情趣。不喜欢装模作样、唠唠叨叨、追求低级趣味和物质享受的妻子。

❤ 6 要自信独立。自信的女人最美,现代社会,妻子不仅要生儿育女,而且要上班工作,如果事事都依赖丈夫,没有独立的人格,最终会被淘汰。

亚当语典

自信让女人懂得怎样展示自己的美丽。不知是谁说过,女人是美丽的化身,不把美丽展示出来是种罪过!

女人魅力语录

❤ 1 你和他开始亲热的时候,有些突起的小腹不会影响你的心情。

她语录:经过岁月的洗礼后,你的身上流溢的满是成熟的丰情,恰如枝头成熟的果实。相信自己永远是这个世上最具魅力的女人,相信自己永远是最受老公宠爱的女人。

❤ 2 采取另一种姿势,你应担心的是会不会更舒服,而不是会不会暴露你身体的缺陷。

她语录:20多岁的时候,特别关注男人眼中的自己;30岁起,更关注的是自己眼中的自己。

❤ 3 遇到了多年前的恋人,对于自己身材的关注完全转移到对他的改变的关注。

她语录：你学会了用宽容的心来对待自己，你知道自己和他只是不合适，并不是因为自己的身体不能吸引他。于是，你会看到你眼前的这个男人的改变，原来，他也只是个有些微微发福的普通中年男人而已。

♥ 4　有些人认为做日光浴很难堪，而你却认为那是一种享受。

她语录：躺在细软的沙滩上，咸咸的海风带来了清新的空气，阳光舒服地晒在身上，这样的惬意，在你看来，是对自己辛苦工作的最好犒赏。老公在不远的地方陪着孩子打沙滩球，你眯着眼睛看着他们，幸福的感觉包裹着自己。而身边来来往往的人的眼光，在你的心中，则好像不存在。是的，身体是自己的，快乐是自己的，何必在意路人的目光呢。

♥ 5　当你对着镜子审视自己的身体时，并不去按着标准的三围去评论自己。

她语录：一个美女，有时给人的感觉就是一组数字，而这组冷冰冰的数字所代表的美到底有多美，大家是心知肚明的。你的三围或许不够所谓的"标准"，可是，这不影响你一样地散发着属于你的特殊的光芒。学会欣赏自己，不拿别人的标准来要求自己。

♥ 6　如果一个男人因为你身体曲线的改变对你不够好，你要勇敢地离开他，去寻找另一个真正爱你的人。

她语录：女人承担着生儿育女的责任，因为生育，女人的身体会发生很大的改变，男人多数知道感激，也有些男人，却因为你身体的改变，而对你不再如从前。你选择了离开那个不爱你的男人，这不是你的失败，而是你的进步，因为，只有这样，你才将机会将自己给另一个真正爱你的人。

♥ 7　没有浴巾的情况下，你敢大方地走出浴室。

她语录：裸身走出浴室，这在从前几乎是你不敢想像的事情，那时，你在意自己的一丁点不完美被人看到。现在呢，你能很从容地走出浴室，老公在客厅的沙发上含笑看着你，仿佛还很欣赏你的自信的举止，他可能手中还拿着一本财经杂志，目光分明追随着你的身体移来移去，他用乞求的眼神告诉你他多么想你坐到他的身边，你却偏偏走进了衣帽间，害得他只好上来阻止你穿衣。自信的女人，永远会是最具吸引力的女人。

♥ 8　原来买的衣服小了，你仍然喜欢穿着它，而不是焦虑自己变胖了。

她语录：每个女人都会有一件最爱的衣服，这个同最爱的男人一样，没法舍弃。有些衣服一买来就被打入冷宫,有些衣服却穿了又穿,哪怕有点不是那么合身。没关系,这真的没什么要紧,就像有些看起来不般配的夫妻,当事人往往是幸福的。所以,喜欢穿什么衣服,你就穿吧。

❤ 9 Party之前,一旦决定了就不再没完没了地换衣服,同样自信你是光彩照人的一个。

她语录:女人永远少一件衣服。由于对自己的身材不够自信,女人们于是在衣服上大做文章,不过,即便塑身内衣穿在里面,照样有不自信的女人,因为自信的魅力发自内心。每个人的美不一样,只要有自己的风格就行了,何必在乎别人穿什么、自己穿什么呢。

❤ 10 朋友们谈论到60岁时做爱的情景,你能想像自己到那时的样子,而不是将注意力集中在自己那时的体态上。

她语录:无论怎样的青春已逝,我们的内心还是会渴望爱、渴望身体的紧紧相拥。而且,只要身体状况允许,真的还可以做爱。当然,不仅仅是身体的交融,还有很多其他的方式。有些人会觉得年纪大了再想做爱这样的事是为老不尊,这样想是有历史渊源的,我们现在大可不必抱残守缺,如果有爱,60岁的你和他,谁说不可以有不一样的激情时刻?

亚当语典

> 有时候,女人的魅力往往比美丽更吸引人。如果说美丽似花,花开花谢终有时,那么魅力却似酒,越陈越香越醉人。

个性,女人最迷人的魅力

个性,女人最迷人的魅力。 如何让别人发现你的美丽,认同你的美丽,你首先就得活出属于自己的个性。 特别是要活出迷人的、与众不同的个性。那么,什么是女人的个性呢?

牵手一生

❤ 1 个性和漂亮本就是手中最有分量的王牌，如果你天生不漂亮，那也是没有办法的事情，虽然整形可以改变外表，但是改变不了遗传基因，我们更不可能埋怨父母为什么把我们生得不漂亮。

❤ 2 千万不要认为自己从上到下，从内到外一无是处，如果你这样认为的话，那么有问题的一定是你自己而不是创造你的上帝，那么你也就无可救药了，与其这样自我哀怜，还不如学着拥有迷人的个性。

❤ 3 如果你天生不是一朵芳香四溢的花，只是一片用来陪衬的绿叶，也要记住，世上没有相同的两片树叶，迷人的个性同样可以折射出你的美丽来，一定要相信你也有属于自己的美丽。

❤ 4 在岁月的河流里，你摆渡、欢笑、痛苦，生活本来属于你自己，美丽也属于你自己，你就是你自己，在这个地球上只有你这么一个，这就足够了。

❤ 5 眼中有个性的女人才有女人味，有个性的女人男人才喜欢，有个性的女人才是真正的女人，为了能收获一段美好幸福的爱情，你的迷人个性可能是比漂亮更有力的武器。

❤ 6 永远记住不要让男人左右我们的个性，否则在下一刻他就觉得你只是没有生命的塑料花，是无味的白开水，时间长了让他们心生厌倦。

❤ 7 也许，有时候你们在男人面前可以适当的改变自己，但是不能因为爱情卑微地失去个性，那样你就失去了自己，失去自己的人是很难获得幸福和快乐的。

❤ 8 世上本来就没有完美的女人，不要事事都苛求自己，事事都追求完美，这样极容易导致自己失去了个性中最真的东西，让人感觉不自然，做作，虚伪，矫情，最终成了邯郸学步，东施效颦。

❤ 9 有个性的女人是最美丽的，但是不要盲目地去追求与众不同，否则会导致一些女人走入个性的误区。觉得专横跋扈就是个性，觉得冷漠无情就是个性，觉得要有个性就应该摒弃温柔，反传统，结果到了最后，谁见了都不喜欢，谁见了都想躲开。这样的女人不仅扭曲了个性本身所具有的美好意义，更使自己的人生和爱情由于不好的个性处处受限。

牵手一生

亚当语典

在喧嚣的尘世中,不是每一个女人都是漂亮的,但每一个女人又都以自己的方式美丽着,她们的个性有的神采飞扬;有的秀外慧中;有的冷淡自持;有的宁静淡然;有的风情万种;有的热烈奔放;有的冷若冰霜;有的孤芳自赏;有的纯真干净;有的飘忽迷离;有的忧郁哀愁;还有的大气爽朗。她们散发出的香气永远浸润着女人的灵魂,然后在上面开出姿态不同、芳香各异的花朵,在红尘中尽情摇曳。

好妻子有智慧

女人就是男人的家,一个充满温馨的港湾。 不论是男人,还是女人,有一个幸福而稳定的婚姻,就标志着人生成功了一半。 婚姻是一门科学,需要学会情感上的理解、宽容与体谅。 忘记对方的不足,记住对方的优点,这才是婚姻永远幸福的秘诀。

婚姻也要不断营造生活情趣,让生活历久弥新。 在平淡的日子里,保持一份坦诚,一份宁静,一份彻悟。 女性的刚毅与温情能够创造出婚姻生活中的奇迹,它也是男人成功的动力和最后的归宿。

一个女人,可以长得不漂亮。 但是,你一定要活得漂亮。 内在美的女人才是真正的美,无论什么时候,你要有一个博大的胸怀,渊博的知识,良好的修养,文明的举止,优雅的谈吐,以及一颗充满爱的心灵。

❶ 男人一般是非常爱面子的,尤其在别人面前,更爱张扬他的尊严和威风。你不仿表现得温柔与顺从一点,尊重他,在意他,即便他言行有失偏颇,你也不要当面与他计较和理论。用你的包容和大气提示他,让他知道自己言有过失。聪明的妻子总是拿自己丈夫的长处与别的男人的短处比,越比越幸福;愚蠢的妻子总是拿丈夫的短处与别的男人的长处比,越比越失望。

❷ 家是人生的港湾。丈夫在外辛辛苦苦,回到家应该是放下面具。彻底

放松身心的地方就是家。所以一声轻声柔语的问候,一杯热茶和宽松舒心的环境,会令他主动向你娓娓道来他的所遇所感,不经意间就流露出对你的浓浓爱意,他会体会到你的关心与爱护。聪明的妻子视丈夫的事业为自己的事业,鼎力相助;愚蠢的妻子则让丈夫围着自己身边转。

❤ 3　丈夫心情不好或者遇到逆境处于低谷时,不要喋喋不休地唠叨和埋怨,那样只能是火上加油,事与愿违。应该静下心听他把话说完,哪怕是牢骚也耐着性子听完,等他发泄情绪后心情便得以舒缓,这样他才会理性地分析与思考问题。聪明的妻子能看准时机提醒丈夫别忽略了大事,尽量使丈夫不出麻烦;愚蠢的妻子总是喋喋不休地挑剔丈夫的小毛病,使丈夫常常为一点小事而劳心费神。

❤ 4　聪明的妻子总是在丈夫压力最小的时候说出自己对丈夫的意见与看法;愚蠢的妻子不管三七二十一,一发现丈夫的错误就训斥,搞得丈夫非常尴尬。

❤ 5　聪明的妻子在公共场合总是称赞丈夫;愚蠢的妻子,总是在公共场合揭丈夫的短处。

❤ 6　聪明的妻子当丈夫事业不顺利或家庭经济拮据时,总是为丈夫分忧解愁;愚蠢的妻子把与丈夫的关系建立在金钱和地位上,稍不如意就说丈夫"无能",搞得丈夫抬不起头来。

❤ 7　聪明的妻子能够帮助丈夫做一个好爸爸;愚蠢的妻子让丈夫在孩子面前总是唱"黑脸",使丈夫成为惩罚孩子的代理人。

❤ 8　聪明的妻子总是把家庭搞得整洁而舒适,让丈夫在一个舒适的环境中生活;愚蠢的妻子常使家里窝窝囊囊,而令丈夫难堪而失望。

　　其实男人有时候也很脆弱,你别看他们外表坚强。在遇到困难和阻力时,他们也要发发牢骚,也需要倾诉。这时,需要妻子去理解他、关心他,让他尽情发泄郁闷,静静的听他诉说心中的痛苦。当他取得成功时,你要送去你的亲吻与深深的祝福,让他感受到你与他荣辱与共。

　　人生的真谛是爱,亲情、友情、爱情便是人生之中最爱。如果你爱你的丈夫,那么你就得对他的父母尊重、孝敬,这样不光赢得他父母对你的好评,更赢得丈夫对你的爱戴,他会把他的一切交付你管理,有的女人只对自己的父母孝敬,而疏远、冷淡丈夫的父母,这样的女人不可爱,也是极其愚蠢的。

亚当语典

> 一个智慧聪明的女人，她会不惜一切代价去成就她所深爱的男人。她会用欣赏和崇拜的眼光去看待爱人的优点，更会用自己的智慧和柔情来软化爱人的缺点，让他感到你不仅是他的好妻子，也是他事业上的好帮手！

好妻子"风情万种"

提到"风情"，我们自然会想到"回眸一笑百媚生，六宫粉黛无颜色"的古句。杨贵妃的风情可谓倾城倾国，甚至超越时空，流传千古。

从一定程度上说，"风情万种"与女人与生俱来，达到炉火纯青的境界，是女人一生的终极追求，而如何打造风情万种的终极魅力呢？

好妻子必须从容自信

从容自信是女人能抬头挺胸行走如风的动力，踩着自信的步伐，女人会散发出飞扬的神采和悦人的光环，让男人痴迷神往。"海纳百川，有容乃大，壁立千仞，无欲则刚"，女人一旦拥有了大海般吞吐一切的胸怀和气概，就能从容淡定，闲庭信步，宠辱不惊，风清云淡。

好妻子必须温柔善良

柔情似水是女人的特质，温婉善良的女人是一泓透亮的清泉，晶莹剔透、澄澈见低，却荡漾着涟漪。女人似水的温柔与恩泽的善心可以让铁骨铮铮，甚至是洪水猛兽般的男人俯首称臣，驯良乖巧的服帖在她胸前。因此，柔情对男人具有极大的杀伤力，是女人牵引不羁男人的缰绳。

好妻子必须撒娇撒野

撒娇的女人，虽是有些嗲声嗲气，矫揉造作，但同样也是娇憨可人，让

牵手一生

人怜爱，甚至可以千娇百媚，风情万种。因此，女人想要"媚"就得必须先会"娇"。当然，撒娇也要看场合，更要有个度。如在缱绻缠绵的时候，适当的撒娇往往会促发激情，收到让人意想不到的效果，也让男人对你更加依恋。另外，女人还必须学会撒野。这里所说的"撒野"，绝对不能等同于泼妇骂街，这里所说的"撒野"看起来似乎有点霸道，有点刁蛮，有点不讲理，有点情绪化，但这往往是女人自主及个性的体现。

好妻子必须有内涵而高贵

内涵是一个女人的底蕴，是女人文化、学识、修养的综合体现。有内涵的女人是高贵的、自尊自爱的、气质不凡、优雅动人的、光彩照人的。因此，女人什么时候都应该抬起高贵的头，让男人拜倒在你的石榴裙下，对于自己喜欢的男人更应该远远的避开他，与他保持距离。

好妻子必须容颜靓丽

爱美之心人皆有之，更是女人的天性。一个女人如果没有美丽的容颜、姣好的身段、得体的衣妆，要想吸引男人、获得男人的垂青很困难。风情万种的女人必定是身材高挑，身段苗条，身影迷人。踩着高跟鞋，衣袖飘飘，裙摆飘飘，摇曳多姿的女人是一道亮丽的风景线，让人赏心悦目，让人心驰神往，怎能不让男人想入非非？

亚当语典

珍惜生命,珍惜自己,珍惜爱情,珍惜家庭,让自己做一个风情万种的女人。

好妻子充满性感

提及性感,很多女人只会注意到性器官方面的东西,局限于视觉上,甚至认为领口开得大,或者穿超短裙、热裤、身体暴露的多才是性感,这是一个比较浅表的层面。 其实男人眼中的性感并不是女人想像的那样。 男人对于性感的认识是分两个部分的,一种是视觉的冲击,更重要的则是一种感觉。

现在女人不要单纯地认为只要自己具有性特征就是性感的,每个女人不可能都有丰乳肥臀,但是并不是没有丰乳肥臀就不性感,就没有性感的机会。 性感是多方面的,女人要充分把握自己的特点,发挥自己的特征,学会如何展露自己的身体。

紧实的胸

女人乳房的大小尽管很有诱惑力,但最重要的不是大小,而是是否挺而有弹性。 大而软的乳房有成熟感,挺而有力度的乳房更富有活力和性感。

灵活的腰

最怕女人是水桶腰。 水桶腰笨拙、缺少活力,女人一旦成了水桶腰,男人基本上就到了逃离的边缘。 男人喜欢细腰,但更钟爱小蛮腰,小是细、灵活,蛮是有动感、有柔力。

没有赘肉的腹

苗条而略显凹形的腹部均匀、柔顺。 丰满而微微隆起的腹部有成熟感和柔美感,特别是男人从身后搂抱女人时,这种腹部有诱人的质感和手感。 女人的腹部是孕育生命的地方,男人觉得神圣,但是对于肥胖得过分鼓起的腹部,男人本能地有心理上的排斥感。

惬意的颈

颈部是独具吸引力的部位。 男人喜欢俯下身亲吻女人的脸颊,在亲吻双

颊、耳鬓厮磨时，贴近脖子的感觉是很惬意的。连接脖子的耳垂部是女人的腺体较为发达的部位，常常散发着女人独有的体味，女人身体的气息特别能够深深地诱惑和吸引男人。

· 白皙健康的身体肌肤 ·

女人身体皮肤最吸引人的是肤色白。当男人解开女人胸前衣扣，第一次看到女人的皮肤时，视觉是第一重要的，其次是柔滑，再就是弹性，弹性让女人身体富有活力，有着难于抵御的魔力。很多女人只会用心护理脸上的皮肤，其实脸上皮肤给男人的是视觉感受，身体皮肤给男人更多的是心理感受和身体反应，这比视觉感受更深刻、更长久。

· 柔软的手 ·

男人不喜欢过于硬和粗糙的手。过硬，让男人觉得偏于强硬；粗糙，会挫伤男人对女人的柔美的期待。

· 神秘的体毛 ·

女人阴部的体毛对男人有神秘感，是性的特别象征，体毛旺盛，会让男人充血和兴奋，除此之外男人大多不喜欢体毛过重的女人。

· 传情的脚 ·

男人说，但凡见过一双绝美的脚，这辈子都是难以忘记的。好脚一定要小、要白、要嫩。提醒女人，不要疏忽自己的脚，也许你改变不了你的脚形，但你可以让脚更灵活、更柔顺，还有传情。

· 有弹性的臀 ·

男人在意女人臀的弹性，紧实的臀，当带上些许的水珠时会引发男人的冲动。臀部曲线对男人是充满诱惑的，几乎所有男人都有过类似美妙的情景幻想，清晨，一束阳光透过窗帘照射在洁白色的床上洁白被单外露出的女人的臀部上。

· 自然垂顺的头发 ·

男人喜欢幻想，靠在女人的背上，闭上眼睛，从发梢开始嗅到女人的发顶。80%甚至更多的男人对女人头发的愿望和期待，是一头披肩的长发，没有发胶、摩丝。

有情趣的嘴

男人喜欢女人灵巧的嘴、有情趣的嘴、能说出音符的嘴、能与人沟通的嘴。比如樱桃小嘴，樱桃小嘴形状好、娇嫩，有茸毛，是少女的特征，引发男人本能的欲望。

多情的眼睛

一双多情的眼睛并不等于堆砌了多少化妆品。建议：女人可以多一点琢磨抛媚眼的分寸。现在流行女人迷离的眼睛，女人转身落泪的一瞬间最动人，最容易击垮男人。

亚当语典

> 真正的性感是个性魅力，而非外表魅力。女人的性感包括眼神、肢体语言和独特的生活态度。

附：聚焦性感

女人的身体是美丽的、性感的。美让人愉悦，性感是一种力量。

女人一辈子喜欢做很多事，其中从头到脚大都会做的一件大事就是照镜子。在镜子中寻找美丽、性感，在镜子中欣喜，在镜子中沮丧和失落。

性感对中国女人而言是模糊的概念，到底是丰乳、大唇，还是肥臀、蛮腰，女人们还在睁大眼睛在镜子中寻找，找得恍惚，找得迷惘。

性是个什么东西？ 是男女间的黏合剂，而性感是性的反映。女人的性感离了男人又能怎么说呢？

1. 性器官

女人永远不能想像男性对这个器官超常的想像力和渴望度，渴望到可以忘掉一切，放弃一切。 男人认为，世界上最美的东西莫过于此，他们认为伟大，因为所有的生命从此而来。 这个地方男人最怕异味，因为这是神圣的，不好的味道会影响性欲甚至对女人的热爱。

2. 脸

这是女人身体上最奇妙，变化最丰富的部位。 哭和笑两种表情最能打动男人，大多女人没有冷美人的脸形，最好还是多笑，男人会觉得笑的女人可亲、可近。 男人讨厌爱绷着脸的女人。 女人的脸是女人的命，女人要特别在意写在脸上的命。 上帝给女人这张脸，注定有最动人的地方。 不管是哭是笑，是喜是愁，女人都该找到最动人的瞬间，不仅给自己以自信，还会给爱你的人以幸福。

3. 女人味

女人味影响男人的很多感觉，甚至灵魂。 女人味像气场和一张网，可以俘获男人的心。 从这个意义上讲，是男人征服了女人，还是男人被女人征服，很难说得清。 女人不要小看了男人，男人对女人味的鉴赏力很高，对身边女人所属的类型心中自有准确的评价，只是轻易没有说出来而已。 女人的一举一动、一言一行，影响着男人心目中她的那个味道。

4. 性感

男人对女人性感的认识有两个层面，一个是感官的，是外在的丰乳肥臀；另一个是心理的，内在的感觉、神情、味道。 如果男人只是动物，丰乳肥臀是唯一的性感标准。 不过男人是情感动物，这为性感女人增加了注释。 性感是能够打动人的东西，最性感的女人就是最个性的自己。 性感是一种态度和状态，永远不会决定于乳房的大小。

5. 身体

如果把女人的身体比喻为琴，女人的灵魂是抚琴的手，女人的身体是否性感，在于抚琴的手的拨动，而拨动手的是思想和灵魂。

性感是女人的思想和灵魂。 女人通常希望自己哪儿都性感，哪儿都更好。 其实，女人只要有一点做到相对极致，都能深深地打动男人：传情亮泽的眼神，灵动饱满的双唇，清洁光润的长发，修长均匀的脚，弹性的臀，甚至手、脚……

6. 腿

女人的腿对男人更像一扇神秘的门，让男人充满对未知领域的兴趣和欲望。 男人个个都是美腿专家，男人习惯用眼睛玩味女人的腿。 男人最喜欢从女人后边看女人的腿，从背后看女人凸凹有致的曲线，会让男人浮想联翩。

7. 笑

世界上最好看的笑是婴儿的笑，婴儿的笑给人无邪、穿透人心的感觉，是任何笑都无法相比的。 对男人而言，女人的笑最接近婴儿的笑。 笑也是男女感情的一个标识，女人如果很少有开心的笑，她便缺了欢悦的情感。 女人笑的画面可以很长时间印在男人的脑子里，影响着男人对女人的印象和想像。

8. 鼻子

这个部位的曲线是优美的，它是外露在人体面部最多的器官，有个好看的鼻子不一定给女人增色，可如果不和谐，是会给女人减分的。 男女两情相悦时，女人用鼻子嗅吻对方，其投入的状态，能让男人感到极大满足。 那一刻，女人闭上眼睛，用嗅觉感受对方，男人的气息沁入大脑，产生沉迷的、幸福的感应。

好妻子是情人

如何做一个聪明的妻子呢？ 做一个情人式的妻子才是聪明之举！

虽然再漂亮的女人也会老，但你绝不可以因为自己已是人妻就不注重打扮。 如果一年只可以买一件新衣服，那就要买给自己，要让自己每天都漂亮，每天都光彩照人。

做男人的情人，要会忍耐，又要善解人意。 当他在忙的时候你不能打扰

牵手一生

他，情人做得到，是因为她地位卑微。你是夫人不要以为你就有了权利，就可以妄自尊大，有时很可能就是你使用权力过度，而丧失最终的权利呢。他忙时你也要耐心地等他，不要打扰他，因为你爱他呀，你把一生都给了他，为什么不可以忍耐？你的忍耐当然和情人的忍耐是不同的，情人的忍耐是要得到他，你的忍耐是他已是你的。你的忍耐比情人的忍耐不是更有意义吗？忍耐之余还要关心他，还要及时地表现你是爱他的，你是在等他的，你是最了解他的人。

而且，女人一结婚和丈夫的话题就多了柴米油盐，你想想，如果是情人她会说这些吗？既然是夫妻,柴米油盐的事不能不说，但是，也只能少说，问题解决了就可以了，更应该说一些他感兴趣的事情。

情人与妻子的最大分别是媚。你看大多数做别人情人的女人那媚得千娇百态，跟"狐狸精"似的。"狐狸精"就是媚。有的结了婚的女人说，叫我做我可做不出来，我可媚不了。

其实每个女人都是媚的，都是可以媚的，只是现实生活让我们变得严肃了，变得冷漠了，变得没有温情了。你想想上有老，下有小，柴米油盐，工作，上司，同事，你样样都不能省心。哪里还有什么风花雪月，哪还有调情的心情啊！

人一般都会珍惜自己固有的一切，只要让他认为你是他的一部份，他未必会把属于自己的东西丢掉，而为了一些飘渺的，或是不可预期的情人。这时你就要像林凤娇一样，而千万不能站在他的对立面，即使他做的事可能是伤害你的，你也应该给他一个机会。

在漫长的婚姻里，爱情已不是那么热烈了,已经淡然了。但是没了爱情有亲情，有时亲情表现的更真实，更现实，更不可分割。你看有几个人是为了爱情而不要亲情的呢？重要的是要让他知道你不但是他的爱人，还是他的亲人！我想这点优势是哪个情人也没有的。如果你想借此而离开他，当不在此论。

好妻子会给丈夫"面子"

每个人都希望自己能被人"尊重"，才觉得活得"尊严"些。换句话说，任何人都不希望自尊心受损，都不喜欢受人羞辱，更何况是在自己熟悉的人面前，被自己的老婆贬损呢！

给男人留点面子，在许多方面，不只局限于一件事两件事上。经济上，不要让丈夫的"兜儿比脸都干净"，更别让他成为一个真正的"无产阶级"。

日常生活中，不要总用电话"遥控"丈夫，像侦探一样，把他看得喘口大气都要汇报。生活在一起，难免有磕磕碰碰，在争吵的时候，不要惊扰四邻。常言说的好：家丑不可外扬。

男人虽然外表看上去"粗枝大叶"，但内心并不像外表那么坚强。因为他们要在外面打拼，比较在意别人的看法。已婚男人，他的面子很多时候是妻子给的。面子，虽说不能当饭吃，但也是很重要的一个精神因素。因为，它关系到一个人的自尊。生活中，人不只是吃饭、穿衣那么简单。所以，许多时候男人很在乎妻子对他的评价。

古往今来，男人都是地位与荣耀的代名词。但随着时代的进步，女性的社会地位越来越高，女人的工作能力，越来越受到重视和重用，所以，很多女人的光彩在一定程度上掩盖了男人的光环，因此男人的面子在一天天的"流失"，这是不可否认的事实。

经常听男同胞说这样一句话："如今的男人啊！事业是国家的，荣誉是集体的，收入是老婆的，财产是儿女的，只有面子才是自己的。"但是，现在无论是在家里还是外边，男人的面子，被中国人常说的"阴盛阳衰"给弄没了。"妻管严"和"惧内"，都被誉为男人的美德了。

女人，给足男人面子，还要多多练习。女人的修养、谈吐、风韵、智慧、笑容，都是帮衬男人面子的重要组成部分。

在外人面前留点面子

传统的思想依然在男人心中做崇，死要面子依然是他不可争的事实。时刻想树立自己的主观地位，是男人心目中非常在意的一件事。做为妻子，你何必要和他过不去，在外人面前与之争吵或者数落他的缺点，切记，他是你丈夫。如果他无能，缺点多，一是证明你没眼力，二是你驯夫无术。聪明的女人应该是在家驯夫，在外人面前多一些美言，以树立丈夫良好的形象，增强他的自信。一个有能力的男人，如果你总是打击他，让他感觉一无是处，也是很容易变成懦夫的。夫妻之间，胜负能如何？

在两家亲属面前留点面子

在双方的父母、兄弟姐妹面前吵架，与谁都是一件很尴尬的事情。夫妻

牵手一生

发生争议也是常事，不要一生气就陈芝麻烂西瓜全部搬出来，结果"战火"越烧越旺，就事论事才是理性的解决办法，切记，不管过去发生过什么事情，过去的就让它过去吧。 人生几十年，不犯错是相对的，犯错是绝对的。有的女人，一吵架就搬来七姑八姨一大群人，结果是不好反而更糟。

在孩子面前留点面子

孩子是清纯的，做父母的应该尽量避免向孩子灌输消极的东西。比如：双方的哪个亲属对你不好了，重男轻女了。 如果母亲总是在孩子面前说爷爷奶奶的不足，孩子也会有怪罪父亲的心理，势必降低男人的威信，同时也会让男人感觉没面子。 对孩子怨声载道的提双方亲属过去的错误言行，还会使孩子心中蒙上不该有的阴影。 对双方亲属的尊重也是对对方的尊重。 切记，在孩子面前，夫妻永远都应该站在同一条线上。

亚当语典

女人，应该明白给男人留面子，同时也是对男人尊严的维护，也是女人自信的一种表现。把丈夫损得一无是处，既然他这么差，你还跟着他干嘛？那不是说明你自己也很差劲吗？用"物以类聚，人以群分"的观点来看，你不也就和无能的他一样了吗？在不给丈夫面子的同时，也丢尽了自己的面子。

好妻子应当会"管钱"

善理家政的妻子一般都有很高的生活情趣和生活艺术。 而对家政的处理很大程度上是与金钱打交道。

现代生活中的妻子们面对着一个严峻的挑战：各类物品价格的猛涨、生活消费水准的提高、孩子教育费用的增加，等等，都使得现代妻子们花每一个小钱都得精打细算。

"在你们的收入范围内生活"。

这是作为妻子当家理财艺术的最高概括。然而，真正做好这一点并不是件容易的事。在现实生活里没有任何事情比财务上的失误更使人伤心和令人厌烦的了。开销大于收入的妻子无疑是个脑筋糊涂、奢侈浪费的妻子。她不会使丈夫得到欢颜，这样的超越能力消费虽然可能使她的外表装饰得华贵，但不会动人。

下面四点可以帮助你完成预算计划，提高你的理财艺术。

1. 将日常开销记录下来，使你对支出情况有个清楚的了解。在这些细目中分析哪些是应该开销的，哪些是可以节省的，以便日后注意。

2. 根据家庭的实际需求列出每月或每年的开支计划。首先将你每月必须开支的部分列出来，比如食物开销、水电费、房租、孩子入托上学的教育费、医疗费、购置衣物费等等。其次计划出你本月或者本年度拟购买的贵重物品，如汽车、彩电、空调等等。制定这些预算时你所必须遵循的一个最根本的原则就是一定要在你们的收入范围以内，否则，你就应当尽量减少那些不太重要的开销计划。

3. 储存一定数额的钱以便应急。虽然眼下你和你的丈夫、孩子都平平安安，你的亲朋好友也都顺心安康，但一些意想不到的灾害难免有随时降临的可能。如果你将每个月的收入都用于开销，你就无法应付这些意外的紧急事件。所以，留有一定的活动资金以备应急对一个家庭来讲十分重要。如果你临时向别人借款，不但不能保证顺利借到，而且还要欠人一大笔人情。

4. 将剩余的钱用作获取更大的利益。前面已经涉及要储存一部分钱留着应急，对于一个收入较多的家庭你也不必将所有的剩余的钱都存入银行，因为银行的利息毕竟太少。你可以将这些钱去投资一些有利润的商业活动；或者买一幢房子，然后出租给别人，收取租金。这样也可以获得更大的利润，达到钱生钱的目的。

亚当语典

如果你平时没有养成计划用钱的习惯，从现在开始就应当学习如何处理家庭财务。这也是帮助丈夫走向事业成功的重要方法。

牵手一生

如何施展你的性感魅力

究竟什么是性感？所谓性感，就是异性或异性身上的某一东西能引起人们在性方面的一种反应和感觉。对于女性来说，性感不仅表现在丰满的臀部、隆起的乳房和匀称的大腿上，有时也表现在小腿肚、手指、脚趾、臂膀、肩胛、脖颈、头发、嘴唇等部位。

下面13点就是令丈夫神往的超级性感魅力：

媚　眼

媚眼是女性魅力的无声语言。运用得当，能使他读懂一颗怀春的心；倘若分寸失度，眼波"飞短流长"，则就成了弄巧成拙的败笔。无论是忧郁的、迷惘的、飘渺的、懒洋洋的、天真带笑的或眼中藏着火焰的，只要有神韵及充满流盼，眼波便是性感的发源地。

内衣外穿

将外衣的纽扣打开，露出非常性感的内衣，或者更直接地内衣外穿。不露不透同样可以表达性感。已经流行好几年的简约风貌看似朴素，一律深素的颜色，简洁精致的款型，却也有女性性感的表现。该窄的窄、该瘦的瘦、该圆的圆、该宽的宽，三围差数十分明显。

醉　意

那种似醉非醉，接近于语无伦次的样子着实是很惹人的，因为它造成了一种陌生感，给男性一种新鲜的刺激。微微的醺醉不但为面颊添上绯红，为眼神添上一份朦胧美及柔和美，也可释放些许感性与坦荡。当然，饮酒要适度，否则会适得其反。

体　味

很奇怪，某种程度的体味往往也是构成叫人觉得性感的根源。有些男性就因为某种体味而记住一位女性。若你没有香汗或女人味，那亦可挑选一些专为撩起幽思春情而调制的香水。

· 成熟的丰韵 ·

男性似乎更喜欢"成熟的美人",对于那些虽然年轻但魅力一般的女性的自尊心来说,这可能是个打击。《新科学家》杂志向近 200 名平均年龄为 30 岁的男性展示了不同女性的照片。当要求这些男性选择妻子时,他们无一例外地全部都选择了同一位 36 岁迷人的女性,而根本不看重她的年龄。看来,成熟的确是一种耐人寻味的美。

· 流露懒态 ·

女性宽衣解带时的专注与缓慢,眼神流眸四盼的神韵,说话时的快慢错落有致,散发出微妙的美态,构成一种叫人觉得性感的风情。

· 丰满的胸部及乳沟若隐若现 ·

这种姿态简直已成了好莱坞的经典。从 20 世纪 30 年代的玛琳·黛德丽、60 年代的梦露、80 年代的斯通、90 年代的安德森等超级性感明星,到不以美貌撩人的米迪·福斯特·海伦·亨特,甚至巴里摩尔都选择这个暴露的充满诱感的样子。这个被女性钟情了几十年的姿态说明了什么?不是女性太傻,而是这种姿势太撩人了。

· 出水芙蓉 ·

洗浴后的女人都像出水芙蓉,光洁、富有弹性的玉肤迷煞人也。电影电视里女人出浴的镜头让观众大饱眼福,征服了许多帅哥的心。

· 一袭瀑布似的长发 ·

女性的长发和肩膀各有迷人之处,但都没有彼此搭配时更富有性感。斯特里普正是凭着披肩金发吸引了"猎鹿"男友罗伯特·德尼罗。也只有罗密·施耐德的舒卷的长发和光洁的肩头搭配才显示出奥匈帝国王后的美丽形象。

· 穿着丝质吊带裙,光着脚在灯光下走来走去 ·

那种感觉就像一个五颜六色的贝壳在阳光下的沙滩上晃来晃去,又像一条漂亮的凤尾鱼在清澈见底的泉水中游荡。格维尼丝·帕尔特罗在《新电话

牵手一生

谋杀案》里穿着淡绿色丝质吊带裙的场面尤其性感，丝质的细腻柔滑和女人光洁无暇的肌肤相映成趣，形成一道绝妙的风景。

荷花玉立

美丽的身段突然毕现时那是一种附着记忆的性感之美。生活在大湖边的人，在游泳时能够最真切地见识到女孩身体。那时全身尽湿，就像含苞待放的荷花，亭亭玉立。即便是海伦·亨特这样姿色一般的女子，当湿淋淋地出现在杰克·尼克尔森的门前时，也有一种无法抗拒的楚楚动人的魅力。

羞怯怯的样子

女性的羞怯是男性兴奋的催化剂。面对男性热情的拥抱，女性忸怩的姿态实在有着道不尽的风情。伊莎贝尔·阿佳妮是所有女演员中最会利用羞怯打动观众的人，《孽迷宫》中总是显示着一副弱不禁风、一吻丢魂的模样，《罗丹的情人》里也时不时在疯狂中加注羞怯不尽的韵味。白皙面颊拂过的粉红色绯云和肢体传递的感觉异常性感迷人。

几分神秘感

男性心目中的性感，除了发自女性的重要性征外，还有一些比较虚无抽象的元素，其中神秘感就是一个性感元素。电影史上被称为性感的明星如玛莲德·烈治、碧姬·芭铎等，哪个没有深不可测的神秘眼神？在你喜欢的男性面前，当你叙说个人故事，流露个人情感时，别一五一十如数家珍地尽情倾诉：只说七成，留三成让对方揣摩与遐想，留有余韵的回想也是玩神秘感的一种技巧！

亚当语典

女性应该挖掘自己的性感魅力，培育自己的性感魅力，这是夫妻间的性爱之道，也是夫妻感情升华的最佳契机。

好妻子 10 大修炼原则

· 要绝对的温柔 ·

都说英雄难过美人关，可普天之下，芸芸众生，上帝不可能让每一个女人都拥有沉鱼落雁之美，闭月羞花之貌，所以如果你不美的话，那首先一定要温柔。作为一个绝顶的好老婆，拥有温柔当然也是头等的大事。

他下班回来，大门未进，你得把他的包接过，顺便把他的拖鞋朝着他放好，然后为他沏一杯茶，削好一个苹果（最好切成片）。如果他心情好，想跟你聊会儿，千万不能说："唉，老公，我还要洗衣，还要做饭，过会儿再聊。"你得赶紧坐下，软声细语地与他交流，听他说他的那些"英雄事迹"，一边还要作敬仰状；如果他心情不好，对你大发雷霆，千万不要说："嗨，你吼什么吼，在家逞什么能？有本事外面张扬去！"如果你想成为一个好老婆，这个时候，最重要的事就是陪他一起坐下来，怜惜地说："亲爱的，别生气，看谁把咱们家这么好脾气的老公都给惹恼了，这人肯定有问题！"管保他再要怎么发怒也发不起来了。

谁说英雄难过美人关，其实女人的温柔男人最怕也最爱。他累了，你给他捶捶；他痛了，你为他揉揉；他热了，你为他打扇；他渴了，你给他一杯水；他笑了，你在心里乐；他哭了，你得把他像孩子一样搂在怀里。总之，一个温柔的女人就该为老公着想，把他的喜怒哀乐当成自己的，然后，把自己的先暂时放在一边！试想一下，如果你真的柔到骨子里去了，那你的老公还不乖乖地呆在你身边，想赶也赶不走了！

· 要绝对的注意自己的形象 ·

上帝没有给你一张漂亮的脸，一副魔鬼一样的身材，但也绝没有让你任意地糟蹋自己。常常看到一些结了婚的女人，对于穿着打扮丝毫也不讲究。上班时甚至不围文胸，有好奇者问之，她就一副惊讶状："我都结婚了，又不想再找老公了，还打扮它干啥，再说了，这样回家给孩子喂奶多方便啊！"这样的女人绝不在少数，以为嫁了老公就不需要再为谁画妆容了。其实还是需要的，而且是很需要的。

牵手一生

哪一个老公会喜欢一个一套睡衣打遍天下的老婆？常常看到有些女人甚至连买菜、逛街都穿着睡衣的，这可真要不得！不是说吗？女人生来除了扮靓自己其实也在扮靓男人的世界，你怎么可以因为结了婚就把这头等大事给随便唬弄过去了呢？一个好老婆应该懂得淡妆浓抹，知道什么场合穿什么衣，不漂亮没关系，但一定得庄重得体啊！不能淑女裙下一双旅游鞋，运动裤下一双高跟鞋，脱了丝的长统袜不要再穿，吊带衫下要注意腋下的"风景"。如果你时常为此扫了丈夫的兴，拆了丈夫的台，拂了丈夫的面子，这好老婆的美誉你就甭想了，就连婚姻也要朝你亮红灯了。

· 要绝对的养好丈夫的胃 ·

也不知道是谁想出来的：要管好丈夫，得先管好丈夫的胃。一个好老婆千万不能娇滴滴地说："老公，快做饭啊，我饿死了！"其实，很多男人都在心里想：我娶个老婆为什么，还不是给我做饭，洗衣来的？只是不敢说出来而已。所以，千万不要为了几顿饭，而害得老公在心里直嘀咕，这样是不值当的。你得对着菜谱细细地研究，把《厨房妙计三百招》烂熟于心，什么汤什么料，什么菜怎么配，加多少味精多少盐，你都得反复琢磨，反复锤炼，直练到炉火纯青的地步，直练到你的厨艺都快到了可以上中央台的"满汉全席"了，老公自然是不会溜到饭店里，天天让你一个人在家吃饭了！

· 绝对不要拿自己的丈夫与别人的丈夫比较 ·

男人最讨厌老婆动不动就拿别人的丈夫与自己比。最不能容忍老婆说："你看你，什么德性！就知道干这么一点破家务，人家谁谁的老公一年几万几万的，就数你最无能！"如果丈夫也能挣上几万几万的，她又会说："唉！你就光知道钱钱钱，人家谁谁的老公总是带她去玩，去散步的，你陪过我吗？"要是碰巧老公也陪过，她又会说："唉呀，你帮我做点家务活嘛，我都累死了，你倒好，净知道坐在沙发上看电视，人家谁谁的老公可模范了，哪像你！"仿佛全天下所有的男人都好，就你身边的这个最差劲。一个好老婆是绝不会这样做的，她不会拿自己的老公跟别人比，就是真比了，也会这么说："谁谁的老公能干是能干，可哪像你这么体贴啊，还是你最好，亲爱的！"这么一比，老公心里可就舒坦了！

· 绝对不要在老公面前太聪明,有时候他更喜欢你笨点 ·

当一个男人觉得身边的女人处处不如自己的时候，他就会很有成就感，就会觉得这个女人正被自己的无所不晓而征服。谁都知道男人是喜欢征服女人的。所以，当他说世界上只有两种人时，你千万不要说三种，当他说英国的首都是纽约，你千万不要说是伦敦，你要无比崇拜地说："啊，你知道得真多，这个……我不太清楚！"电脑的系统坏了，你让他去修，哪怕他不会，而你却熟能生巧，你也不要去修，你得把那些你能轻易做成的事，多交给他一点，并适时地说："老公，你真行，我怎么就不会呢？"一个真正聪明的老婆是知道怎样让自己适当地笨一点的，把老公调教聪明了，就是你最聪明的招术！

绝对要让老公穿着得体，要学会修裤边，钉纽扣

老公要是穿得不体面，出门去，肯定会有人说："嗨，这家伙够惨的，家里养了个懒老婆！"可是老婆要是穿得不体面，出门去，有人肯定会说："嗨，这人可真够懒的，谁娶了她可就惨罗！"没办法，这世道，就是这样不公平！所以，在老公出门之前，你得先为他搭配好衣服，什么衬衫配什么领带，什么裤子配什么上衣，你还必须把他的衣服一件件熨平，保证棱角分明，白衬衫要洗得清亮如初，不要让领上的污垢破坏了他的翩翩风度，不要忘记时时地检查他的裤边是否脱线，纽扣是否要掉落，你得在他穿上之前，把一切都搞好，让他不会在路上出现提裤子，捡纽扣的尴尬。如果这一切，你还不会，赶紧学吧，没办法，做一个好老婆可不是那么容易的事！

绝不能河东狮吼，秉承"母老虎"的衣钵

男人最要不得的老婆就是悍妇型的。一个好老婆尤其要注意这一点，千万不要一不留神就成了"母老虎"。老公动作慢了些，你要说："今天怎么了，身体不好吗？以前可是很快的啊！"千万不要吼："你有用没用啊，拿个东西还磨蹭半天"；老公坐着没动，你要说："累了吧？好好歇会吧！"千万不要吼："你个死懒猪，我是你的佣人还是奴仆啊？还不起来干活？"更不能动不动对老公动手，好男尚不跟女斗，好女怎么可跟男斗呢？所以，一个好老婆是绝对不能河东狮吼的，嘿，还是做人比较好，狮子啊，老虎啊，就免了，不然，婚姻不保啊，想想，哪个人愿意跟这么可怕的动物生活在一起，是不是？

绝不能对自己的爹娘"活雷锋"，对丈夫的爹娘"周扒皮"

一个好老婆总会知道，丈夫的爹娘是丈夫心中绝不亚于自己的人。于是一定要好好对待他的父母，也就是你的公婆。不要凡事先想到自己的爹，自己的娘，家里有什么好吃的，拿去点，什么好用的，送去些，这显然是没错

的。 人，谁不是父母养大的啊！ 关键是这些你也给了丈夫的爹娘了吗？ 自己的爹娘就是他们没说，你也能时时处处地想着，以一种"雷锋"一样的思想设身处地地为他们着想，而面对你的公婆，拿一点你嫌他们心太凶；吃一点你怪他们嘴太馋；要是用一点，你就翻白眼："不会自己买去吗？ 老不死的！"如果你是这样的人，那么你离好老婆可就远多了。 你要牢牢记住：你最爱的这个男人就是他们一把屎一把尿养大的！ 仅凭这一点，你也该像对自己的父母那样待他们，你也应该无比感激地说："爸爸，妈妈，辛苦了，现在该是我们养你们的时候了！"你若做到了这一点，你就是一个标准的"好老婆"！

绝对要有一份属于自己的工作

一个女人应该是一棵独立的树，而丈夫就是你身旁的那棵大树。 如果没有一份属于自己的工作，你就会变成一根藤蔓，紧紧地缠绕在他的身上，依附着他生长。 而他当然会喜欢你对他的依恋，对他的缠绵，但是天长日久，他就会怪你吮吸了他的养份，牵绊了他的脚步，就会恨不得让你离开，好让他自由自在地生长。 所以一个好的老婆一定要知道这一点，你若是不想让自己的丈夫厌倦你，你得有一份属于自己的工作，你们必须独立着而又相互依靠，这样的婚姻才会长久。

绝不能红杏出墙

这年头，就算是你不出墙，趴在墙头等红杏的人也比比皆是。 一个好老婆必须能够经受得起这样的诱惑。 而一个男人最不能容忍的事也就是妻子给他戴绿帽了。 所以这是10大原则中必须坚守的。 不管墙外的风景多么美丽，多么迷人，你还是要去亲亲院内的小草，它们不美，但是它们不是衬着你更美吗？ 再说了，摘红杏的人只要把红杏摘到了手，闻一闻，玩弄几下，就会抛到九霄云外！ 你见过谁采了野花放到家里去养的，就是养，也养不了几天就扔了，到时，他把你置于烂石荒路上，你可是后悔都来不及了。 所以一个好老婆要守着你的草，守着你的院，望望也就行了，出墙，就免了吧！

亚当语典

如果外在美与内在美能够被你同时拥有,那么你就是最幸运的人了。但是同样也要明白,这样的幸运与自身的努力是分不开的。

幸福女人的 16 个处方

做一个幸福的女人,要懂得保持自己健康的心态,假如紧张的现代生活使得你心乱如麻,你要学着去克服,懂得去调剂,这样你才会真正幸福。

❤ 1 多活动。除了做家务,最好能养成散步的习惯。

❤ 2 多听轻松音乐。音乐容易进入人的潜意识,潜意识对人的影响更大。

❤ 3 充分利用颜色的心理效应。多穿暖色调,少穿黑色调衣服。

❤ 4 多与人交往。与性格外向、开朗活泼的人交往。

❤ 5 挺胸抬头走路。可逐渐建立自信心,从而减少抑郁。

❤ 6 追求真善美。一个人追求真善美就不会通过不正当的手段来炫耀自己,就不会徒有虚名。

❤ 7 克服盲目攀比心理。横向地去跟他人比较,心理永远都无法平衡,会促使虚荣心越发强烈,一定要比就跟自己的过去比,看看各方面有没有进步。

❤ 8 珍惜自己的人格。崇尚高尚的人格可以使虚荣心没有机会抬头。

❤ 9 把握动机与效果相统一。唠叨的效果往往适得其反,丈夫厌烦,子女逆反,自己还惹了一肚子气。如能多反思唠叨的危害,是走出唠叨误区的一个好方法。

牵手一生

10 心理位置对换。如果丈夫唠叨你,你是否心烦?子女唠叨你,母亲唠叨你呢?

11 树立正确的竞争心理。如今社会上竞争无处不在。当看到别人在某些方面超过自己的时候,不要盯着别人的成绩怨恨,更不要企图把别人拉下马。而是采取正当的策略和手段,在"干"字上狠下功夫。

12 树立正确的价值观。有了正确价值观就能在别人有成绩时,会肯定人家的成绩,并且虚心向对方学习。

13 提高心理健康水平。心理健康的人,总是胸怀宽阔,做人做事光明磊落。而心胸狭窄的人,才容易产生嫉妒。

14 把住牙关。切记"病从口入,祸从口出"这句话。

15 多工作多学习。无事才会生非,忙起来就什么都顾不上了。

16 与人为善。要多看、多讲、多学习别人的优点。

亚当语典

不管你多么富有,也不管你多么贫穷;不论你出生钟楼玉阁,还是农家茅屋,一辈子有人疼爱的健康的女人才是最幸福的女人!

妻子购物影响丈夫

对于那些喜欢用名牌商品的女人,男人要多加注意。因为,这样的女人往往会因其无法填平的虚荣心而浪费掉男人的一生。我们经常可见一些追求时髦、喜欢用名牌的女性,几乎自头顶至脚尖都穿戴着名牌,走起路来就好像名牌衣饰长出手脚在走路一般。而那些女人是否个个均是富有之人呢?肯定不尽其然。

对任意凭感性购物的女人，男士也要多加注意。因为，这样的女人多数会成为家中商品垃圾的制造者。

有一位丈夫常常向人抱怨有关其太太的问题：

"我太太个性开朗，也很会做菜，但却有喜欢买廉价拍卖品的毛病，只要一有拍卖或甩卖场合，她便大买特买，好多从未穿过的衣服，都一直搁置在衣柜中，她自以为买便宜了，实际上却是花了冤枉钱！如今，因为她的浪费，已使我们家庭的经济陷入窘境。"

事实上，到拍卖场所走走逛逛，多半会有几样特别便宜、引人注目的商品，但是其他商品则不比平日便宜太多，商家的用意便是利用顾客买超低价的物品时，顺便购回不便宜之物品，以达到销售的目的。这样中了商家圈套的女性可以说相当多，她们多半是受到当场热闹气氛之影响，而买下不必要的物品，这是大多数女性的心理。

具有善用大拍卖机会之才能的女性并不多，奉劝男士们，一旦遇到，就应好好把握，至于热衷拍卖品及喜欢邮购这种物质欲求强烈的女人，千万要小心，很容易毁掉你家庭的"经济前程"。

亚当语典

女人不正确的购物心理和习惯，是男人一生的不幸。

给男人一点自由空间

在日常生活中常常会出现这种情况：妻子总希望丈夫能呆在自己的身边，可是丈夫并不愿意。虽然妻子给了丈夫可口的饭菜，给了丈夫许多温存和女性的温柔，丈夫仍感觉不到十分欢愉。相反，他们会感到空虚、无聊，妻子"粘"得越紧，丈夫的这种感受就越浓。

一个简单的例子，便会使妻子们悟出其中道理：一对夫妻长年累月厮守在一起，丈夫一下班就是回家陪伴着妻子，妻子除了参加少量的妇女会组织

牵手一生

的活动外，大部分时间都呆在家里。这是一个典型的足不出户的小家庭，表面温馨、和睦。可天长日久，他们都觉得日子过得太平淡、索然无味。一次丈夫因事要与公司的老板外出一段时间，丈夫走后妻子突然觉得换了个天空，白天她去参加社交活动，晚上邀几位朋友在家聊天，谈论妇女的热门话题。她觉得生活得非常充实和有意义。丈夫虽随老板有公务在身，但他却领略到了从未有过的自由和舒畅。两人重新见面后都感到对方强大的吸引力，新鲜而动人。

这就是给他（她）一个空间所带来的夫妻间的快乐与幸福。

因此，在两性生活中，除非夫妇能够相互尊重对方的嗜好，并给他一个空间，否则没有一对婚姻是幸福和美的。更深一层说，如果希望两个人有相同的思想、相同的意见、相同的愿望，这是可笑而愚蠢的想法。实际上是不可能的，也是令人感到乏味的。

有位事业有成外貌潇洒的标准单身男人曾说："如果能有一个女孩愿意陪伴我，而在我希望单独相处的时候，能够理解和尊重我的这一基本要求，让我去做我自己喜欢的事，那么我就会爱上她，并马上与她结婚。"

一个丈夫需要妻子给她一定的空间去享受他的某些嗜好，做妻子的就不必担心他去追求别的女孩子或被别的女孩所迷惑，只有那些对单元式的小家庭生活感到厌倦的丈夫，才会掉进女"狐狸"的陷阱。

丈夫偶尔在周末离开家出去打保龄球，或是与朋友玩玩扑克，他们就可以因此而获得这种独立的感受。有些丈夫喜欢在闲暇时将自己关在书房里，静静地呆一会；有的喜欢研读一本惊险小说；有的喜欢将自己的车子仔仔细细地检修一番。不管你的丈夫将这些快乐的自由时间做什么安排，只要他未将某种嗜好变成恶习，妻子如果能尽量满足他，那么这个妻子就是最聪明的妻子了。

亚当语典

如果你送给丈夫一把大刀，却不给他自由的空间去挥舞，你还不如送他一把水果刀。

让老公更爱你的必杀技

❤1 爱老公就是爱自己。

❤2 吵架时绝不说分手或者离婚，免得事后下不了台。

❤3 吵架时尽量少发火，多流泪。

❤4 一定要记住老公的生日，保证第一个向老公说生日快乐。

❤5 养成一见老公就笑的习惯，特别是下班回家开门时。

❤6 需要老公陪同而老公不能陪同的时候，告诉他：你忙吧，我能行。

❤7 故意在他半睡半醒的时候亲他并帮他盖好被子。

❤8 在他吹嘘自己的时候，给他一个肯定的眼神。

❤9 在老公向你献殷勤之后，应特别兴奋的说一句："老公你对我最好了"。

❤10 既然已经选择和他共度人生，就不要幻想改变他，能改变的只有自己。

❤11 用他的钱健身买衣服和化妆品。真正的好男人，往往都很愿意为自己心爱的女人花钱，因为那是他的一份快乐。

❤12 老公的缺点要一分为二地看，天下没有绝对的缺点与优点。

牵手一生

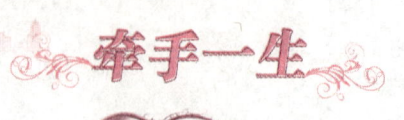

亚当语典

> 男人在工作、学习和思考的时候，不要试着让老公的注意力转移到你身上来、因为他们是为了共同的家奔波劳累，这时唯一能做的是给他宁静的空间，可以去给他快喝干的水杯里加水，或者去熬一锅猪蹄银耳汤，等他干完活，就着窗外的零星灯火喝。

不要干预丈夫的工作

一位记者曾问一位经理：太太们要怎么做才能帮助她们的丈夫成功。

"我相信，"这位经理说，"有两件最重要的事情，可以使妻子帮助丈夫事业的成功，第一件是，爱他；第二件是，让他独自闯。一个可爱的妻子，将会带给她的丈夫愉快和舒服的家庭生活。而如果她聪明得能够让自己的丈夫不受干扰地处理业务，他的丈夫就一定能发挥出全部的能力而获得成功了，至少训练也会使他有成就。"

这个不干扰的政策，可以直接应用于妻子和丈夫的工作关系，以及妻子和丈夫业务伙伴的关系。

"妻子常常会干扰丈夫的工作，"这位经理继续说"有些妻子喜欢劝告、干预和影响自己的丈夫，反对和他一起工作的人，或是抱怨丈夫的薪水、工作时间和责任。把自己当做丈夫经营事业的非正式顾问，这种妻子常常扼杀了丈夫的成功，很少有其他的事情会具有如此的严重性。"

许多新娘子都做过美梦，想要机灵地帮助自己的梦中王子爬上经理的宝座。她们计划出一些策略；她们提出了许多暗示和建议；她们试探、尝试，并且和丈夫的同事培养友谊。通常，她们的计策使得自己的丈夫丢掉工作，而不是升上一级。

曾经有过这种事。有一次，一家小公司里请了一位经理。他很聪敏，看来很适合这个职位，令人迷惑的是，他接任新工作以后，他的妻子竟然一直干预着他。每天早上，她都和她先生一起到办公室，记下她先生的话，交到外头给打字小姐，而且又要变更她先生的整个工作系统——这是真正发生过的事。

办公室的工作情绪被破坏了。 有位女孩子辞职，其余的人也都在观望着时机的变化。 在这位新经理到任的整整三个礼拜以后，他被叫到大办公室去，上司礼貌而肯定地告诉他，不能再留他了。 他走了——带着他的太太一起走了。

太过分了？ 也许是的；但是有许多人都因为更轻微的原因就被解雇了。

以下还有一个现实的例证：

最近公司里一位最受器重的经理在服务多年以后被迫辞职了，因为他的妻子坚持要干预他的业务。 她设计了许多秘密计划，用来对抗公司里的其他几位经理，因为她认为他们是她丈夫的敌手。 她在这些经理的太太之中挑拨一些麻烦事件。 她开始有计划地散布谣言，攻击他们。 她的丈夫没有办法控制她暗中的活动，只好做了他所能做的唯一一件事——他辞掉了他相当引以为荣的工作。

如果你相信幕后操纵力的话，下面列出了几种方法，用它们操纵丈夫非常简单。 你可以依照指示扯你丈夫的后腿，把他从阶梯上拉下来，使他爬不上去。 如果依照以下的指示去做，你还能使你的丈夫失业，使他变得精神崩溃。

1. 对他的女秘书恶言恶语，尤其对那些年轻又漂亮的。 随时利用机会提醒她，她只是佣人而已。 虽然她并不把你的丈夫当成是值得追求的、镀金的天才，但是你也不能因而放过她。 失掉一个好的秘书，也不必担心，你的丈夫还可以用一架记录机器。

2. 每天多打几次电话给你的丈夫。 告诉他，你的家事所碰到的麻烦，问他中午和谁一起吃饭，不要忘了开给他一大堆东西的单子，要他在回家的路上买回来。 发薪水那天，不要忘了到办公室去找他。 他的同事将会马上发觉，谁在家里才是一家之主。

3. 和她同事的太太制造一些摩擦。 这种情况是不会终止的，因为那些太太们没有一个是好人。 你可散播一些有趣的闲言闲语，说说老板曾经怎样谈过她的丈夫，以及你的丈夫对她的丈夫看法如何。 再过不久，整个办公室就会分裂成许多派系——而你的目的马上就会达成了。

4. 告诉他，他的工作太多，薪水太少，而且办公室里没有人看重他。 不多久，他就会开始相信你的话，而他的工作将会变成你说的那样。 然后他会去找适合他的工作。

5. 不断地告诉他，他应该如何改善工作，如何增加销售以及如何奉承自己的上司。 摆出坐在摇椅上的总经理之态度。 毕竟，他只是在办公室里办

办公而已，你才是真正的战略家和策划人。

6. 举行豪华的舞会，花费大笔钞票，过着超过收入的生活，好像你的先生已经成功了一样。你将骗不了任何人，但是你可以享受到许多乐趣。

7. 组织好你自己家里的秘密警察计划，长期侦查你丈夫和他的女主顾、办公室助理以及同事太太们之间的问题。女士们因为工作必须留下来，而男士们为了避免和她们过多的来往，只能在男士的房间里工作，这种事在你看起来是毫无意义的。

8. 每当你有机会向丈夫的老板眉目传情的时候，你就尽量使出女性的媚力吧。如果在你的努力以后老板没有开除你丈夫的意思，那么老板的太太也会特地为你的先生找个新上司，让你再试试你的计策。

9. 在公司举办的宴会里，你不妨多喝一些酒，表现出你是个多么风趣的人。说一些你丈夫在度假时如何玩闹，以及他穿着好像要跳波儿卡舞的睡裤上床的事，这些有趣的小事，将会带给宴会上的人群许多笑料。你将会变成宴会里最出风头的人物——拿你的丈夫来寻开心，你将有说不完的资料来发表你丈夫的趣事。

亚当语典

> 妻子的干预，即使有着最好的动机，也都是一件危险的事。她们自以为是丈夫工作上的顾问，可是她们的计策往往使丈夫走向了败局。

12 种不受欢迎的女性

❶ 态度傲慢的女性——这种女性多数为出身于富有的家庭，或者本身有一种超人的技能，但无论如何，她总会令那些稍有自尊心的男性，离她而去，甚至不愿和她接近。

❤ 2　金钱主义的女性——这种女性，眼中只有金钱，对男人只讲金钱，不讲感情，在她的心目中的男人只不过是长期饭票而已。

❤ 3　喜欢惹人注目的女性——这种女性的特征是喜欢招摇过市，容易和陌生的异性打交道，自然她也容易引起别人对她的注意，但这种女人是没有一个男人会喜欢的。

❤ 4　娇蛮的女性——这种女性，大都是被家庭娇生宠惯了的，可谓不知天高地厚，一时高兴什么话都可以冲口而出。一般男人，都被她那张厉害的嘴巴吓得走掉了。

❤ 5　浪漫型的女性——这种女孩子，感情相当丰富，但却喜欢沉醉于幻想中，她可以同时爱上几个男子，而引以为荣。

❤ 6　冷若冰霜的女性——这是典型的美人，可是却缺乏对男人应有的感情，使人感到无法和她亲近，而宁愿把她当做一件礼物来欣赏。

❤ 7　酸醋罐型的女性——这种女孩子的占有欲很强，随时注意着男友的行动，连男友望一下街上的女人都不可以，这种酸醋味太重的女性，也不受男人的欢迎。

❤ 8　不受羁绊的女性——这种女孩子满身是男子气，好动不好静，一刻也不肯停下来，作为她男友的人，简直就是她在游玩时的伴侣。

❤ 9　容易得来的女性——这种少女的特征是，常常做着结婚梦，只要有人介绍一个男友给她，她便把人家当做结婚的对象了。

❤ 10　花枝招展、浓妆艳抹的女性——近年来连书都未念完的少女都会画眉、涂口红了，虽然爱美是女人的天性，但是过分的人工化妆，所得结果反为不美，不要以为你自己喜欢花枝招展、浓妆艳抹，男人也会喜欢，事实上对大部分的男人是适得其反的。

❤ 11　珠光宝气，首饰奴隶的女性——万绿丛中一点红，这句话值得赞美的地方就是好在一个字，因为，只有一点红才不会俗气，才矜贵，才清雅，佩戴首饰的道理正与此同。有些女人喜欢将自己当做一个首饰窗橱，应有尽有，全数展览出来，好些男人不会喜欢这俗不可耐的女人，除非他对你另有企图。

❤ 12　过分齐整，吹毛求疵的女性——这一类女子半生光阴花在追求齐整上面，凡事吹毛求疵，一丝不苟，约会迟到一分钟便是天大事，暴风骤雨，怒目争眉。凡经她整理、布置、陈设过的任何一物，如果给人翻弄了，她的血压突然高涨一倍，除了患被管束狂症的男人外，这类女人很少有人喜欢。

亚当语典

告诉你呀，你以后不要对老公说这一句话："你看人家……怎么怎么样。"男人最最反感老婆讲这句话了。

令丈夫讨厌的 10 种妻子

有关"夫妻关系"的话题成了人们茶余饭后的"点击"焦点。现在让我们来看看男人给我们提出的 10 点意见吧——

逼夫成龙

天明是北方一所大学的博士研究生，在学校苦战了一个学期后，他便迫不及待地往家赶，希望尽快回到娇妻身边，享受一个温馨而轻松的假期。谁知小俩口还没谈上两句，妻子就对他循循善诱起来了。她不断地在天明面前说，某某的老公不久前拿到了美国的全额奖学金；某某的老公已经做了博导；某某的老公从国外读完 MBA 归来，被几家外企争着要，年薪高达 8 万美元等等。为了不落后于"某某"的老公，天明从回家当晚就开始埋头苦读，大门不出，二门不迈。原先想好的所有休假计划一样都不敢实现。假期结束前，天明无奈地说："虽然我是有了看似光明的前途，但我自己却觉得像大海中一叶偏离航道的小舟，找不到避风的港湾。"

很显然，有这种想法的女人往往有很强的虚荣心，所谓"夫荣妻贵"；此外，她们往往还有很强的依附心理，所谓"只有藤缠树，哪有树缠藤"。为了满足她们的虚荣心和依赖性，她们不惜给丈夫施加各种压力。当然，鼓励丈夫发奋图强并没有错，但是，如果不根据实际情况，制造压力，可能会适得其反。 一句话：逼夫成龙的女人太愚蠢。

不修边幅

李先生喜欢穿着讲究、打扮得体的女人，而他的妻子却越来越让他失望。李先生说："我妻子不懂得按自己的身材特点选择服饰，更不懂得色泽的搭配。 我给她提建议，她还指责我是小男人，管得太多。 一次，我开玩笑说男人都喜欢漂亮的女人，你不担心我被别人勾引了吗？ 谁知妻子自负地'哼'了一声，继续我行我素。 她始终认为，她的家庭条件比我家好，当初她是不顾父母的反对'下嫁'给我的，她相信她当年的'义举'早就'套牢'了我，所以敢安心地过着懒散的黄脸婆的生活。 我虽然不是那种朝三暮四的男人，但在街上看见穿着得体的女人时，心里总会若有所失，有时甚至还会想入非非。"

这样的女人在中国不在少数，尤其在生完小孩，逐渐进入中年以后。 这样的女人往往有如下心理：一是"保险箱"心理，以为"革命"到头，可以放马南山了，所以衣着随便，不再注意修饰。 二是懈怠心理。 就是不再"严格要求自己"，一切马马虎虎，得过且过。 爱美之心人皆有之。 你说这样的女人能不让丈夫失望吗？ 丈夫也许嘴上不说，可心里明白着呢。 这才是真正的危险所在。 一句话：不修边幅，甘做黄脸婆的女人太粗心。

多疑、骄横

崔先生是一家4A公司的老总，由于工作的原因，他常常会带上公司里的女职员出外陪客户吃饭。 每当这个时候，他太太的电话就会追踪而至："你在哪儿啦？"崔先生如实回答后，他太太又会继续问"怎么那么闹啊？"或者"怎么那么静啊？"回到家，她还会在甜言蜜语中寻找崔先生身上的异性动向，一会儿说"我怎么闻到一股香水味呀？"一会又说"别动，你头上有根白头发我给你拔掉"——其实她是要检查有没有人将口红之类留在丈夫的颈部。 太太的这些小动作，怎么逃得过崔先生商人的眼睛！ 但他往往假装不知，好让她在一无所获中安心。 一次，崔先生的几个好友劝他太太不要过分紧张，他太太反过来挺认真地拜托他们："我们的孩子还小，你们可要帮我看着他啊。"

近年来崔先生的生意不太好，精神压力太大，对性生活的要求自然有所减弱，他太太便怀疑他与别的女人有染，甚至雇人对他盯梢。 崔先生说："我太太的这种行为，简直是有违爱的本质。"

多疑的女人往往出于对婚姻的不自信和对自己的不自信。 因为对婚姻的

牵手一生

不自信，所以她老是担心丈夫情感移位或行为出轨；因为对自己的不自信，所以生怕哪一天被丈夫抛弃。不自信的根本原因在于缺乏独立自主，在于对婚姻本质缺乏认识。至于骄横的妻子则常令丈夫沮丧，有口难言，而直接影响了夫妻和睦。一句话：多疑、骄横的女人太可怜。

不顾丈夫尊严

张先生说："我是一个被低薪压迫得感受不到尊严的男人。有一天，我想用刚收到的一笔稿费请妻子去一家酒楼吃饭，挽回一点做男人的自尊。席间，刚好碰到两个好友，于是，我便斗胆请他们同桌就餐。不想结算时超了预算，我身上的钱不够，我只好向妻子借支。两位朋友笑道，难道你们家是AA制？她一听怒火中烧，伸出玉指直指我的心窝说："你问他一个月挣多少钱，他吃得起AA制吗？"说完拂袖而去。

张先生最后难过地说："难道男人没钱就没尊严了吗？女人为什么就不明白，一个缺钱但不缺尊严的男人，总是还有发达的希望；但一个缺钱又失去尊严的男人，却永远只会贫困潦倒。难道我妻子希望我永远潦倒下去吗？"

你可以讽刺男人其貌不扬，但你绝不可能嘲笑男人的无能。能力——赚钱的能力以及性能力，乃是男人尊严的两大方面。感受不到尊严的男人往往会自暴自弃，自卑自艾。因此，聪明的妻子总是极力去维护丈夫的尊严，通过各种"花言巧语"和"技术手段"激励丈夫扬帆破浪，重振雄风。一句话：不懂维护丈夫的尊严的女人太无知。

爱攀比好虚荣

李先生是一个正处级干部。今年岳父70岁大寿，做总经理的大女婿送了一块高级劳力士表，自己开公司的二女婿献上了10000元现金，而李先生的贺礼却只是区区1000元。李先生的妻子看到后，脸上立刻露出不快。李先生知道她心里不好受，悄悄从桌下伸手去拉妻子的手，不想被她卯足了劲踢了一脚。李先生说："我妻子什么都好，就是太爱面子太虚荣了。比如她的好友给孩子买了钢琴，她就不管我们的儿子对钢琴有没有兴趣，也要买一台回来放在家里。市面上流行什么首饰，她也一定要拥有。近年来，她又迷上了换手机。哎，作为一个公务员，摊上这么一个爱虚荣的妻子，真麻烦。"

有人形容女人是城市的一道风景线，因此，如果没有女人之间的相互攀比，争奇斗艳，风景又怎会"亮丽"呢？但是，假如不按自身的经济条件，盲目攀比，那就过于虚荣了。这种过分的虚荣往往使那些非"财大气粗"的男人产生精神紧张，甚至为此不堪重负。一句话：爱攀比、好虚荣的女人太"恐怖"。

体贴不入微

袁先生抱怨妻子体贴不入微，他承认妻子很关心他的生活起居，但却不关心他的心灵感受。放牛娃出身的袁先生说，新婚不久，他家乡的至亲来到他们家，吸烟时不小心将地毯烧了个洞，妻子马上大发雷霆，令客人尴尬至极。及后，其妻子仍不依不饶地警告袁先生说："告诉你，今后你老家来任何人，都不许进这个门。"为此，他们的儿子今年5岁了，还没见过爷爷、奶奶。袁先生的父母春节前提出想来城里看看孙子，他也不敢答应。他悄悄给父母写了封长信并寄去了几百元，不想此事又被妻子发现了，双方又是大闹了一场。

袁先生说："我现在在老家的名声已经全部扫地了。我的父母在失去儿子的同时，也失去了乡亲们的尊敬。虽然我一再告诉我的父母亲友，从红土地上出来的我，是割不断与他们的亲情的，但他们都不信我。虽然我住在大都市的高楼里，家有娇妻爱子，看似很幸福的样子，其实又有谁知道我内心的痛苦呢？夜深人静时，我常常会面对家乡的方向，向我的父老乡亲忏悔，以减轻心底里的歉疚之情。"

体贴不入微这是那些自认为"贤妻"的一个通病。一些妻子在抱怨丈夫：对他关心有加，照顾周到，为什么他还是不满意。可她也许不知道自己有意无意、自觉不自觉地冷落或贬低了丈夫的亲友，导致了丈夫的反感。男女结合不仅仅是两个人之间的互动，而且还涉及到两个人之间不同社会关系（如亲友）的互动。忽略这种社会关系，往往会加深婚姻"围城"的感受，并滋生冲出"围城"的欲望。一句话：体贴不入微的女人太可悲。

忽视性爱

郭先生抱怨他的婚姻"无性福"。他说结婚5年来，太太在性生活方面从来没有主动过，而且每次过夫妻生活，她都显得非常不情愿，形同僵尸。为了启发她，郭先生常常会借故推荐一些有关性知识的报刊、杂志给她看，甚至借有关的光碟回来与她共享，但她实践时还是一幅僵尸样。郭先生说，现在，他下班后都不太愿意回家了，更怕和太太睡在一床，因为这样会对他的欲望产生强烈的刺激。为了逃避正常的心理需求，他爱上了酗酒和麻将。

程先生和太太都是机关干部。他说："我们结婚13年来，也就是在婚后的前两年有过正常的夫妻生活。之后太太进入孕期，担心动了胎气，我便放弃了。"孩子出生后，岳母来帮忙，占据了我的床位，我只能认了。妻子出月子后，我回到自己的床上，但她几乎忘了我的存在，为了不让我的鼾声吵醒孩子，她甚至命令我搬到隔壁房间去睡。孩子一直和我们睡到6岁，妻子才痛下决心分床，但她仍要三天两头地去陪女儿睡。偶尔有个团聚的日子，她不是累了，就是病了。有一次，也许是我把她逼急了，她脱口说出了真心话：孩子都这么大了，还要干这种事吗？现在计划生育，我又不能再生孩子，我们还不如省些力气来养好女儿，我也免得一到经期就提心吊胆。"程先生最后苦恼地说："我是一个正常的男人，也有一个结构完整的家，但我却不能过上正常中年男人应有的家庭生活。我出现性冲动时，我的妻子就睡在我的身边，但我却必须硬挺着，个中滋味，真是难以表述啊。"

由于几千年封建思想的影响，国人大多谈性色变，尤其女人的性欲望更是受到压制，她们主动提出性需求被视为"不正经"，是"淫妇"。与此相适应，她们对婚姻中的性也仅仅看成一种为了传宗接代，生儿育女而不得不为之的事情。这种性观念的偏差，使她们远离性愉悦、性享受，造成事实上的性与爱的分离。现代婚姻应是性爱与情爱的和谐统一，和谐的性生活不仅有助于夫妻情爱的加深，而且有助于夫妻的身心健康。

缺乏主妇意识

陈先生两年前与李小姐结为夫妻。婚后他才发现，当资料员的妻子一点都不会做家务，更不懂得理财。他说自己的家像个狗窝，摸到哪儿都是灰，走到哪儿都是满眼的脏。妻子的衣服从来都是塞进柜子里的，穿起来永远都是皱皱巴巴。如果她8：30上班，那一定是8：10才起床，然后从衣柜里随手抓起一件衣服穿上，冲向洗手间胡乱整理一下，套上昨天穿过的脏鞋，便匆匆出门。下班后也不思量做什么菜，永远都是只会做西红柿炒鸡蛋、红萝卜炒肉和清蒸鱼。我提醒她，我们已不是单身汉了，要考虑怎样过好小日子，并建议她改变一下自己的生活习惯，她听后不是和我红脸就是做不搭理状，搞到我们结婚3年了，仍不敢要小孩。

主妇意识与主妇能力是密切相关的，两者归根到底涉及到女性如何扮演好家庭角色——主要指妻子角色和母亲角色的问题。有道是："抓住丈夫的心，首先要抓住丈夫的胃"。当然，这种说法未免太具传统色彩，但其中却透露出一定的道理。持家或家政能力差的女性，对婚姻家庭生活的影响是不言而喻的。"出得厅堂，入得厨房"，应该成为现代女性的一种追求。

随意泄露隐私

越力先生最头疼的是，由于他太太有"露私癖"，所以他几乎没了隐私。越力先生和太太在同一家银行工作，住的也是银行宿舍，夫妻俩的社交圈有一大半是相同的。本来这也没什么，但偏偏摊上一个喜欢"露私"的老婆，常常搞得他十分狼狈，冲动起来，甚至想到了离婚。

越力先生说，新婚不久的一天，办公室对座的一个同事突然要越力先生看报纸上的一则治脚气的广告，说是他老婆告诉她的，他的脚气病很严重。面对女同事的这种关心，越力先生尴尬极了。事后他提醒太太别将家里的事说出去，她虽然也同意，但下次再见到那些"闺中密友"时，又管不住嘴巴了。更令越力先生气愤的是，他太太甚至把夫妻之间的私生活也拿出来与好友分享，搞得他在人前都抬不起头来。太太的不依不饶以及"圈中"男人的打趣、女人的玩笑，弄得他很不开心，他说："我最希望的是，有人能治治我太太的'露私癖'，这样我们都会活得开心一些、和睦一些。"

家庭是最私密的场所，婚姻是最私密的关系。有些女性不了解这一点，喜欢在女伴中间谈论家中"秘闻"，乃至发生在夫妻之间的隐私事件，且进行互比互评，以获得某种心理满足。其实这是非常不可取的。它"出卖"的不仅仅是丈夫，而且还"出卖"了自己，"出卖"了整个家庭。人们常说，家庭是温馨的港湾，如果个人的隐私安全都得不到保证，婚姻家庭生活难道还能温馨得起来吗？

"控夫欲"过旺

海浩先生感叹：与一个"控夫欲"过旺的老婆生活太辛苦了！海浩先生是一个工薪族，每月的薪水全部上交老婆，家里的一切开销均由老婆做主。海浩先生说："我需要置办外衣外裤、内衣内裤、袜子鞋子时，她都要亲自出马，而且即使我和她一起去买，我也得服从她的品味。我口袋里的零花钱都是她给的，她每周都会查看我的钱包还有多少钱，盘问我钱的去处。一个大男人一般很难记住每一笔的开销，我就只好将报不出来的钱"挂"在摩托车的用油上。

去年我开始准备做点生意，社交活动增加了，开销也增大了。每次与人吃饭，她都要问我是谁付钱？如果是我付，就要向她说出准确的数目。而且她还要知道我和谁吃饭，以及我们谈了些什么？可能是出于一种报复心理，我做了第一单生意后，就悄悄留起了部分钱没有告诉她，主要是想逃避她的控制。可她竟然有本事辗转找到了我的合作伙伴，知道了一切。我的

牵手一生

灾难来了，不得不向她坦白。后来，我如实告诉她：我这样做，是想摆脱她的控制，不想让自己做起事来那么碍手碍脚。但她却认定我是另有企图。在她看来：既然成了夫妻，又有了共同的孩子，两个 1/2 加起来就变成了 1，所以她必须知道另一半的一切——包括一些细节。我无法接受她的这套理论，也说服不了她，我们的家庭生活就在这种"控制"与"反控制"间一天天艰难地捱着。"

"控夫欲"过旺实乃现代婚姻中的"常见病"。导致这种"病症"的原因是多方面的：妻子因缺乏自信而多疑猜忌，因"关爱"丈夫而处处操心，因怕丈夫"变坏"而时时设防，如此等等。"控夫欲"过旺者，刺伤的不完全是丈夫，还包括她本人——随时处于焦虑紧张的状态之下而不能自制。有道是："道高一尺，魔高一丈"。"控制"与"反控制"将不会停息，何不做个高明的"驭夫"者，让丈夫开开心心地成为"自由人"，且心甘情愿地在你的视野之内？

亚当语典

换位思考很重要,夫妻双方相处时,要尽量转换思维,多想想：如果我是他,遇到这种状况时会开心吗？那么,久而久之,你离一个好妻子的标准就不远了。

附：令丈夫厌倦的24种女性

1. 在众人面前数落丈夫的女性；
2. 胸无点墨却心安理得的女性；
3. 仅仅会代替电饭煲、洗衣机工作的女性；
4. 爱情极端自私、神经过敏、气量狭窄、无理取闹的女性；
5. 忽视丈夫的位置，感情的天平过于倾斜到孩子一边的女性；
6. 不会包涵丈夫过失的女性；
7. 缺乏深沉含蓄而情感外露的女性；
8. 没有敬老观念的女性；
9. 不会团结邻里的女性；
10. 记住丈夫发工资、发奖金比一切都重要的女性；
11. 像母鸡爱小鸡一样爱孩子而又无原则地偏护孩子的女性；
12. 同时向几个男子写求爱信的女人；
13. 总爱夸奖别人丈夫的女人；
14. 张扬家庭丑闻的女人；
15. 处处羡慕别人，虚荣心太重的女人；
16. 使丈夫战战兢兢，生活不安适的女人；
17. 蛮不讲理、我行我素、过分自信和倔强的女人；
18. 爱说闲话、说谎话或散布谣言的女人；
19. 处处约束丈夫，言谈举止、服饰仪表、生活细节都要管，宛若老师管学生一般的女人；
20. 成天东游西逛，丈夫不胜其烦的女人；
21. 酷似花瓶，中看不中用的女人；
22. 喜欢交际，抛头露面，不安于室的女人；
23. 个性凶猛，不知体贴，不能使丈夫感受家庭温暖的女人；
24. 年龄小，不能"相夫教子"，犹如小孩般，什么事都干不了的女人。

好妻子的 11 条禁忌

心理学家们指出,夫妻共同生活中,有必要实行一些禁忌,以保证家庭幸福。下面是夫妻生活中的几项禁忌:

❤ 1 将丈夫的事业视为自己的事业,鼎力相助;不要让丈夫围在自己身边转。

❤ 2 必要时提醒丈夫勿疏忽了大事,不使丈夫出现麻烦;不要总是喋喋不休地挑剔丈夫的毛病,使丈夫常常为一些小事而劳心费神。

❤ 3 尽管知道对方肯定同意自己的计划,也不要先斩后奏,因为那样会使对方认为你不尊重他。

❤ 4 在丈夫思想压力最小的时候说出自己的批评意见;不要不管三七二十一,发现错误当即训斥,搞得丈夫非常尴尬。

❤ 5 不要讲述自己过去的浪漫史,这会使对方心情不平静或产生嫉妒,因为夫妻双方都希望自己是对方心中的唯一。

❤ 6 当发生口角时,不要揭短,夫妻双方的一方主动承认错在自己,对方有再大的气也会逐渐平息下来。

❤ 7 不能强迫对方完全按照自己的意见去做,要给对方留下一片自由的空间。

❤ 8 认真倾听对方的意见,不要被朋友或家人的观点所左右,否则会使对方产生一种被轻视的感觉。

❤ 9 当丈夫不顺利或家庭经济拮据时,要为他分忧解难;不要稍不如意就骂"饭桶",搞得丈夫抬不起头来。

❤ 10 能够帮助丈夫做一个好爸爸,不要让丈夫在孩子面前总是唱"黑脸",使丈夫成为惩罚孩子的代理人,这样会破坏父子感情。

❤11 尽量把家搞得非常清洁，让丈夫在舒适的环境中生活，不要常使家里窝窝囊囊，让丈夫一见就皱眉。

亚当语典

> 男人一般是非常爱面子的，尤其在别人面前，更爱张扬他的尊严和威风。你不妨表现得温柔与顺从一点，尊重他，在意他，即便他言行有失偏颇，你也不要当面与他计较和理论。用你的包容和大气提示他，让他知道自己言有过失。

好妻子的9条"诫条"

已为人妻的你，有没有检讨一下，自己是否是一个懂得相夫持家的好妻子？下列的"诫条"，到底你犯上了多少，若你犯上了超过一半，便要认真反省了，否则婚姻必定会出现危机。

稚气未泯

常常撒娇，要丈夫千依百顺，稍有不如意，便大吵大闹，跑回娘家。

照顾这种小女人型的妻子要花很大的力气，她们不成熟、任性，根本成不了丈夫的贤内助。

不体贴

对丈夫的起居完全没有心思去照顾。丈夫下班后，只听到妻子唠叨不休地诉说自己的烦恼。这种妻子可说毫无建设性，既不了解丈夫的需要，也难以做到"持家有方"。

牵手一生

自顾玩乐

这种妻子讨厌家务，一有空便溜之大吉，你可以在社区中心、慈善机构、银行的外币存款部或麻将桌上发现她们的影子，却很难看到她们安于家室。本来多参与外界活动，能开阔胸襟，有益身心，但若为此而疏忽家庭，则是本末倒置了。

毁谤丈夫

常常在别人面前贬损自己的丈夫，说他没出息、赚钱少之类。这些话对丈夫的尊严有极大的影响。既已结成夫妇，便应荣辱与共，不能在外人面前攻击自己的丈夫。

虚　荣

虚荣的妻子，一旦把握家庭经济大权，便会花很多钱去打扮自己，买漂亮的衣服，频频置换家具。要应付这种妻子，丈夫必须努力工作，甚至以不法手段去赚取更多的金钱以供"家用"。

过分整洁

女人的天性较男人爱整洁，有些妻子把家打理得一尘不染，井井有条。对子女的起居饮食也一丝不苟，有规有矩。报纸不能乱放，甚至任何摆设也不能乱动。于是全家人都在她指挥下生活，不能稍越雷池。这种生活往往会使家人紧张得透不过气来；这样的家庭也只宜展览，不宜居住。其实过分的整洁是不必要的，生活的艺术是活得多姿多彩，而不是反受环境支配。像行军一般的生活实在没有趣味。

缺乏自信

这类妻子疑心极重，常常怀疑丈夫对自己的爱是否掺了水分，对丈夫的一切都要探知，而且占有欲极强，希望把丈夫和其他人（尤其女人）隔离。她们对自己完全没有信心，因此恐惧失去丈夫的爱。

其实既然当初他肯娶你，你必定有吸引人之处，不必整天担心丈夫变心，弄得自己神经兮兮的。要保持大方、磊落，对丈夫要信任，这才是婚姻之道。

过分含蓄

这类妻子永远不把真情流露，当丈夫热切地问："你爱我吗?"她说："爱，不过请先让我睡觉!"说完，就呼呼大睡了。

请用行动表示你对丈夫的爱，例如记住他的生日、送他礼物、分担他的烦恼等。最重要的是向他明确表示你的爱意，因为人人都喜欢听"我爱你"这三个字的。

红杏出墙

夫妻的爱，绝对容不下第三者，若你因为感情过分脆弱，受不住诱惑而有红杏出墙的行为，请仔细想一想，是否你和丈夫的情感出了问题，到底你爱的是谁？假若丈夫仍是你的最爱，你便应该下决心与第三者分手，切莫拖泥带水，令事情更趋复杂。

亚当语典

> 一个真正有智慧聪明的女人，她会不惜一切代价去成就她所深爱的男人。她会用欣赏和崇拜的眼光去看待爱人的优点，更会用自己的智慧和柔情来软化爱人的缺点，让他感到你不仅是他的好妻子，也是他事业上的好帮手。

好妻子绝对不说的12个字

无论在选择丈夫时经历了多少周折，无论为争夺丈夫时花费了多少心血，只要是取得了"妻子"的职称，就应当知道自己该做什么，不该做什么，惟有12个字万万不该说。

牵手一生

"废物"

因为无论谁的丈夫也不可能样样精通，所以有许多事情，丈夫是做不来的，每当这个时候，妻子千万不要对丈夫说："我咋就不知道你是这样的废物呢？嫁给你，我真是倒了八辈子的霉！"

"等着"

因为"山外有山，楼外有楼，"总有能人在前头。所以妻子不要盲目攀比，不要这样对丈夫说："我同事过生日，老公送给她一辆奔驰。我等着，看你什么时候能给我送一辆？"

"骨气"

因为世界之大，无奇不有，不孝顺父母的儿子总会有的，所以妻子不能在丈夫面前羡慕那些逆子："你看看人家老公多有骨气，就是听媳妇的话，三年没有回父母家，五年没给他父母一分钱。"

"窝囊"

因为丈夫的言谈举止有些木讷，丈夫的着装气度有些老土，丈夫缺乏生活自理能力等等，总之丈夫身上总会有些不尽妻意的地方，所以在这个时候，妻子不要对丈夫说："你怎么就这么窝囊，选你做丈夫时，我真是瞎了眼！"

"后悔"

因为不熟悉而不深知，因为太熟悉而彻底了解，所以丈夫的任何毛病都会在婚后逐步暴露出来，这往往引起妻子的强烈不满，甚至是相当的不满意。在这个时候，妻子也不要对丈夫说："当年追求我的小伙子有那么多，我真后悔怎么就没有嫁给他们中的任何一个，如今他们个个都比你强百倍！"

"离婚"

因为这是夫妻都不能说出来的话，妻子可以和丈夫争吵，可以和丈夫发脾气，就是偶尔说脏话，也是可以理解的。但是无论怎样在气头上，当然无论是在什么时候也千万不该对丈夫说："这日子我是过不下去了，我们痛快离婚算了！"

> 不要摆脸色给对方看，一个生气的女人是很丑陋的。他工作已有许多压力，没有义务回家还要看你的脸色，哄你开心。

丈夫最讨厌妻子说的 10 句话

对于走进了围城的人来说，随着岁月蹉跎，没有昔日的花前月下，卿卿我我，留下的只是柴米油盐、锅碗瓢盆，夫妻之间的感情由昔日的爱情升华为一种责任，此时要使爱情保鲜，不至于像白开水一样淡而无味。特别是作为女人来讲，千万不要在老公面前唠叨以下10句话：

❤ 我要跟你离婚。小两口一吵架就拿出自己自认为的杀手锏，吵着嚷着说："我要跟你离婚！"

言下之意以离婚为要挟，看你还敢跟我顶嘴，其实这样的女人最笨，但凡听过《狼来了》的故事的人对此只会嗤之以鼻。

❤ 瞧你那熊样！站没站像，坐没坐像，回到家就像一尊菩萨，扫把倒了都懒得扶起来。

意下之意批评自己老公太懒，说实话男人在单位任劳任怨，纯粹一个"老黄牛"，脾气好、工作踏实深得领导"赏识"，单位最脏、最累的活经常是他的份，回到家后常是筋疲力尽，哪还有闲心帮老婆做家务，只想躺在沙发上自我放松一下。

❤ 瞧你单位那狐狸精，就像菠菜吃多了一样，整天对你挤眉弄眼的，你要和她彻底划清界线，保持距离，不然……

言下之意对自己老公不放心，其实对于男人来说："不是什么'草'都要嚼一口",女人担心自己老公出轨,就是女人自信心不足的表现。

♥ 4 "你真不是个男人!"这是有些女人常口无遮拦对自己老公说的气话。

男人最恨女人说这句话。就像男人和女人最忌讳的一句话:男人不能说自己不行,女人不能说什么都随便。

♥ 5 瞧你那唠叨的母亲,整天像幽灵一样四处乱串,没事就老老实实呆在家里嘛!别再丢人现眼了。

其实老人就图个热闹,正确处理婆媳关系才是聪明女人之举,常听一些自作聪明的女人用同样一道题考验自己老公:假如我和你母亲掉进河里,你先救我还是先救你母亲?其实女人打心里都期盼自己老公会说当然是先救老婆大人了,可大多会"和稀泥"的老公都会说:你们两个我都要救,可现实是在急湍的河中你那百八十斤老公如何能同时救起两个人呢!

♥ 6 谁都比你强。瞧隔壁人家小王,年纪轻轻的就当上了科长,你都快奔四十的人了,还在原地踏步走,瞧你那幅德性。

一种瞧不起自家男人的口吻。谁都比你老公强,那你为什么要找他?说明还是你有问题!

♥ 7 女人常对自己老公忆苦思甜地说道:想当初要不是你死皮赖脸的缠着我,我才不会嫁你这个穷光蛋!知道不?当时追我的人可以编成一个加强排哩!

言下之意别以为跟你结婚你就套牢我了,我随时可以单飞,本意是警告自己老公从而达到让老公忠实自己的目的。殊不知,女人说这些是聪明反被聪明误,给自己老公一个婚姻基础不牢的印象。

♥ 8 夫妻二人由于工作原因分居两地,自己老公本想给自己老婆打个电话诉诉相思苦,谁知不解风情的老婆在电话中嚷嚷:"没事给我打什么电话啊?我先挂了!"

男人一种失意之感难免会油然而生,顿生意外猜想,为日后的婚姻危机埋下伏笔。

♥ 9 由于夫妻二人共同生活难免磕磕碰碰,一遇到夫妻闹别扭就对自己老公说:"我想,该是我们谈谈的时候了"。

似乎是对自己的老公下了最后通牒了,还是设身处地想想自己的所作所为。

❿ 我容易么？看到邻居家的女人整天身穿时髦衣裳，别人老公钱又挣得多，一种不平衡心态油然而生，无事找事对自己老公说："这辈子我嫁给你，吃没吃到啥，穿没穿到啥，整天为你当牛做马……"

都不容易。人比人，比死人。

亚当语典

> 如果不坚信"婚姻生活中最重要的就是忍耐"这句婚姻至理名言，家庭难免会支离破碎。

让你美丽一生的8个绝招

干净清爽

一辈子要象十七岁的女孩子那样干净爽洁，体面的着装，微醺的香水，这是一切修炼的最最基础。

决不依附于他

这世界一半属于男人，一半属于女人，你的生命，并不依附于他。你的主角是自己，而他的出现，只是因为你选中了他。如果他离开，你还要将自己的戏隆重的演下去，你缺的，只是一个锦上添花的配角；不缺的，是来自自己生命深处的掌声。

可以不够美丽，但必须独具特色

放眼望去，往往都是那些不太美丽又绝对独具特色的女子最终磨练成魅力女人。

牵手一生

退可下得厨房,进可入得厅堂

魅力女人大多数都很会照顾男人,特别是自己的男人,只有被照顾好了的男人,才更懂得去欣赏女人,照顾女人,魅力女人也因此获得更为丰饶的发展沃土,更加丰姿绰约。

独立自主,但不自以为是

魅力女人,通常有一份让人羡慕的工作,领着不菲的薪水,但她们却常常是小鸟依人状,让男人不由自主的觉的自己很强壮,要将她们好好呵护。

学会自恋

你要他多爱你,你就要多爱你自己。 连自己都不爱的女人,他凭什么来爱你? 他不是你的儿子,他不会感激你为了他容颜憔悴,心血耗尽,他要的是一只聪明美丽、脸色红润的孔雀。

有一样两样让你着迷的爱好

我爱画画,我爱写东西,我爱化妆……越是长大,你越会知道,有自己的一片天是多么重要,你要让他明白,除了和你在一起我还有很多开心的事情可以做。

做白色的婴粟花

欣赏你的清纯,与自己心爱的男人尽情放荡。 这话虽听起来很色,但反映了目前大部分男人的心态。

亚当语典

骨子里的柔媚定能把他抓得服服帖帖。

读懂丈夫

有些做妻子的经常产生这样的困惑：婚前，丈夫总是体贴殷勤；婚后，却连袜子都要妻子找，也绝少柔声细语，乃至婚前和婚后判若两人。这里让我们从心理学的角度给你一点帮助，使你了解自己的丈夫，以解除或减少困惑。

首先，让我们来了解一下男人的一些心理特征：

男人容易一见钟情

当一对新婚夫妇谈到养育孩子时，丈夫马上会想到他的孩子大学毕业，在事业上获得成功的美妙时刻；而妻子则会想到换尿布的辛苦及生活费用增加等难题。心理学家发现，女人无论多么深爱对方，但若发现她的恋情将会变成无花果时，她会比男人更有决心地提出分手。可见男人考虑问题比较浪漫，而女人则比较实际。男人与女人，哪一个最容易一见钟情？是男人，哪一个会把配偶看作完美无暇的天使呢？也是男人。

男人需要女人的爱护

一般人认为，男人比女人更具独立能力。但是，临床心理学家指出，女人才真正具有独立能力。她们不需要男人对她们做出特别的、道德上的、感情上的支持，就会主动地照顾丈夫、儿女、朋友、亲人以及自己。而男人则依赖女人的照顾。不过，男人一般不会承认他们的依赖性，原因是怕影响男子汉的形象。

男人感情含蓄

男女由于不同的感受及表达情绪的方式不同，经常容易产生误解。当女人伤心失意时，希望找人倾诉，如果她的丈夫不愿意听，她会非常失望，并且认为丈夫不关心她。事实是在潜意识中，男女对倾诉有不同的看法：就妻子而言，向一个深表同情的人倾诉，足以令她感到安慰；但做丈夫的，谈话的目的是在于决定下一步的行动。如果他觉得情况不允许他帮她解决难题，那他宁愿不听较为好过一些。丈夫认为，情感是用行动表示的，单用言语是

不够的。

男人结婚的原因

社会学家指出："有人说，男人结婚，只是想要一个主持家庭一切琐事的杂工，及一个为他生儿育女的贤妻。其实，男人结婚是想得到安稳的生活，有精神寄托以及受人尊重等。

男人的性反应

根据研究报告，只有少数男人可能"随时做爱"。而多数男人则认为，性只是在人生众多珍馐中的一味而已。很多男人都不能对他不喜爱的女性产生性欲。

男人也爱说情话

心理学家发现，男人不是一直果敢勇猛的，他们也爱说情话。爱说情话并非无聊，而是在社会群体中的一种信息传递，及减少人们对一些事情所引起的紧张，它有维系社会群体中各人关系的功能。

男人多古板

心理学家指出："大多数的男人都深爱自己的妻子，但是，他们的方法大多古板。"当谈情说爱时，男人会不知所措，而一些女人则错误地把这种反应视为没有感情的表示。其实，多数丈夫都希望讨好妻子或是与她们分享亲密的感受。然而遗憾的却是妻子的情感、语言及感受与他不同。

男人的友情观

男人喜欢将友情建立在共同感受及经历上，而不是互诉衷情。心理学家指出：男人喜欢"面对面"的关系，如促膝谈心。做妻子的只有真正了解自己的丈夫后，才能采取有效的措施，沟通双方的心灵。在各种措施中，最主要的是要取得丈夫的信任。要使丈夫自然而坦白地向你表露内在的感受和情绪，在失败颓丧或欢乐至极的时候，他能够在你面前哭泣而不觉得损伤男性尊严。

> 男人骨子里全都喜欢美女,看到美女会目不转睛或回头行注目礼,你别认为他不爱你,也别认为他好色,爱看美女是男人的本能,与品格无关。何况,爱美之心人皆有之。你难道没偷看过帅哥吗?

男人情欲的8大隐私

了解男人,必须首先知道男人在性方面有哪些秘密?下面揭露的男人情欲世界的8大隐私可以帮助女人走进男人的内心世界。

男人通过做爱宣泄情绪

现代社会,男人在社会生活中承受的压力越来越大,特别是在竞争激烈的工作中,升迁、加薪、发展客户等等,无一不让男人的精神时常处于紧张状态。于是很多男人通过做爱来缓和自己的情绪。另外,当夫妻之间出现情感危机的时候,男人也往往希望以肌肤之亲来削弱矛盾,但这样的方式往往不被妻子理解,反而认为自己被男人当成了发泄的工具,于是产生厌恶心理。

赞扬他的性能力

在夫妻生活中,无论是体质瘦弱或强壮的男人,往往都会产生一种忧虑,他们对自己的性能力会无端地产生怀疑,既不知道自己是否可以算做"威猛先生",又担心妻子低估自己的表现。此时,倘若夫妻间再缺乏沟通,男人就更加无法得到期望中的被肯定,于是也就更加茫然无措。相反,如果女人可以给男人以积极的鼓励,并用"你真的很棒"、"你让我感到很快乐"等等话语来赞美他,那么男人就会变得十分自信,也就会更加努力地展现自己的男性魅力,从而使女人获得更多的快乐。

牵手一生

拒绝做孩子

女人的母性在很多时候都被男人视为一种美，他可能需要你像母亲一样关心他的冷暖，照顾他的饮食起居。但是，假如在夫妻生活中，你也把他当成一个孩子，那么他就很难用性爱的方式来对待你，此时的母性特征就会削弱你女人的性吸引力。所以，一定要记住：你是他的妻子，而不是他的母亲。

需要女人的主动"攻击"

男人虽然在夫妻生活中愿意成为主角，但是也希望能有女人的积极配合。几乎百分之九十的男人都说："如果她有的时候也可以表现得狂一些，我会更加兴奋，我想那样两个人的感觉会更好。"所以，女人尽可以主动表达对性的要求，不必担心会被男人视为放荡而表现得过于羞涩。

男人性爱前后的反差

男人在做爱后表现出的"冷淡"，是女人对男人一个比较集中的"意见"。的确，大多数男人在做爱前和过程中相对做爱后要温存得多，而且刚刚还充满激情的他会在一瞬间就变得沉默寡言。于是，女人自然就觉得男人只追求性而不懂得爱，事实上男人的这种反差和情感无关。除了自身体力上的疲倦以外，这也是他们在重新调整和控制自己的情绪。男人在做爱的时候把自己完全真实的一面显露出来，当一切结束之后，他就又会立刻感到应该恢复到日常状态，还原男人的伟岸形象。

正视男人的自慰行为

曾经有一位妻子在一次偶然的机会看到丈夫在自慰，于是产生了很强烈的厌恶感，甚至觉得丈夫是变态、是流氓。其实，无论男人还是女人都可能会有自慰行为，而且婚后也不一定就会消失。通常男人的性欲较女人都更强烈一些，如果他在妻子那里得不到满足，偶尔还会采取自慰的方式来解决问题。只要不是很频繁，这种行为不应受到指责。身为妻子应该正视这一点，主动加强与丈夫的沟通配合，以期达到更和谐的境界。

"好色之徒"真男人

男人真的好色吗？答案：是的。生活中你经常会发现他们好色的"迹象"，比如他们逛街的时候会对视野范围内的美女左顾右盼；平时对一些成人杂志、影碟更是爱不释手；成人网站还令他们留连忘返。 生活中，很多女人对男人的这副"嘴脸"表示鄙夷，认为是没文化，是色情的表现。 其实"好色"是男人的真本性，但也正因为近乎本能，所以才不能断定为品德败坏，女人对这一点应该宽容一些，相信男人不过是为了满足一种视觉感觉而已，这并不意味着就会导致他们感情上的朝三暮四。

神秘感是永恒的吸引力

女人那性感的身体曲线如果若隐若现，还有那含羞带怯的娇柔都会对男人产生巨大的诱惑力。 然而在婚后，一些女人往往就忽略了这一点，不仅毫无顾虑地在丈夫面前裸露身体，没有了那曾使男人心动的羞涩，而且对内衣也不再讲究，甚至于不化妆，不修边幅，认为既然两人已经亲密无间就没必要再遮遮掩掩。 事实上这使男人在这种"坦白"中失去了"性趣"。 因为男人始终愿意保留着对女人的好奇心，他们喜欢女人的那分神秘感，这也正是为什么很多丈夫喜欢妻子穿上薄如蝉翼的睡衣而不是一丝不挂的原因。 所以，一个性感的女人总会把自己藏在一层神秘的面纱之后，而给男人一种想要揭示的冲动。

亚当语典

其实，男人在很多时候都很脆弱，他们低落的情绪需要释放并渴望得到理解。所以，当你知道了男人的这一心理状态，就在他处于低潮的时候主动接近他、鼓励他、静听他的倾诉，然后给他女人温柔的安慰和拥抱，那将使夫妻间的感情更加深厚。

领会男人的性语言

❤ 1　他围着浴巾转来转去出了什么问题？只要他不是以这种装束会客,就是正常的。此举也许是他自己感觉良好,你无需担心,一切正常。满足他的要求,也得到自己所需的,于是你们夫妻关系更加亲密、和谐。

❤ 2　他突然谈起你的旧男友。他感到不安,或许他企图分享彼此以往的性秘密。但是注意！别顺着这条路走,不管他怎样要求,隐私终归是自己的。许多男人试图要妻子或女友讲出以往性经历的细节。专家告诫:不能说出自己的隐私。别试图比较你现在的男人与以往的情人有什么不同。你所应做的是告诉他:他是最棒的男人,你们的性生活是和谐的。

❤ 3　丈夫对性前戏没兴趣。房事之前,丈夫对妻子的态度是两性关系现状最好的显示器。你是否最近不止一次忽视了他的性兴趣,结果是这可能是他不愿对人敞开心扉的理由。当男人知道了女人在性事中可能会做假,这增加了他们的挫折或痛苦。性学家指出,常常进行心与心的交流可以防止夫妻间的隔阂。

❤ 4　他开始注意生殖器的大小。一位性学家说:"使我惊奇的是很多男性对生殖器大小过分担忧。即使他们的妻子说这不重要,他们也不相信。其实事实就是如此,大小是无关紧要的。"

❤ 5　他特别注意自己的性表现,中年男人总有一些不切实际的性幻想。性学家说:因为有刚结婚时的经验作怪,他们认为到中年时仍应保持青年时的性能力。妻子的工作是重塑或强化他的自信,并且告诉他你爱他,对他的性能力很满意。

❤ 6　性爱过程中他不再吻你。拥抱和爱抚是性关系亲近的组成部分,大部分女性对此都有想法。专家认为:男人不善于此道有两个原因,也许他认为性事是例行公事,没什么激动人心的时刻;或者认为妻子对性事厌倦,越简单行事越好。不管什么原因,你应找回浪漫。首先,躺在那儿想想问题是怎么形成的。选择一个两个人都轻松的时刻,当孩子睡着后,彼此坦诚相待,做必要的交谈和沟通。认真而仔细地考虑一下彼此的言行,应记住:再性感的内衣也代替不了彼此真诚地敞开心扉说话。

❤ 7　他突然要求"尝试"新方式。别恐慌,这并不意味着有婚外恋。如果他与别的女人有染,他的言行必然比较谨慎。有婚外情的男性不会冒险尝试新的做爱方式,因为他知道这可能引起怀疑。丈夫所谓新的尝试可能是从报刊或杂志上获得的新知识。专家说:伴侣在床上应尝试他们愿意或不愿意的方式,尽管彼此不专门议论。如果配偶有新的想法,为何不尝试一下呢?你可能会从中得到更大的乐趣!

❤ 8　他似乎不再想做爱了。当他兴趣大减乃至全无,可以想像这是多么糟糕的事。丈夫不再对妻子产生幻想,关系形似终结,但是你真正该担心的是什么呢?"性是你其他生活如何的指示器。"专家说:"工作问题、经济问题、家庭问题可能与性欲望的高低有关。"鼓励你丈夫道出内心烦忧,让他知道你始终站在他那一边。如果他的其他生活正常,你就要小心,他是否有移情别恋的可能,当然,不要草率地下结论。

❤ 9　他常要求开灯与你做爱。人的大脑神经有好几对是与眼睛连在一起的,因此视觉刺激可以引起神经中枢兴奋是绝对正常的。由于女性接触欲比男性强,所以女性更偏重接受爱抚,而男性更多地依靠视觉感受。最后提一提,性爱是健康的,在丈夫面前裸体也是很自然的,不必感到羞怯。

❤ 10　男人通常"有泪不轻弹"。而经常通过性生活来宣泄害怕、痛苦、悲观等情绪。他们痛苦的时候,做爱是使他们感到安慰和安全的唯一方法。当你发现你的丈夫在情绪低落时主动接近你,就应试图让他相信,他可以向你倾诉一切。告诉他你想拥抱他,然后问他什么使他如此焦虑,这样你们会感到更加亲密有加,随之而来的性生活也会妙不可言。

❤ 11　女人重视情爱,而男人更重视性爱。要想拴住丈夫的心,须保持你持久的性魅力。可以经常通过性感的肢体语言,告诉你丈夫你爱他,你正等待他的到来。男人多半存有性幻想,在做爱方式上总想推陈出新,你要和他一起探讨并进行实践。这样,虽然你们结婚已数载,却依然保持新奇与刺激。要记住,男人总有"尝鲜"的欲望。

❤ 12　妻子应该多赞美丈夫在性方面的"才能",比如赞美他威猛、强壮等。大部份男人都觉得保持一种强有力的形象很重要。如果你认为他在性方面很能干,他就会觉得自己是个不一般的男人,更有欲望"露一手",这样可能会让你

牵手一生

获得全新的性体验。

13 许多女人抱怨做爱结束之后丈夫就完全封闭自己，她们不能接受刚刚还热情高涨的他现在却沉默无语，其实她们不明白男人这样做只是为了重新控制自己的情绪。男人认为只有在过性生活时才能彻底地表达自己的激情，事情结束之后他感到应该"恢复一个男人的形象"。

亚当语典

男人女人有着一样的性爱渴望，却使用着不同的性爱语言，读懂男人的性语言，女人就掌握了走向"性"福婚姻的秘诀。

好妻子常与丈夫谈性

夫妻之间缺乏必要的性交流与沟通，是一个不可忽视的因素。女性的性生理和性心理的重要特征之一就是：欲达到性高潮，不仅需要配偶在前奏期对性敏感区进行充分的刺激，而且还要给予更多的温存与爱抚，以及绵绵情话。

作为妻子应该在哪些方面与丈夫讨论性问题呢？应该把哪些问题作为讨论的重点呢？

把自己的"性欲周期"告诉丈夫

与男人不同，大多数女人的性欲与月经周期有一种微妙的关系。英国女学者玛丽·卡迈尔斯托普斯进行了大量的社会调查研究，在每个28天的月经周期中，都有两个波峰区，一个是在月经前2~3天内，一个是在月经之后的8~9天内，两个波峰区之间约14天左右。在波峰区期，妇女有自发性的性冲动，处于生理的兴奋状态。在此期间过性生活，女方容易达到性高潮。性欲的消长变化不仅与月经周期有关，还受其他多种因素影响，如气候、饮食、精神生活和情绪等等。作为妻子，应该将自己性欲变化的特点告诉丈夫。当然，夫妻双方想真正了解对方性欲变化的规律和特点，最好的办法就是进行讨论。切莫轻视这一点，能否做到会直接影响夫妻的性和谐。有许多夫妻由于缺乏对对方性欲变化的了解，在一方性欲低的时候做爱，其后果可以想像。

将自己"最满意"、"最需要"和自己"不愿意"、"厌恶"的告诉丈夫

在性生活过程中，包括准备阶段和结束之后，每位妻子都有多种体验，既有自己感到满足、欣快和幸福的体验，也可能有不甚满意、失望、厌恶甚至痛苦的体验。这些体验应该与丈夫沟通与交流，主动地告诉丈夫。当然，怎样讲也要讲究策略，这也是一种艺术。原则是先说自己最满意的，多赞扬。在丈夫高兴的时候，再告诉他哪些做法自己不大喜欢，今后应该怎样改进，切忌责怪，更不能挖苦和讽刺，譬如说"你不中用"等等。

把能让自己销魂的细节告诉丈夫

在具体的操作技巧上，妻子不能只当配角，任由丈夫摆布，应该明确地告诉丈夫：在前奏期，什么样的爱抚方式最好，刺激哪些部位最能激发性欲，什么时候可以进入正题（当然，这些也可以采用非语言的动作性暗示，但切忌出现误解），夫妻生活持续的时间、动作的强弱，以及什么时候达到高潮，夫妻之间更应该相互沟通，因为这是达到性高潮、实现性和谐的关键所在。房事结束后，是交流沟通的最佳时机，尤其是一次成功的性生活，夫妻都处在欣快、幸福之中，更应该总结经验。

经、孕、产期应加强沟通与讨论

调查资料表明，夫妻之间的性问题纠葛和矛盾，在妻子的月经期、孕期和产褥期明显多于平时。这是因为在上述时期，妻子不能满足丈夫的性要求，常使他们的性欲受到压抑。丈夫如果不能理解和体谅妻子，妻子如果不能很好地与丈夫进行沟通，矛盾就由此而起。妻子如果主动地向丈夫讲清道理，一般会取得丈夫的体谅。采取避孕的夫妻也应加强沟通，尤其是用安全套避孕的，沟通或讨论更不可缺少。不少丈夫嫌戴避孕套麻烦，或觉得影响快感，常漏戴或有意不戴，很容易造成计划外妊娠。因此，作为妻子应该常做丈夫的思想工作，多体贴丈夫，做好监督工作，以便增强避孕效果，减少失误。

如果能在性生活刚开始时,与丈夫进行有效的沟通,相互密切配合,从时间、地点、体位上大胆的尝试,与丈夫调情,在性爱上永远做丈夫的"荡妇"。

怎样处好婆媳关系

俗话说:"多年的媳妇熬成婆",婆媳之间的关系,向来是中国人家庭关系中一个不可缺少的主题。婆媳之间为什么会有那么多矛盾呢?怎样正确的处理婆媳之间的矛盾呢?

案例:这是一个很热闹的家庭。婆婆,儿媳,丈夫三口人住在一起。俗话说:"三个女人一台戏",这里两个女人,也打得不亦乐乎。婆婆是急脾气,儿媳受不了,两个人天天闹矛盾;丈夫是个好脾气,遇上婆媳吵架,他也不说什么,只哈哈一笑就算了。媳妇向他埋怨婆婆,他听着;婆婆向他说媳妇的不是,他也听着。这样的家庭,是中国城乡千千万万个传统家庭的一个缩影。婆媳关系的丝线,剪不断,理还乱。

像这样的家庭,为什么会有那么多婆媳之间的矛盾呢?这可以从心理动力学的角度作出说明。原来,在潜意识里,母亲是男孩亲近的第一个女性,也是他爱的第一个女性,男孩依恋母亲,需要一个和母亲具有类似特点的女性来结成伴侣,度过一生。除了这些,还有更深层的原因。在内心深处,婆婆想得到儿子的爱,媳妇想独占丈夫的爱,于是两个人竞争着想要得到爱,谁也不想丧失被爱的幸福,遇到家庭结构本来就有一定问题的时候,婆媳也就不能不吵架了。

在这样的家庭里,怎样处理婆媳之间的矛盾呢?我想对这个家庭提出5点建议。

1. 找到家庭的资源所在,并接近这个资源,适当拉开与伤害性人物的距离。在上面例举的这个家庭里,儿子/丈夫能接纳、容忍婆媳矛盾的双方,具有像海一样包容的性格，是具有最大资源的人物。儿媳可以少关注婆婆的一些具有伤害性的态度，而更多的关注丈夫的语言和行动，也就是接近资源人物以获取能量。通过儿媳和丈夫接近而适当拉开与婆婆的距离，小家庭的分化逐渐进行；通过改变心理能量投注和实现更加积极的投注，逐渐为小家庭注入心理能量。

2. 认同、学习资源人物的做法。比如上述的这个家庭中，儿媳作为年轻而有更大弹性的一代，可以多向丈夫的做法学习。丈夫采用了忽略伤害性态度的做法，儿媳可以和丈夫讨论这种做法："这种忽略的方法好不好呢？还有什么办法呢？也许丈夫可以更多地参与和起到作用？"夫妻二人一起调整，从而找到一种建设性的、积极的态度和方法。

3. 更多的把心理能量投注于婆媳关系以外的世界，去创造美好的生活，并在这个过程中，培养爱别人的能力。比如上述家庭，儿媳可以更加积极努力的工作，并增加与丈夫在一起的生活情趣，更多的关心丈夫，通过爱来抵消和疏泄不愉快的情绪。

4. 适当满足老人正常的心理需求，培养"分享爱的能力"。比如，在家庭气氛比较愉快的时候，夫妻二人一起多陪老人拉拉家常，听听"革命家史"。付出爱心，也就得到人情味儿，就好像往一锅沸腾的汤里倒了一瓢凉水，让家庭舒心、爽心、安心。

5. 在上述家庭三个人的互动中，婆婆也要逐渐接受新的家庭结构。三个人都努力，这个家庭会越变越好。而儿媳只有能处理好家庭中的关系，等到自己成了婆婆以后，才能减少"农民起义军最终成了皇帝"这样的悲剧。

婆媳双方都要承认对方有独立的人格和经济地位，双方之间的关系是一种平等的人际关系，而不是一种一方必须依从于另一方的支配与被支配的关系。

牵手一生

如何调适好婆媳关系

婆媳关系容易失调的原因

观察和研究指出，婆媳关系容易失调的主要原因有如下几方面。

1. 关系的特殊性

家庭的基本关系有两种：一是夫妻关系，一是亲子关系，两者构成了家庭结构的基础。其他关系，如兄弟姐妹关系、姑嫂关系以及婆媳关系、祖孙关系都是在此基础上派生出来的。婆媳关系在家庭人际关系中有其特殊性。它既不是婚姻关系，也无血缘联系，而是以以上两种关系为中介结成的特殊关系。因此，这种人际关系一无亲子关系所具有的稳定性，二无婚姻关系所具有的密切性，它是由亲子关系和夫妻关系的延伸而形成的。但是如果处理不好则婆媳之间会出现裂痕，难以弥补。

2. 利益分歧

婆媳同在一个家庭中生活。有共同的归属，自然也就有着共同的经济利益，双方也自然都希望家庭兴旺发达。这是婆媳利益一致的一面。但同时也常常在家庭事务管理权、支配权等方面发生分歧，出现矛盾，甚至明争暗斗。我国家庭中有"男治外、女治内"的传统，婆婆做了几十年的内当家，现在把权力交给媳妇，媳妇在家庭事务中唱起了主角。对这种角色的转换，做婆婆的往往不易适应。"有的婆婆虽已年过花甲，却仍希望继续保持在家庭中的经济支配权，或者难以接受完全由媳妇掌握家庭经济大权的事实；而做媳妇的也往往不甘让步，这就难免发生矛盾。即便是婆婆和媳妇共同持家，由于各自的地位不同，考虑问题的角度不同、需要不同，也容易产生分歧。"

3. 相互接纳不良

婆媳原来各自生活在不同的家庭之中，各有自己的生活背景、生活习性，而现在婆媳在一家生活，这就有一个逐步了解、相互适应的过程。如果适应不良，彼此不能接纳，便会关系紧张，矛盾丛生。

4. 中介失衡

在婆媳关系中，儿子起着十分重要的中介作用。儿子的这种中介作用如果发挥得好，则可以加强婆媳之间的情感联系，反之，则容易成为矛盾的焦点，出现"两面受敌"的困境。尽管母子情深，也难以避免结婚以后这种关系变得复杂的事实。因为夫妻之间毕竟在活动、预算、开支以及交往等方面有着更多的共同点。在这些问题上，夫妻观点的一致性往往要超过母子观点的一致性。这是因为儿子和母亲相隔一代，在心理上存在着差异，这样就容易造成儿子中介作用的失衡。如果母亲不理解，就会产生"娶了媳妇忘了娘"的心态，误认为儿子对自己的感情被儿媳夺去了，而迁怒于儿媳。

婆媳关系的调适

前面我们分析了婆媳之间容易产生矛盾的原因，那究竟怎样才能科学地处理婆媳之间的关系？这里，我们提出几点建议，希望能对读者有所帮助。

1. 相互尊重与谅解

婆媳双方要妥善处理彼此之间的关系，首先得对这种人际关系有正确的认识。认识到这一点很重要，如果双方或一方对这种关系缺乏正确的认识，认为对方必须或应该听从、服从自己，从而把这种平等的人际关系视为支配与服从的关系，则必然会在行动上、态度上表现出来。由此导致双方关系的失调。婆媳之间的相互尊重要求双方有事全家协商处理，如经济开支、涉及全家的事务等要共同商量，养成民主家风。而属于个人的"私事"，则应互不干涉，个人享有"自主权"。作为媳妇，要多尊敬婆婆，因为婆婆年岁大，管家经验丰富；做婆婆的也不要总是在媳妇面前摆架子，要看到儿媳的长处，多尊重儿媳的意见。也就是说双方要相互配合，彼此尊重。婆媳长年生活在一起，难免会发生一些不协调的事情，这时就更需要双方相互谅解。所谓"谅解"，就是站在对方的立场去考虑问题。我们的先辈在处理人际关系中所提倡的"设身处地"，"以己度人""己所不欲，勿施于人"等原则，都包含着谅解的思想，是处理人际关系的"金玉良言"，也完全适合于处理婆媳关系。

要发展良好的婆媳关系，双方都需要学会谅解对方、体贴对方。例如星期天去游园，做媳妇的不要只和丈夫、孩子去，把公婆留在家里，应该一同前往，这样婆婆也就不会产生寂寞孤单的感受。反之，媳妇对丈夫照顾较多，对婆婆相对照顾不周，做婆婆的也应多予体谅。如果婆媳双方在相处中都能设身处地地为对方着想，相互谅解，婆媳非但不会出现大的矛盾，而且还会发展得如同亲子关系那样密切。

2. 避免争吵

婆媳之间出现了分歧、产生矛盾时，双方一定要保持冷静的头脑。即使一方发脾气，另一方也应克制自己的情绪反应，等对方情绪平静之后再商讨处理所存在的问题。心理学家告诉我们，消极而强烈的情绪容易使人失去理性，导致冲突升级；争吵还具有"惯性"，即一旦因一点小事"开战"，日后往往有事便吵，久而久之，成见会越来越大。因此，当一方情绪反应激烈时，另一方应保持冷静与沉默，或者寻机走脱、回避，等事态平息后再交换意见，处理问题。

此外，婆媳双方平日有了意见，切忌向邻居、同事或朋友乱讲。我国民间有这样一句俗语："捐东西越捐越少，捎话越捎越多"。说的就是"传话"在人际关系中的不良作用。婆媳失和，向亲朋邻里诉说，传来传去，面目全非，只会加剧矛盾。作为婆媳，应引以为训。

3. 物质与精神相结合

作为儿媳要和婆婆搞好关系，除了物质上孝敬之外，还应注意和婆婆搞好感情交流，消除心理上的隔阂。只有彼此心理及时沟通，双方的心理距离才会缩短。因此，做媳妇的平日里要经常向婆婆问寒问暖，每逢老人身体不适，更需悉心照料，使老人在精神上得到安慰。

4. 发挥儿子的中介作用

如前所说，婆媳关系本来就是亲子关系与夫妻关系各自的延伸而形成的一种新的家庭人际关系，儿子在婆婆关系中扮演着"中介"角色，儿子作为婆媳关系的中介点，对婆媳双方的性格特点最为了解。因此，儿子在处理婆媳关系中起着十分重要的中介作用。这种作用主要是：①儿子可以帮助婆媳进行心理沟通。所谓"沟通"就是人与人之间的心理和情感上的回流。通过儿子的沟通，婆媳之间可以更轻易地消除心理上的屏障，增进感情。例如平日家中有什么关于婆婆的好事，儿子可以多叫妻子出面，母亲过生日，买了东西叫妻子出面送给老人等。这些策略都有助于婆媳之间的情感交流。②婆媳之间发生矛盾时，儿子可以起疏导作用。由于婆媳之间既缺少母子间的亲切，又没有夫妇间的密切，因而出现了隔阂往往不容易消除，通过儿子从中周旋，可以消除心理屏障，使婆媳和好如初！

亚当语典

婆婆和媳妇各自"爱屋及乌"——媳妇因爱丈夫而爱婆婆，婆婆因爱儿子而爱媳妇，各得其所，关系就会融洽。

与婆婆相处的3个原则

视婆婆为朋友

视婆公为朋友,但是这个"友"也是有分别的,不是无话不说的亲密好友,要把婆婆当成那种不把她当朋友可是又有相关利益需经常联络的"朋友",见面热情寒暄可是不说心里话。婆婆是老公的妈,可是和媳妇可没"过命"的交情,又不能不相处,不尊重,那么保持一定距离的"朋友"关系就比较妥当了。说太多心里话,日后有不愉快的时候,难免会被当成小辫子。

婆婆面前有个性

有什么坏习气最好别藏着、掖着,光明正大并且自己不当是坏毛病的显示出来,婆婆就算是看不过眼也只好解释为"她就那个脾气",不太较真了。否则,狐狸尾巴不小心漏出来,婆婆背地里的怪话可就不好听了。

居家小事显"亮节"

生活费:婆婆们那一辈吃过苦,受过穷,一般对钱比较看中(嘴上说不看中的往往最计较了),所以和婆婆是不是在一起住,最好都依据自己的承受能力按月给一些钱做生活费。无论钱多钱少,都会令婆婆很高兴,这是对婆婆的起码尊重和含蓄的养老承诺。需特别说的是,如果和婆婆一起住,最好多给点生活费,别落个占老人便宜的名声。

过节费:过节费也必不可少。春节、五一、中秋、十一、元旦,再加公婆生日,最好都略略表示表示。即使只买只烧鸡回家呢,要的是这份心意。公公一般不会计较,婆婆过生日小礼物是不能免的。

其他费:一定要隔三差五的买点水果啊、饮料啊、肉啊、鱼啊等等东西,让婆婆知道媳妇也很关心这个家。

经济账一定不要和婆婆细算和计较。只要想想婆婆为你生养了个好老公,给婆婆多少钱也不算多啊。再说,婆婆也不会把钱乱花掉,以后还不是再给回来。一般经济账平了,家庭矛盾就少了70%。

牵手一生

亚当语典

相处之道就是礼节和尊重。

如何与异性交往

首先，别刻意拒绝，也不要过于亲昵。

异性交往是人际交往中最敏感、也是最微妙的一种交往，婚外的异性交往尤其如此。结婚了，你还能坦然接受异性的邀约吗？又该如何对待呢？

情景一：

王女士，已婚，在一家贸易公司担任销售工作，经常会收到来自异性的邀请，她一般根据需要坦然接受，并通知丈夫到时候接她，其丈夫表示理解。夫妻关系和谐，值得推荐。

情景二：

周老师与丈夫两地分居，学校里经常有年轻的男老师叫她一起去玩，她一般尽量回避，不能推托的时候就带上女友一起赴约。丈夫经常担心妻子会"红杏出墙"，妻子也怕丈夫"出轨"。此夫妻关系应该进行调整，重建婚姻相处模式。

情景三：

周丽丽，性格活泼、开朗，和异性一起出去是她经常性的休闲方式，有时候是和丈夫一起，有时候自己去。她认为，优秀的男人谁都会喜欢，但是丈夫只有一个。两人对彼此的朋友都熟悉，保护婚姻是他们的底线。夫妻关系新颖，可以学习。

情景四：

王教授气度不凡，学校的很多女性都把他当成暗恋对象。偶尔他也会接受她们邀请一起去休闲娱乐，有时他会告诉妻子，有时他又会以工作来搪塞妻子的询问。婚姻中为了避免无谓的争执，出现了谎言，虽说目的是为了保护妻子的感情，但是否可行有待商榷。

情景五：

赵经理秉持"家里红旗不倒，外面彩旗飘飘"，结果家里争吵不断，彼此过日子形同陌路。

在社会这个大家庭中，我们要工作、生活、娱乐，建立自己的社会支持系统，就不可能不与人交往。无论你是否结婚，异性间的交往都存在着，发展着。

一个经常与异性交往的人，会受到异性思维的启发。日常生活中，我们常常发现大多数人结婚后总比婚前成熟很多。结婚使双方的思路开阔，变得宽容，同时也能突破自我，变得丰富起来。

其次，经常与异性交往的人，异性度高。西方心理学家对人的异性度研究结果表明，男性的女性度高，更富有创造力；女性的男性度高，智商也高。异性度高的人说明接受了异性的长处，思维更加活跃。因此应提倡异性间的正常交往和相互学习。

第三，婚后可以交异性朋友。认为异性之间只有爱情，没有友谊的观点是错误的。异性之间提倡进步、发展和无伤害的道德原则，努力做到男女交往不伤害公众的情绪，不伤害他人的家庭，不伤害身心健康，不伤害隐私权，不应把自己的幸福建筑在别人的痛苦之上。

随着物质生活的丰富，社会交往的增多，人们对精神需求增大了，男女之间的交往越来越多，把握好男女交往的"度"，充分发挥异性朋友的正面效应，提倡男女交往的宽松和宽容，是未来人际关系发展的一个新气象。

婚外与异性交往要把握好尺度。异性朋友之间，不能过于亲昵。因为不但要考虑婚姻中另一方的感受，也要尊重夫妻间的感情，夫妻间的信任和理解是最宝贵的，不可破坏。

牵手一生

丈夫有外遇，妻子有责任

案例：

"我是一名教师，今年35岁，我和丈夫没有什么感情，只是迫于压力（大龄），我才于29岁结了婚。他看上去很老实，完全是那种可靠型的人。自从有了孩子，我把全部精力放在儿子身上，不再去细想什么，只希望儿子以后能有一个良好的生活环境，我父母晚年生活平静安康就行。这期间为了照顾儿子，我放弃了保送读研究生的机会。

去年十月份，丈夫突然向我透露，他有了外遇。丈夫向我说过后，一点悔过的意思都没有。我的震惊是无法用语言表达的，到今天心还在流血。我欲哭无泪，我想离婚，但他不表态。来自各方面的意见都主张让我拖，看他个究竟。我觉得这样生活对我的压力和伤害很大，特别是对儿子来说更为严重，况且离婚对我和孩子来说，将失去相对安宁平和的环境。我很要强，很要面子，我无法面对别人的指指点点。对此我曾找过他的单位领导，他们说没有证据，无法为我主持公道。难道叫我去找证据？不！我不想看到这一幕。

这些日子，我在压抑中生活，心理和性格都有不同程度的扭曲。我常对心爱的儿子大声呵斥和打骂，这样的生活使我和儿子很痛苦——"

像这位妇女所遭遇的情况，并非个别现象，分析起来却有相当多的共同之处可供借鉴。

其一，就是凡大龄女孩择偶时，往往先考虑的是社会压力，似乎自己出嫁是给社会看的，堵舆论嘴的。只要一嫁出去则万事大吉，后来的幸福与否则是另外一回事了。有几个是为自己未来着想的？如果为未来着想，则应该宁缺勿滥，不惜冒独身的风险，也不轻易嫁给自己并不爱的人。

其二，凡是将就结婚者，大都在生了子女后，把全部精力转移到孩子身上，从而在夫妻生活、感情上疏远了丈夫，因为再也没有比这个理由更好更易被人接受的了。孩子成了妻子的移情物，这样也就免去不少烦恼，又保持一个家庭的稳定。可问题是妻子只顾想自己的了，而忽视了不该忽视的丈夫。不要说夫妻感情不好，即使夫妻感情好的，也往往因小孩的出世而变得暗淡起来，于是不该发生的事发生了，丈夫去寻找婚外的寄托。

Hand in hand forever

牵手一生

其三，很多大龄女子择偶时，在无可奈何的情况下，常在勉强同意之后，附加一个合理的借口——就是一切都不谈，只要人"老实"就行。老实，便成了嫁的唯一条件。至于"老实"的标准如何衡量？是不是现在老实，以后也会老实？老实是天生的？这些问题恐怕连"先知先觉"的圣人也难回答出来。因为生活中的人，包括生活的环境，不可能一成不变。

其四，有些大龄女子的宿命论相当严重：一是嫁出去，往往随命运去安排。她们不知道（或知道的很少、不彻底）一对夫妻赖以生存的是感情，而且也很少关心培养感情和创新感情。靠老实，靠命运，靠陈腐的旧观念，以为只要做好儿子的妈妈，这爸爸就不该成问题。

且不谈丈夫的人品如何，就以夫妻俩人的心态对比，就有很多不一致的地方：女方大龄，不等于男方大龄。女的到二十岁便急得火上房，男的到五十岁同样可以找个二十几岁的女人。他娶老婆，是性的释放对象，你嫁丈夫是为了归宿。你视儿子如命，他却不会因为有儿子而忘掉了老婆的作用等等。

自从有了儿子之后，妻子把丈夫当摆设了，如今丈夫有外遇，妻子又痛苦得难以自持。如果妻子在结婚之后潜心培养夫妻的感情，有孩子后，两个人共同照顾，就不会轻易出现这意外的偏差。

其五，当妻子发现丈夫有外遇后，常不能冷静对待，动辄去求救于父母亲友，甚至去向对方的单位领导告发，而不做夫妻间的交流与沟通。不少妇女以为，结婚证就是婚姻的保障，似乎一方有外遇，另一方必然是被所有人同情和支持的。可惜的是，我们的社会没有这种法律——婚外恋算是犯罪。即便你抓住证据，领导可以管，也可以不管。可见，真正为婚姻做保的，还是婚姻的双方。持结婚证在手的"死亡婚姻"何止一家！

没有感情就不该嫁，嫁了就要培养感情。忽视了丈夫，把希望全寄托在孩子身上的妇女，她丈夫不找婚外情又待如何？奉劝这位妇女：为今之计，提离婚不是上策。丈夫不同意

牵手一生

离，必有其不离的道理，起码他认为你是个好母亲。如果他想娶那位情人，你不离他还要逼你离呢。

不要揪住辫子不放（其实什么也没抓住），还是以静观动，看看他说的事是否属实？如果是有意激你一下，让你对他多关心些，多爱他些，这不是一个很好的转机吗？你就认真改变一下自己的态度，既做好妈妈，也做好妻子，矛盾也就迎刃而解了。否则，照这样发展下去，心境会越来越恶劣，心理也会更加扭曲起来。夫妻感情不和，拿孩子撒气是最糟糕的做法，这会使孩子幼小的心灵受到巨大的创伤，对其发育成长极为不利，弄不好真是三败俱伤。

亚当语典

丈夫有外遇，妻子的心在流血，可以理解。责任在谁？妻子为什么不分析一下丈夫为什么有外遇？反正不全在丈夫，妻子也有不能逃脱的责任。

下 篇
琴瑟和谐 共浴爱河

相爱容易相处难。

爱一个人,也许不需要理由,但一定需要理解。

理解不是爱,但爱一定需要理解!真正的爱,不需要任何一方担当牺牲者的角色来完成。两个相爱的人在一起,关键的不是去相互索取,而是相互间的爱和理解。理解,就是不苛求对方认同自己,而代之以怀着一颗爱和包容的心,站在对方的立场上去考虑问题;就是当彼此发生错误时不是指责,而是相互的宽容和信任。

只有理解,能设身处地地为对方着想,爱才能得到升华,才能久远。

人人都需要一份感情,不管你是女还是男,是粗心还是温柔,甚至包括一个不相信爱情的人在内,在内心深处都会渴望一份深刻美好的情爱。那么,我们为什么不让这些美好的感情在我们心中留驻的时间更长一点,而多一份理解呢?

男人渴望妻子理解他们在外工作的辛苦,女人期望丈夫多留时间陪陪她们,正如男人需要的是事业,而女人需要的是情感一样,在相互矛盾冲突中,男人要体贴妻子的心情,女人应理解照顾丈夫事业向上的勃勃"野心",相知相融才是消除隔阂的桥梁,夫妻在爱的路上才不会寂寞。婚姻好比一条远行的船,只有夫妻同舟共济迎风斗浪,才能到达理想的彼岸。

你的理解是对我无言的尊重;

你的鼓励就是给我最大的支持;

你的支持是我前进的动力。

家庭是温暖、是关怀、是和睦、是理解、是自由、是宽容、是放松,更是我们的避风港,每对夫妻在这个温馨的港湾中要多一点理解,多一点关爱,琴瑟和谐,共浴爱河,相搀相扶,白头偕老。

夫妻相吸 4 妙法

家庭中夫妻间的相互吸引，会使你的婚姻更加美满幸福，家庭生活更加愉快惬意。

"心有灵犀一点通"。夫妻间的吸引除了心灵上的共鸣以外，还应通过增加心理上的变化和满足：

增加异性特征

人的爱情不同于人间的其他感情，如母子之情、朋友之情等等，它是建立在性意向基础上的，用句不恰当的比喻就叫"异性相吸"。增加夫妻双方的异性特征，会加强爱情的魅力。有些同志认为，已经是夫妻了，又不是"谈恋爱"，还要注意什么打扮。我们说，夫妻同恋人是有区别，过分打扮也不必要，但适当注意修饰，增加自己在爱人面前的形象变化，恐怕还是有好处的；何况这也是一种美化生活的表现。当然，增加异性特征并不在于打扮一种，气质也很重要。譬如妻子平时讲话惯于粗声粗气，如果能够学得温柔一些，也会使丈夫感到一种新的吸引。

增加感情起伏

大多数人都有这样的心理现象：朝夕相处，习以为常，一旦分离，朝思暮想。环境的变化，往往能使感情在个性感受的差别中增加活力。即使你同爱人相处一般，一旦其中一方出差了，使你们好多天不见面，等一方出差回来，你们会感到关系似乎好了一些。这就是感情在感受的差别中得到了活化。恰如马克思所说："暂时的别离是有益的，因为经常的接触会显得单调，从而使事物间的差别消失，甚至宝塔在近处也不显那么高，日常生活琐事若接触密了就会过度的涨大。热情也是如此。……深挚的热情由于它的对象的亲近会表现为日常的习惯，而在别离的魔术般的影响下会壮大起来并重新具有它固有的力量。我的爱情也是如此。"所以，夫妻间不应惧怕彼此的暂时分离。相反，如果有条件的话，还可以采用人为的暂时分离来调节感情！

牵手一生

增加生活色彩

　　夫妻间的别离总是有限的，除非工作不在一起。在日常的朝夕相处中，调节感情的有效方法，则是丰富生活的色彩。譬如，你和爱人商定清明节去远郊踏青或者扫墓，对于过惯都市生活的夫妇来说，这就增加了生活的变化度，从而造成心理上的新鲜感。如果这一天过得愉快的话，不但会在你们的记忆中留下美好的回忆，也会加强你们对未来生活的憧憬。有些夫妻喜欢星期天关在家里烧烧洗洗，这也必要，因为对双职工来说，大量的家务"欠债"，不得不在星期天来偿还。但也应看到，长此以往会窒息爱情的活力。每隔一定时间，去郊外远足，去海滨游泳，或去别的什么地方调剂一下生活，即使为此"破费"一些，也是值得的。生活的色彩变化，会使你们品尝到爱情独有的风味。

增加性生活的和谐

　　所有的家庭问题专家都认为，和谐的性生活是强化夫妻感情的粘合剂，不少夫妻矛盾都同性生活的不和谐有关。国外现在普遍采用"分床"，就是为了增加性生活的吸引力。中国有句俗话："床边争吵床头休。"性生活的和解力不可忽视。把性生活当作抗衡对方的武器是不恰当的。夫妻间正当的性要求，应尽可能满足；经常冷淡对方的要求，会疏远夫妻间的感情。当然，对于另一方来说，主动谅解对方的情绪，也是应当的。

鸳鸯语典

　　互相信任、互相关心、互相帮助，有了这些基本的"夫妇之道"才谈得上夫妻恩爱，你想着我，我想着你。如果平时缺乏应有的关心，或者你对我"管头管脚"，我对你处处设防，既不尊重，也不信任，那么，夫妻之间多的只能是口角、争吵，彼此的吸引也就如缘木求鱼了。

夫妻相处 10 大艺术

相互欣赏

夫妻之道，千言万语，似乎可归纳为两个原则：一是"努力使自己被对方欣赏"；二是"努力去欣赏对方"。爱情的真正魅力在于发现相悦。欣赏是花，爱情是果。对自己所爱的人，不要羞于表达你的爱，不要吝啬你的称赞。

如果常在适当的场合，用适当的表情，告诉对方："我爱你"，三个字足抵得千军万马。欣赏则是对对方的一种承认、肯定和鼓励，必然会使人产生一种满足感，所谓的了解最大的意义就是肯定、承认、赞美和欣赏，欣赏是双方共同的心理需要，也是处好夫妻关系的秘诀之一。

储存感情

每个人心灵深处都会有一个情感银行户头。如果你经常在感情户头中储存真爱和默契，户头的款项愈多，提取幸福和快乐就越多，还可以提取微笑、温柔、鼓励、安慰等利息。即使偶尔因自私或不够体贴而支款，你也不至于因此而透支。如果户头款项很少，每次的冲突将会扩大其严重性。

而当信任和欣赏的准备金陷入负债的状态，如果我们仍不断透支的话，感情或婚姻就会被推入破坏的边缘。人生错综复杂，我们都有可能偶尔失控，伤害了配偶。避免情感银行户头透支的最有效的办法是：平常多多存款，多说感激欣赏的话，多做体贴关怀的事。

人格独立

如果我们企望爱情"增长"，首先必须确认它得到了悉心的培植和坚定不移的呵护。不是改变自己，更不要试图去改变对方，而应该各自把自己调整到一个适度的空间，既要相守，也要让彼此独处。在婚姻的土壤中，让两棵个性之树自由成长，自然可以收获幸福的果实。

纪伯伦在论婚姻中说："在合一之中，要有间隙"。琴弦虽然在同一的音调中颤动，但每根弦却都是单独的，这样才能演奏出美妙的乐曲。婚姻是

牵手一生

一对一的自由，一对一的民主。不要偏执地认为"你是我的"，那样就会使自己的爱巢变成囚禁对方的监狱，里面的人十有八九想越狱，只是看他（她）有没有胆量而已。 一首古老的法国歌曲唱道："爱是自由之子，从不是统治之后"。

尊重对方

《圣经》上说："要想别人怎样对你，你就要怎样去对待别人"，要想使你的婚姻稳固，最重要的一条是学会尊重，只有懂得尊重对方，才能得到对方的尊重。 而且不仅要尊重对方，更要紧的爱屋及乌，尊重对方的父母兄弟姐妹以及对方的亲朋好友。 如果你瞧不起对方的家人，更有甚者将对方家人推到了自己的对立面，这种作法非常愚蠢，这样做会使自己陷入孤立无援的境地，对你婚姻的稳固将是致命之伤。

金钱与爱情

家庭的基础有两个：金钱、爱情，缺一不可。 通俗点儿说：有爱情还要有面包，文雅点儿讲：经济基础决定上层建筑。 离开金钱，至少也会影响爱情，这无人能否认得了。 不过，钱虽是好东西也是坏奴仆。 在家庭生活中万不可将钱看得太重，如果你天长日久的对钱铆足了劲，总用"计划经济"管对方，使得对方没有一点"搞活经济"的自主权，那么势必物极必反，对方也许总有一天会不执行你这种"政策"而溜之乎也。 如果婚姻这个爱巢里没有了"那只鸟"，这时，你的思念会因为对方的缺席而滋长，你也许才真正意识到：钱毕竟是死的，人才是活的，只有人才是情感楼宇的顶梁柱。

珍惜善缘

佛说："前生千次的回眸才换得今生的擦肩而过"。 在茫茫尘世中不早也不晚，我们与自己的另一半相遇了，这需要多大的缘分啊，我们没有理由不珍惜这份善缘，我们没有理由对待自己的婚姻像看电视，随时地转换频道。

试想：一个连第一次婚姻都没有认真对待的人，他的第二次婚姻就一定能经营好吗？ 不错，因为人类思想的、意识形态的以及感情的会变，影响着男女结合的稳定性。 如果不是遇到了一段无法挽救的死亡婚姻，就要竭尽全力去补救，既然今生牵了手，最好能"执子之手，与子偕老"，绝不要轻言放弃！

学会给予

大多数人将爱看成是"被爱",而不"去爱",只想让自己如何变得可爱,而不是主动地学会如何去爱对方,怎样去关心对方的精神需要。真正的爱是倾其全身心的"我给"而不是"我要",是以自己的生命力去激发对方的生命力。给予比接受更快乐,并不是一种被剥夺,因为在给予的行为中表示了自我生命的存在。爱就应该是纯粹的东西,不夹杂任何条件和功利。爱是一种分担而不是迷恋,爱意味着关心、责任、尊重的认识。达到"你中有我,我中有你"才是婚姻的上品。

相互疼爱

无论是男人还是女人,都兼有疼人和被人疼两种需要。最好不要以为你遇到了一个只想疼人而不想被人疼的纯粹父亲型男人或纯粹母亲型的女人,夫妻就应该像一双筷子,生活中的酸、甜、苦、辣、咸一起品尝。他(她)下班了,你给他端上一杯凉白开;你躺在沙发上睡着了,他(她)能轻轻为你盖上一床被子……也许都是小事一桩,微不足道,但是只有这种小爱才能在漫长的岁月中,一点一滴地渗透到心窝里,融化在血液中,才能天长与地久。

学会宽容

时装的最高境界是性感,爱情的最高境界是宽容。能够正常运转的婚姻不仅意味着丈夫与妻子的互相迁就,而且意味着理想与现实的互相妥协。家是讲情的地方,不是讲理的地方,有情就没有理。一位哲人说:"结婚前要睁大你的双眼,结婚后就要闭上一只眼睛"。这句话何其有道理,不是吗?一个人本来就不可能十全十美,今天你之所以会去喜欢一个人,那么一定是这个人的某一点个性吸引了你,才让你倾心。如果你深爱一个人,那么就永远宽容他的一切,反过来,如果你恒久地宽容一个人,那么你一定非常地爱他(她)。宽容,它不但可以拓宽沟通的范围,还能不断地扩大自己的舒适区。

学会"懂"

夫妻之间要相互"懂"对方,所谓的"懂"就是:当你遇到挫折时,他(她)不说一句有损你尊严的话;当你意气用事时,他(她)娓娓解说事理

牵手一生

给你听；当你心情不好时，他（她）绝不和你一般见识；你若开颜他（她）先笑，你若烦恼他（她）先忧，他（她）的欢喜会告诉你，但他（她）的忧愁却不会轻意地向你表露；即使你们远隔千山万水，他（她）也深信你。懂，需要的是了解、需要的是体贴、需要的是爱心。

鸳鸯语典

男人的一半是女人，女人的一半是男人。要使两个半球"合二为一"快乐地向前滚动，那就要学会夫妻相处的艺术。

夫妻恩爱4大法宝

恋爱结婚，生儿育女，生活的重担落下来。青春渐离渐远，激情之火减弱，浪漫的迷雾飘散，绚丽归于平淡，夫妻双方的缺点毛病越来越显露出来，真正的考验开始，相处难了。

时闻不少爱得轰轰烈烈的人闹婚变，吵得跟仇敌似的。司空见惯更多的夫妻在岁月侵蚀、生活压力、彼此间的消磨下，刻上不满怨恨或厌倦无奈的印迹，甚至分道扬镳。

懂爱，会爱，才能搞好夫妻关系，否则只能互相伤害失望。"疼、乖、服、娇"这四个字相互催生，相辅相成，是夫妻关爱赏识的法宝。

"疼"

男人一定要会疼女人，满足女人小女人的心理需求。女人仿佛天生是为了得到男人的关爱呵护来到人间的。"安"字，是宝盖下一个女，女人渴望男人是大山、大树，为她遮风挡雨，而她则小鸟依人，更娇美。周弘说一个成熟的男人能让心爱的女人有委屈时扑到他怀里，像婴儿一样尽情哭泣。

Hand in hand forever
牵手一生

"乖"

做妻子的乖儿子，满足女人母爱的心理需求。当我们的母亲白发苍苍的时候，是我们的妻子接过了母爱的接力棒，照顾我们饮食起居，包容接纳我们的缺点和遗憾，无条件地支持我们。要乖，小事不要跟太太计较，听话，守规矩，不捣乱惹事。

"服"

妻子一定要敬佩丈夫，满足男人大男人的心理需求。男人仿佛天生是为了得到女人的崇拜敬佩来到人间的。妻子的佩服是丈夫前进的动力，激励丈夫成为顶天立地的男子汉。据调查发现温洲这个地方生意做得很好，是因为温洲的太太特别崇拜老公，哪怕破产了也爱，老公疗好伤，迅速重振旗鼓，东山再起。做妻子的大事要听丈夫的，公众场合要给足丈夫面子，回家算账都不要紧。

"娇"

女人一定要娇。娇艳、娇柔的花朵，惹人爱怜，宜室宜家，唤起男人的保护欲，满足男人父爱的心理需求。过于粗糙刚强，让男人感觉不被需要，不必帮助。河东狮吼，爆发的怒火、刻骨的怨恨会吓跑男人。娇嗔，是柔中的制约，是情趣，就像有首歌词唱的"用那皮鞭轻轻敲打在我身上"，重了就遍体鳞伤了。

鸳鸯语典

夫妻相处需要智慧涵养，也需要良好的习惯。越来越觉得圣贤古训说的对，那就铭记在心，从点滴做起，持之以恒，习惯成自然，化成和煦的春风，一种安稳的力量。

牵手一生

夫妻恩爱的 15 堂必修课

有人说，结婚是爱情的坟墓。此话虽然有点言过其实，但也并非全无道理。然而，更有许多夫妇，婚后感情与日俱增，两情愉悦，恩爱有加，爱情之花常开不败。究其原委，全在于夫妻感情巩固、发展得法。总结他们的成功做法，有以下 15 条值得借鉴。

经常回忆热恋

热恋是婚姻的前导，热恋中的男女，那种两情依依、片刻难离的情景，实在是非常美妙的。结婚以后，经常回忆婚前的热恋情景，就能唤起夫妻的感情共鸣，并在回忆中增加浪漫情感，更加向往未来，从而增进夫妻感情。

安排再度"蜜月"

结婚时的蜜月，是夫妻俩感情最浓的时期。那时，两人抛开一切纷扰，完全进入赛过蜜糖的爱情天地，享受"伊甸园"之乐。婚后，如果能利用节假日，每年安排时间不等的"蜜月"，如来个异地旅游，再造两人的爱情小天地，重温昔日的美梦，定能不断掀起爱河波澜，使夫妻感情越来越浓。

庆祝纪念节日

结婚纪念日、对方生日、定情纪念日等等，是夫妻双方爱情史上的重要日子。届时，采取适当形式，予以纪念，使双方都感到对方对自己怀有很深的爱意，这对于巩固夫妻感情作用甚大。

补偿往昔情债

不少夫妇结婚时由于条件所限，未能采取理想的形式来回报对方的爱意，如未能度蜜月，未能给爱人买一件像样的礼品等等。若干年后，当条件具备时，记着完成这些当初未尽事宜，以偿还过去欠下的情债，就会使对方觉得你是个很重情、多情的人，爱你之情便会倍增，如不少男同志婚后给爱人买金首饰，许多已过而立之年的夫妇补拍结婚彩照等等。

Hand in hand forever
牵手一生

• 学会取悦爱人 •

有些男女，婚前与对方约会时，总要想方设法取悦对方，但结婚以后便不再在意对方对自己的感受。这种做法是会损伤夫妻感情的。所以，婚后，女同志还要一如既往地温柔娴淑，对丈夫呵护关心；而男同志则应细心体味妻子的内心感受，不但要处处体贴爱护妻子，而且还要学习一些取悦妻子的技艺，如作她购买服装的高参，帮她制定美容计划，不时来点幽默等等。

• 创造意外惊喜 •

出乎意料地使对方惊喜，常会起到感情"兴奋剂"的作用。因此，创造一点意外惊喜，对于增进夫妻双方感情很有好处。如瞒着对方，将他（她）在远方的亲人接来会晤，为对方买一样很想得到的物品，为夫妻俩创造一个对方没有准备但却非常喜欢的活动等等，都可使意外惊喜油然而生，从而在惊喜中迸发出强烈的感情火花，掀起欢腾的爱情热浪。

• 适当来点小别 •

"小别胜新婚"。在过了一段平静的夫妻生活后，有意识地离开对方一段时间，故意培养双方对爱人的思念，再欢快地相聚。这时，就能使夫妻俩思念的感情热浪交织成愉悦的重逢狂欢，把平静的夫妻感情推向一个新的高峰。

• 注意自身形象 •

有些人，婚后衣着、容颜等不再讲究，不修边幅。特别是男同志，这方面的问题更为严重。其实，无论夫妻哪一方，都不希望对方在别人的心目中留下不好的形象。因此，注意自身形象，不但可以取悦对方，而且也是在公众场合下为对方争面子的需要。否则，就有可能影响双方的感情。

• 防止子女夺爱 •

不少夫妇，在有了子女后，往往把情感全用到了子女身上，每每忽视了爱人的感情需要，尤以女同志为甚。这种做法有失偏颇。对子女施爱是必要的，但这并不意味着就应放弃对爱人的感情持续投入。那样，不但会冷落爱人而影响夫妻关系，而且也会给家庭罩上一层阴影。

牵手一生

• 留足浴爱时间 •

　　在快节奏的现代社会竞争中，每个人的工作都是十分繁忙的，有不少人因忙于公务而顾不上夫妻俩的感情生活，以致夫妻经常不能一起进餐、共眠，影响了两人感情的巩固和发展。所以工作再忙，也要巧于安排，挤出时间，留给两人共同生活，共浴爱河。

• 保持性生活新鲜 •

　　性生活是联络夫妻感情的重要途径，良好的性生活是巩固和发展夫妻感情的必要保障。不少夫妇婚后性生活老一套，缺乏创新，并导致感情钝化。所以，要创造新鲜的性生活方式，通过改变性生活的时间、地点、体位等办法，使夫妻双方都从永远新鲜的性生活中获得新鲜的感受，并使夫妻的感情之花永葆新鲜。

• 留些个人隐私 •

　　肚量再大的人，对于爱人的绯闻也会生出醋意来，至于得知对方"红杏出墙"的艳事，则更难容忍，由此导致家庭危机四伏的事并不鲜见。所以，将过去个人婚恋史上的隐私，对现在的爱人"坦白交待"并非良策，那样，非但对增进感情无补，反而会带来本可避免的感情危机。因此，留些个人隐私，是巩固和发展夫妻感情的明智选择。

• 慎交异性朋友 •

　　夫妻婚后有自己的社交活动，这是很正常的。但是，要注意慎交异性朋友，交往时要留有分寸，让彼此的关系只控制在同志式的关系之内。明显对自己有好感甚或对自己不怀好心的异性朋友，要主动疏远，以理智来处理感情纠葛。最好的办法是尽量少参加一些只有自己一个人出席的社交活动，即使无法拒绝，也提出携爱人一起出席的要求。特别在遇有"第三者"插足危险时，更应这样做，以杜绝其非份之想。

• 尊重对方 •

　　人都是爱面子的，当着别人的面批评爱人，最容易挫伤对方的自尊心，影响夫妻感情。所以，要学会尊重对方，越是人多的时候，越要奉承爱人，以博得对方的欢心。只有夫妻俩在一起时，你再向他（她）提些意见，甚至可以进行严肃的批评，对方就会在愉快接受之余，感受到你煞费苦心中体现出的浓浓爱意，从而以加倍的爱来回报你。

警惕财务危机

结婚以后，如果不能搞好收支平衡，就会出现家庭财务危机，影响夫妻感情。有些家庭，钱归一方总管，如果不能财务公开，当一方经济要求得不到满足时，也会产生家庭矛盾。这些，都是值得警惕的。因此，要夫妻共同理财，坚持量入为出的持家原则，勤俭节约，精打细算。手中要始终留有一些机动经费，以防不测之用。这样，就能防财务危机于未然，拒感情危机于千里。

鸳鸯语典

当你真正爱一个人，愿意与他走进婚姻，你便必须要时刻提醒自己：你希望向婚姻获取什么，你能够向婚姻付出多少？男女之间的相处，最是微妙敏感，有时候可能只是细小的一点狭隙，便可能制造出无法弥补的裂缝，这时候，便需要你动用足够的智慧和耐心，你要清楚的是，任何婚姻都不是天生就具备无尽快感的，快感需要寻找，需要制造，需要经营，还需要放大。回报将永远大于付出，你为婚姻和寻常日子所付出的点滴努力，日后婚姻都将以无限的幸福和快感予以回报。

夫妻和谐的3条原则

在人生漫长的岁月里，能否拥有和谐美满的夫妻关系，对一个家庭来讲是头等大事。以下3条原则就是每一个幸福家庭的共性。

牵手一生

信 任

　　夫妻之间如果没有了信任，互相猜疑，家庭的气氛肯定是阴霾不断。我的一个朋友是个事业上成功的男人，在外应酬很多。时间一长，本来非常信任他的妻子有些疑惑了，总觉得他是在找理由去和别的女人约会。于是，经常悄悄地翻男人的钱包，偷偷地去电信部门查男人的手机都打给谁，有时候还尾随男人看他在外到底去什么地方，对男人的行动刨根问底，搞得自己的丈夫不胜其烦，结果最后在外真的喜欢上了别的女人。最后俩人终于反目，好好的一个家庭毁在猜疑的毒瘤里。

尊 重

　　夫妻之间相敬如宾，互相尊重，会使两人之间如沐春风，给夫妻关系增加温馨的色彩。但是漫长的人生岁月让许多夫妻忘记了这点最重要的相处原则，认为自己人不需要讲究繁文缛节。男人在外人面前对女人吆五喝六，随意训斥，女人看不起自己的丈夫，在外经常诉说自己的不幸和丈夫的无能，两个不知道互相尊重的夫妻最终影响的是俩人组成的家庭的信誉，让本是艰难的人生更加崎岖不平，困难重重。

体 贴

　　在风雨人生中，夫妻两个互相倾慕的灵魂走到了一起，相濡以沫，互相搀扶，共同面对人生的惊涛骇浪。一方受伤了，回到家，另一方用疼爱的心治疗对方的创痛，有高兴的事俩人分享，高兴就成了两倍。时刻用爱的心去体谅关心对方，家庭这条航船才会在俩人的齐心协力中压住人生的波澜。用忠诚的心去呵护脆弱的感情，用体贴架起夫妻关系的桥梁，才能穿行一生的风雨。

鸳鸯语典

　　夫妻之间能否幸福平安，全在于能否坚持这三个基本原则，只要用心把握好这三条夫妻关系的基本原则，那么就会构筑和谐的夫妻关系，家庭这条航船就会稳稳地穿行在风雨人生中，家庭里的成员会有一方平静的天地。

夫妻恩爱的 9 个规则

相 合

性情上的相合，指互补性和协和性，那种相冲性的个性会激发夫妻关系的恶性。所以，互补性的性格属于齿轮咬和型的，还有虽然性格相似，但都属于无害性，自然有如来自不同山谷的两股春风，让人神清气爽。性情相合的夫妻，关系有时像朋友，有时像兄妹，有时像合作者。所以夫妻间，要相处良好，得要多凑趣、知趣、酿趣，而少败趣，更不能相互恶视。

相 依

相恋很好，但不一定长久，因为可以移情别恋。感情的事，有时在默默中会发生逆转，但好夫妻会把相恋的状态，最终转化为相依的状态。这样，同甘苦，共患难，也同欢乐，彼此在生活中把对方当作了灵魂和情感的归属，没有对方不行。这样的夫妻，默契度往往最高，也最稳固，彼此为对方想得多，为自己想得少。相依不一定表面看起来多浪漫，但平淡中更多一份真挚。

对 视

眼睛是心灵的窗口，对视定律可以表述为"直觉的坦诚"，真诚相爱的夫妻，总会把含情脉脉的对视做得自然而然，如果一方做了亏心事或是心抛锚了，这种对视就会变得不自然，或勉强。夫妻间的对视是最能透露出心灵信息的直觉反应。所以说，专注的，淡定的，深情的注视，是装不来的。聪明的人，富有直觉的男女，总能从对方的目光中看出许多内心的秘密。

趣味定律

适度的童心表达，带来不一样的成人趣味。其实，大多数人都会有浪漫的天赋，但少数人却天生老成，无趣味。好夫妻中，常常懂得用适度的童心表达，来营造夫妻间的趣味，比如谈童年往事，比如淘气一下，比如开开小

牵手一生

玩笑。越是成人，越需要不时的用童心来表达情意，就会让生活变得多姿多彩。懂得这一点，会让婚姻中的男女变得生动可爱起来。但过度的戏耍，有时会乐极生悲，所以主张适度的童心表达。

化　解

双方要少赌气，不赌气，特别是要形成良好习惯，双方不说伤害对方自尊的话。既使有误会，也要当场解决，负气一方自我开解，另一方也要主动化解。力求生气不过5分钟，更不能过夜，不能小事化大。为了一点小事，弄得砸东西，摔门出走，许多夫妻往往因为一点口角最后弄得反目成仇，非离婚不可，真是大可不必。

较　真

在大事上认真，形成共识。夫妻之间，要在许多家庭事务，比如家庭责任问题上，认真对待，可以形成商讨，如果在家庭事务上得不到沟通，等事后再埋怨，就会严重影响关系。再说，双方在大事上，必得有认真的时候，这样，夫妻间易做到同心同德，共同面对的局面，而不是单方面的处理事务，另一方形成局外人一样，而发生关系的倾斜。

适度自由

双方要给对方适度的自由和空间，比如应酬、交友、玩耍，但这种自由并不是随心所欲，在自由的同时，也还要有一些共同相守的日子。适度自由的定理，让男女双方不因对方的存在构成心理压力。但在自由中，也还要让情意之线相连，而不是各不关心。比如对方出去玩，经常保持电话问候和适度交流。

用　心

用威的夫妻，一方总想管对方，往往夫妻关系扭曲，让夫妻间缺少幸福感，有时逆反心理严重，甚至相互恶视对方。在这种管与被管的关系中，关系常常是扭曲的，比如为了应付另一方而不惜撒谎。聪明的夫妻，特别是女人对男人不是不管，而是用心多于用威，这样更可以拴住男人的心。用心的女人多会得到男人的疼爱，这是显而易见的。

Hand in hand forever 牵手一生

救赎

夫妻间，长期相处，不可能就不发生一些意想不到的事。有时，由于特殊的情况，还会出现出轨或是移情别恋的事儿，这也是正常的。但重要的是我们如何对待这样的事。缺少包容性的夫妻，可能就此离婚，并让这些事成为终生挥之不去的伤痛。但也还有一些夫妻，因为爱，懂得灵魂自救或包容，最终使爱情回归。但有一点，包容的前提是过错方最终懂得自我救赎。因而，自我救赎是好夫妻犯错时应有的态度和方式。

鸾鸯语典

> 欣赏艺术，则需要心理感应，既使是缺点，也要学会理解，缺点往往和特点紧紧相联，就像在晨光或夕阳中看风景，一种受濡染的氛围更重要，而不是需要解剖般的严谨与分明。学会相互理解，相互欣赏，相互包容。

夫妻和睦相处7窍门

夫妻之间的"战火"常由双方的一些非原则性矛盾引发。这些矛盾虽然小，仿佛不值一提，但却是一条条"导火索"。如果不及时"熄灭"，就会不断"燃烧"，引发"战火"，导致夫妻感情决裂，所以必须引起高度重视。下面7个小诀窍会让你们的婚姻幸福甜蜜——

人格互重

夫妻双方要学会尊重对方。在家庭生活中，尽管夫妻双方充当的家庭角色不同，各人的社会角色和社会分工也不同，但在人格上是完全平等的，没有高低贵贱之分，更不存在领导与被领导的关系。在家庭生活中，小事要通气，大事要商量，不应独断专行，不搞强迫命令。聪明的夫妻都应该懂得维

牵手一生

护对方的人格尊严，以树立对方在社会竞争中的自信心，只有愚蠢的人，才会当众羞辱自己的丈夫、妻子。

老刘是一个普通的中学教师，他的夫人则是上下班都坐小车的局长，但这位女局长在丈夫面前却始终像个小妹妹一样温顺和气。朋友每次上他家串门，老刘发现家中无烟和水果时，就指使她去买，她二话没说就去了，回来还征求老刘的意见，看买得合适不。更让朋友称道的是，老刘的局长夫人从不在他面前摆官架子、耍官脾气，也没有在生活中表露出一丝丝优越感。每次上下班她特意在离家很远的地方上下车，每次开家长会她总会和丈夫一起参加，丈夫在场的时候她从不会见下属，碰到邻里间发生纠纷时她总会让丈夫以一家之主的身份出面调解……

她是个聪明的妻子，既尊重、理解了丈夫，又体现了自己的人格和修养，从而赢得了家庭和事业的双丰收。

思想互通

北方有个童谣："小小子儿，坐门墩儿，哭着叫着要媳妇儿。要媳妇儿干嘛？点灯说话儿，吹灯作伴儿。""点灯说话儿，吹灯作伴儿"，把夫妻二而一、一而二的关系说得淋漓尽致。可是现实生活中，许多夫妻只注重"吹灯作伴儿"，而忘了"点灯说话儿"。其实，婚后的感情交流，其重要性不亚于婚前。夫妻间应当随时随地相互交流各自的思想感情，决不要扭扭捏捏或者闭而不谈。

下面这则例子中的丈夫，曾经疏忽于与妻子进行思想沟通，对妻子的话充耳不闻，结果双方陷入长期冷战。后来丈夫开始改变自己的做法，经常和妻子进行交流，取得了很好的效果。以下是他的自述——

从前，当妻子进入我的书房想和我聊天时，我总是说："亲爱的，我现在没空，正忙着呢！"后来为了努力与她沟通，当她进来时，无论我在做什么，我都会停下来，转向她，并集中注意力听她说话。一天，我旅行完毕回到家门口，妻子用手臂环抱着我说："亲爱的，谢谢你啊！"我说："为什么？""因为你乐意听我说话啊！"她说。就因为我愿意认真听她说一会话，我们的关系就大大改善，这难道不是很值得的么？

争执互避

当夫妻中的一方大动肝火时，去申辩无异于火上浇油，最好的方法是保持缄默，或者借故离开，耐心等待对方冷静下来，再用心平气和的解释或自我批评，让冲突得到圆满的解决。下面这个例子就很有说服力——

Hand in hand forever
牵手一生

有一对夫妻，丈夫属龙，妻子属虎，都是"大王"的脾气，蜜月尚未度完，龙虎相争的硝烟已经弥漫。双方谁都想说了算，常常为一件小事争得天昏地暗，大事就更不用说了，非得斗个你死我活才肯"停火"。女儿出世后，看在那张天真无邪的笑脸的份上，丈夫决定作"战略性撤退"，让老婆有一份好心情去精心呵护他们的"接班人"。于是，丈夫实施"装糊涂以避其锋芒"的招数，每次与老婆"交战"，争执几句后他就先挂免战牌。若是无关痛痒的小事，就送个顺水人情给老婆，奉上一句"一切全凭夫人做主"，把老婆乐得像个小孩；若遇上举足轻重的大事，他见势不妙就立即转移话题，谈些逗老婆高兴的事，让她的脸色由阴转晴，然后趁老婆没了抵触情绪再大献殷勤，引诱她在不知不觉中做出许多原则性让步。

心位互换

和谐来自于沟通，夫妻之间遇到矛盾时，不妨站到对方的角度，将心换心："如果我是他（她）又会怎样？"这样有利于增加夫妻之间的理解，减少或消除冲突。

听说过一个感人的故事：有一对夫妻，他们一生相敬如宾，妻子煮好鸡蛋后，每次都先吃了蛋白，把蛋黄留给丈夫；而丈夫每次煮鸡蛋时，便自己吃了蛋黄，把蛋白留给妻子。丈夫去世前，说自己想吃鸡蛋，妻子便煮好了鸡蛋，先剥掉蛋白，将蛋黄递给丈夫，丈夫却说他想吃一次蛋白。妻子说："你不是喜欢吃蛋黄吗？"丈夫摇摇头说："其实我并不喜欢吃蛋黄，只是看你爱吃蛋白，所以才每次都吃蛋黄的。"这时，妻子也告诉丈夫，其实她本来爱吃蛋黄，只是因为见丈夫每次都愿意吃蛋黄，所以她才吃蛋白的。

这个故事很凄美，读后让人动容。夫妻之间发生了冲突，如果都能像这一对夫妻那样，换个角度为对方着想，以心换心，夫妻间还会有什么矛盾不可调和呢？

琐事互谅

电视剧《激情燃烧的岁月》中有两句台词，大意是：两口子过日子不能像对待工作那样公事公办。这话说得很对，家事和公事毕竟是两码事，再好的夫妻长年累月厮守在一起，总有说错话或做错事的时候。夫妻之间对生活琐事当互谅互让，不要事事都斤斤计较。只要不是原则问题，一方不妨来点糊涂——佯装没看见或没听见，不把那张"纸"捅破，不使对方的过失显山露水。许多美满幸福的家庭，幕后都有不少"装糊涂"的事。

一位有20多年烟龄的老烟鬼，在妻子的劝说下，不久前发誓戒烟。可3

牵手一生

天不到，他的烟瘾又上来了，忍不住躲进卫生间里抽。其妻虽闻到了烟味，却佯装不知，还特地跑到超市为他买瓜籽，并一个劲地表扬他有毅力，像个男子汉……丈夫既感激又惭愧，终于一鼓作气把烟给戒了。

缺陷互补

人生不如意事十有八九，夫妻一方有缺陷，不应该成为另一方鄙夷或歧视的理由，只要能够正确对待，互相扶持，互相弥补，同样可以培育出灿烂的爱情之花。

一对夫妻，妻子半身瘫痪，丈夫是个聋哑人，每次他们出去办事，丈夫一定会骑上三轮车，让妻子坐在自己后面。需要交流时，妻子就代替不会说话的丈夫与人交谈。就是这样一对残疾夫妻，彼此相濡以沫，一起生活了二十多年，竟从来没有发生过一次争吵。这倒不是因为他们有多么出色的本领，而是因为他们善于互补：妻子走路不方便，丈夫就用自己强健的身体骑车带她；丈夫不会说话，妻子就用她流利的口才，帮助丈夫与人交流。由于他们能够相互取长补短，所以生活得十分幸福。

异质互融

美国婚姻问题专家奥斯平博士在他的《处理夫妻关系的艺术》一书中说："夫妻双方是无法改变对方的，他只能改变自己。在自己改变时，对方也会相应地改变。"也就是说，夫妻之间的兴趣、爱好可以不一致，但并不一定互相排斥。倘若双方能互相包容，互相渗透，就会使家庭生活丰富多彩、妙趣横生。

宋代女词人李清照和她的丈夫赵明诚，是两种性格完全不同的人。李清照喜静，从小酷爱填词吟诗，赵明诚喜动，是一个金石学家。他们的兴趣爱好迥然不同，却能和谐相处，原因就在于两个人对彼此性格的相互尊重和相互适应。

李清照爱下棋，并且规定谁输了棋谁就要依曲填词。赵明诚棋艺不高，填词更不如妻子，但为了迎合妻子的兴趣，总是热情相陪。自然，作为妻子的李清照也知道他的为难，常常适可而止，帮助丈夫一同寻字苦思。末了，夫妻俩共同欣赏合作的成果，其乐融融。对待赵明诚的金石研究，李清照也总是捺着性子陪伴在一边，装出很感兴趣的样子向丈夫询问金石之道，让丈夫眉飞色舞地演说一番。天长日久，两个人彼此影响，耳濡目染，结果，丈夫赵明诚的填词技艺大大长进，而李清照对金石之道也略知一二。由于双方互相尊重、适应对方的兴趣爱好，所以他们的感情经久不衰，愈久愈坚。

Hand in hand forever

牵手一生

鸳鸯语典

夫妻之间长相厮守,日久天长,磕磕碰碰在所难免,但这并不可怕,只要你懂得调适夫妻矛盾冲突的技巧,讲究处理方法,巧妙地平息夫妻之间的"战火",你和你的那口子就会息吵言欢,更显婚姻的甜蜜与幸福。

夫妻和谐 18 招

热恋中的情侣、新婚夫妇总能想出许多办法来使双方的生活得到更新与发展。然而,随着时间推移,夫妻生活失去了新鲜活力,双方过着一种单调乏味的生活,甚至经常吵架,以致分手了事。众所周知,一辆新车买来之后,需要经常维修,以保持和延长其良好性能。同样,夫妻生活也需要加以维护。

❤1 每天要做到互相关心:保持良好夫妻生活的基础在于互相关心和体贴,一些虽然细小的琐事却可以使对方感到你的理解和关怀。

❤2 再次上床:如果你总是早早起来,料理一些事情后对方才起床,可以在对方起床之前,再次进入被窝,和对方聊上一会儿,拥抱一会儿。

❤3 帮对方做一件哪怕是很细小的事:例如在丈夫刮胡子以前,妻子去把镜子上的水蒸气擦掉;在妻子或丈夫起床之前几分钟,另一方先起来煮咖啡、热牛奶或者换好花瓶里的水。

❤4 共用某种东西:例如,打开一瓶啤酒,两人共享,而不是各开一瓶;买一份报,两人传阅,而不是各买一份。

❤5 拥抱:无论什么情况,回家一进门就互相拥抱,使家庭充满爱的气氛。

牵手一生

❤ **6** 让对方"对"：不要事事指责对方，都是对方的不是，有时要放他(她)一马，不要对对方的决定总是评头品足，这也不对，那也不好。

❤ **7** 每周一次的交谈：爱是需要时间的，至少每周要安排一次不少于两小时的交谈，以利于相互沟通。一起出去吃早饭或晚饭。重要的不是吃喝，而是有机会在一起消磨时光。

❤ **8** 定期约会："星期三晚上是咱俩的欢乐时光"，事先定好，不约别的人，不做别的事，双双一起去看电影或看戏，或去餐厅共进美味佳肴，或做两人都喜欢做的其他事。

❤ **9** 一起步行到某处：坐公共汽车，坐出租汽车可能都不够"隐私"，而自己开车，到得又太快，那不妨在步行距离的目标内两人走着去，边走边交谈。

❤ **10** 每月做一次不在常规范围内的事情：美国德克萨斯理工大学心理学教授苏珊·亨德里克博士说："做一些与往昔不同的事，或用不同既往的方式去做某件事，可以使对方出现新的感受，使已存在的爱意重新迸发。"

❤ **11** 变换做爱场所：假如你们通常在厨房谈天，在床上做爱，那么可以变换一下，倒过来，试一试在厨房做爱，在床上谈天。

❤ **12** 变换角色：假如总是他(她)洗碗，某个星期天你可以争着去洗碗；假如总是她(他)做晚饭，某一天你可以一显身手，去烹调一次晚餐。

❤ **13** 每月到每三个月一次的小摩擦：任何人际关系中，都可能有摩擦存在。你一不小心，难免会把不满发泄到你的伴侣身上。事后你需要采取一些措施弥补，使双方关系好转如初。

❤ **14** 暂时别离：周末和你的好朋友一起，而让你的伴侣去看兄弟。暂时不在一起，会使双方更加怀念。

❤ **15** 做一次交易：整个星期天下午，丈夫总是看足球，妻子很讨厌，电视机也被占用了。某个星期天妻子可以同意和丈夫一起看电视上的足球赛，前提是他给她美容按摩。

❤ **16** 筹划每个纪念日：让每个生日祝贺、周年纪念和假期都成为你们结为伴侣的庆典，从而使爱情更深沉、更热烈。

❤ 17　深谈一次,促使关系更加亲密:假如双方争论某件事长达一个月以上未能解决,不妨坐下来细细交谈。到底是什么原因使双方不能妥协,以便找出解决的办法。对一些重要的事情,如金钱、性生活、一方对另一方的责任等等,要讨论和比较双方对这些事情的看法和态度,有何差异,如何统一。

❤ 18　一年一度的总结:可以总结过去,计划未来。做一次实事求是的检查和评价,把一年来的想法、做法、计划、结果等好好地思考一番,以改善于来年。把往日的情书再读一遍,使爱火再燃,情更深笃。再写新情书,坦诚大胆地表露你们的爱心和互作评价,并提出今后的动人计划。写好后,寄出去——即便你们住在一起。

鸳鸯语典

　　建议每天、每周、每隔几个月或一年之中,做一些相应的事以保持性爱生活处于最佳状态。在列出的清单中不一定所有的细目都要做到,可根据你自己的爱好,每一项选用一两种,或者干脆由你自己想出一些办法来。

幸福家庭的 7 种"调味品"

　　托尔斯泰说"幸福的家庭都是一样的,不幸的家庭却各有各的不幸"。纵观幸福家庭的共性不外乎有以下 7 个方面——

童　　心

　　众多国人对一些中老年人喜欢手舞足蹈、载歌载舞不理解,甚至斥之为"精神病"。 这些人忽视了童心不泯能增加许许多多生活情趣。 其实,只有童心不泯,青春才可常驻,爱情才可历久弥新。 所以最好能保留多一点儿天真、单纯,多拥有一点儿爱好、好奇心,多玩一点游戏。 不管是中年人还

牵手一生

是老年人，在外尽管当"正人君子"，可回到家，大门一关就最好当大孩子。

浪 漫

不少中国家庭太注意实际，而缺少浪漫。也许有人碰上这样的提问"工作、家务忙了一整天后，一家人为什么不去散散步呢？"他们会回答说："我很累"。然而这些说"很累"的人过不了一会儿就垒起"四方城"来，甚至彻夜通宵打麻将。可见，能否浪漫的关键在于是否拥有浪漫情怀。不要以为浪漫无非就是献花、跳舞，不要以为没有时间、没有钱就不能浪漫。要知道，浪漫的形式是丰富多彩、多种多样的。

幽 默

许多人把喜欢开玩笑看成油嘴滑舌、办事靠不住，认为夫妻之间讲话应该讲求实在，用不着讲究谈话艺术。殊不知，说话幽默能化解、缓冲矛盾和纠纷，消除尴尬和隔阂，增加情趣与情感，让一家人其乐融融。

亲 昵

许多夫妻视经常亲昵为黏黏糊糊，解释"不当众亲昵"是不轻浮的表现。但据专家研究发现，亲昵对提高家庭生活质量有着妙不可言的作用，而长期缺少拥抱、亲吻的人容易产生"皮肤饥饿"，进而产生感情饥饿。因此，家庭生活最好能多点儿亲昵的举动。例如，长大了的女儿仍挽着父亲的手；夫妻出门前拥抱、接吻；一方回来迟了，不妨拍拍忙碌的另一方的"马屁"等等。

情 话

心理学家认为：配偶之间每天至少得向对方说三句以上充满感情的情话，如"我爱你"、"我喜欢你的某某优点"。然而，不少国人太过注意含蓄，有人若把"爱"挂在嘴边，就会被说成是浅薄、令人肉麻。不少中国夫妻更希望配偶把爱体现在细致、体贴的关心上。这固然没错，但如果只有行动，没有情话，会不会给人以"只有主菜，没有作料"的缺陷感呢？

沟 通

经常在影视片中听到夫妻某一方说："我想找你谈谈！"于是，双方会找

Hand in hand forever

牵手一生

一个机会把心中的不快全部倒出来。而不少中国夫妻把意见、不快压抑在心里，不挑明，还美其名曰"脾气好，有修养"。其实，相互闭锁只能导致误会加深，长期压抑等于蓄积恶性能量，一旦爆发，破坏性更大。人们不时可见，一些平日相处不错的夫妻一旦吵起架来就翻陈年旧账，把陈谷子烂芝麻的事儿一股脑儿全倒出来，结果"战争"升级，矛盾激化，有的甚至导致劳燕分飞。正常的做法应该是加强沟通，有意见和不快应诚恳、温和、讲究策略地说出来，并经常主动地了解对方有什么想法。吵吵架也不一定是坏事，毕竟它也是一种沟通手段，只是吵架时千万别翻旧账、别进行人身攻击。

欣赏

人们常用欣赏的眼光看自己的孩子，所以总觉得"孩子是自己的好"；又因为常用挑剔的眼光看配偶，所以总认为老婆（丈夫）是别人的好。例如，一方全身心扑在工作上，另一方既可以欣赏："他（她）事业心强！"也可以指责："一点也不把家放在心里！"这说明了，用不同的眼光去评价同一件事，结论会大相径庭。如果你不假思索就能数出配偶许多缺点，那么，你缺乏欣赏眼光。如果你当面、背后都只说配偶的优点，那么，你就等于学会了爱，并能收获到爱。

鸳鸯语典

"百年修来同船渡，千年方得共枕眠。"，懂得惜缘，善待、珍爱伴侣，是我们要修一辈子的功课。

夫妻相吸的 20 个完美方案

恋爱中的人总是喜欢将自己在爱人面前扮成上帝，但是如何彰显自己呢？以下 20 个品质，会让你找到适合自己的方案，会大大增加你们的甜蜜度。

牵手一生

丈夫吸引妻子10方案

在妻子的心目中，什么样的丈夫能让妻子倾心、追随，甚至为了爱，能使女人舍弃生命呢？

1. 真实

男子要真实，真实是最有力量、最有信心的表现。实话最好说，不假思索，怎么表达都是真的；谎话最难讲，怎么编也编不严实，所以，丈夫大可不必自己找罪受。

2. 深刻

男性的深刻最有魅力。"思想深刻"的男人要比外貌高大更有吸引力。

3. 胸怀

有胸怀的丈夫，让妻子感到放心，感觉到安全，所以平时生活比较轻松，很少惧怕什么，能够完全展示自己的内心世界。

4. 敢为

一个男子汉至关重要的品质是敢作敢为，大致包括：敢想、敢讲、敢做、敢胜、敢败、敢爱、敢恨、敢于战斗，又特别能战斗。

5. 风度

风度与人的气质相联系，是依赖于生理素质的，代表着一个人的人格倾向，而且与职业也有很大关系。男人的风度是一种成熟美，女性最欣赏男人的成熟。

6. 机灵

做事奇特，也不多做解释，思考问题的过程不和盘托出，而只是给人最后的结论。这样机灵的丈夫使妻子感到深奥，男性的这股"鬼精灵"劲儿再加上他们的好品质，将是对女性有力的吸引。

7. 幽默

有幽默感的丈夫，大多是十分乐观的人，具有积极向上的人生态度和百折不回的精神。这样的丈夫受到挫折、遇到逆境，也决不愁眉苦脸，仍然是打趣、逗笑别人，使人不感到逆境的压力，使沉重的生活显示出轻松，减少烦恼。

8. 进取

男子汉的进取性应该表现在生命的每时每刻，是一种向上的精神，是对事业、未来的一种进取心。

9. 浪漫

婚后夫妻生活和恋爱时很大的区别在于缺少浪漫，不过好丈夫应该具有浪漫色彩，给生活创造"故事"，这种浪漫型的丈夫非常有吸引力。

10. 冒险

女性和男性相比，女性更缺少冒险精神，但她们却希望自己的丈夫敢于冒险。妻子喜欢冒险的丈夫，因为那将有一种神秘、危险、探索的意味，令人神往。

妻子吸引丈夫10方案

谁说只有美丽、丰满、野性的女人才吸引男人？最耐人寻味的性感新主张也许会给你带来新的认识。

1. 温柔

一个感性温柔的女人，无论思考、语调、一举手一投足都更细腻和更具感染力。让人与你的思维一起舞蹈的说话风格，一定会打动男人。

2. 善于思考

很多人虽其貌不扬，但一旦沉浸在无边的"思海"中，脸上自然会多了一分韵味。那些把眼神抛得远远，嘟着嘴或微微侧着脸、托着腮的表情就更惹人多望一眼喽。

3. 率性而为

除非你天生冷艳或清高，否则，敢爱敢恨、敢大哭、敢大笑，对生命充满热情与敏锐的女人，她们本身就是一团惹人的火焰。

4. 涵养

若你很宽容，不计较小事情，你的大度是感人的。特别是那些伤害过你的人或者是事情，你都能放得下，那真的是好有涵养。如果你不是揪住丈夫"小尾巴"不放的人，男人会更喜欢你。

5. 神秘感

据性心理学研究，男人喜欢的女人，除了发自女性的自信心、懂幽默、爱浪漫、刺激及冒险外，原来还有一些比较虚无抽象的元素，其中神秘感就是另一个性感元素。请记住，不要完全满足对方的好奇心，保留一份神秘感。

6. 小动作

在各式身体语言中，不经意的自我触摸正是最教人销魂的小动作。如不经意地咬手指、托腮、不经意把头发潇洒地向后拨、双手轻轻地捧着脸庞、无奈时耸耸肩膀、交叉双手轻抚着肩头或后颈以及把手伸到毛衣内等都是些妩媚的小动作。

7. 懂点艺术

懂点书法、美术，会唱歌、玩乐器的人总会流露一份夹杂着性感的感性与温柔，而这份意念其实比性感更诱人。

8. 阳光肤色

凝肌胜雪的肤色固然新鲜如树上刚熟的桃子，叫人垂涎，但一身阳光肤色配上合度的身型，何尝不是在散发着一种性感。

9. 性感着装

性感着装能充分表现女性之美，是完全可以满足男人视觉需求的。如果你穿条牛仔裤，可以表现不羁与我行我素的形象；而凉鞋及高跟鞋向来就是女性用以张扬腿部性感的武器。

10. 香氛

很奇怪，某种程度的体味往往也是构成叫人觉得性感的男人味或女人味。男人的"味觉"也很敏感，若你总是香气飘飘，一定会撩起别人不尽的幽思。

> 夫妻长期的共同生活，体内会产生类似镇静剂的内啡呔的"爱情激素"，它能使夫妻之间互相依赖，甚至不能分离，使爱情更加深化，生活更加完美。

把握婚姻美满的 12 条秘诀

恩恩爱爱、永结同心、相濡以沫、白头偕老，是大多数人对自己爱情和婚姻生活的美好憧憬。但现实生活并不总是以人们的意志为转移，爱情在带给人们浪漫和甜蜜的同时也让我们经历着挫折和痛苦。以下秘诀让你们的爱情弥久常新，婚姻幸福美满。

自爱、自信

如果你自己都不爱自己，那你就很难相信别人会爱你。

Hand in hand forever

牵手一生

自尊在健康的两性关系中发挥着重要作用。如果你能够正确地看待自己遇到的挫折和自身的弱点，那你就会真正喜欢自己，从而充满自信。一个自信而且少有忧虑的人才能真正享受与伴侣的爱情以及爱情带给生活的欢乐。

假如你曾经有过痛苦的过去，那你应当寻求朋友或心理医生的帮助，积极地面对和解决自己的问题。能够得到伴侣的抚慰，依靠对方来解开自己的心结，当然是个不错的想法。但有一点你需要注意：在两性关系中，你的个性越独立，你们的关系才会越平等、越牢固。

真正喜爱对方

一定要让爱自己的人知道，你也同样深爱着对方。

健康的两性关系只会存在于相互爱慕的人之间。有些人认为生活在一起的伴侣总是把爱挂在嘴边有点过于"小资"。殊不知，爱情可以翩然而至，也可以悄然而去。

真正相互爱慕的伴侣才会长相厮守，彼此欣赏，拥有共同的人生理想。面对这样一对伴侣，爱情会被感动得不忍离去。鼓励和赞许的话语不仅可以增进相互的信任和尊敬，同时也在无形中建立着对方的自信。

愿为两人相处付出时间

你愿意为某件事付出多少时间是衡量你对其重视程度的标准之一。在你和自己的伴侣共同生活的初期，你会本能地优先安排与对方的相处。随着时间的流逝、生活的忙碌，你们二人相处的优先程度会不知不觉地降低。

如果你不肯花时间与自己的伴侣相处，你们之间的距离就会越来越远。经常与自己的伴侣卿卿我我，肯定会牺牲你从事其他活动的时间，但对于一个追求幸福生活的人来说，这点儿投资实在算不了什么。

重视彼此间的沟通

良好的沟通是保持两性关系健康发展的基础。

经过沟通，你的伴侣才会了解你的个性、想法。伴侣之间的促膝谈心，会使你们进入彼此的内心世界。要想实现良好的沟通，需要你敞开心扉，诚恳、准确地表达你的想法和感受。同时，还需要你耐心地倾听。

不回避争论

争论是两性关系中一个不可缺少的组成部分。你应当认识到，每个人都

牵手一生

有自己的个性，你当然会表现出与别人的不同。你不用担心自己与对方的意见分歧。坦诚的争论会增进相互间的沟通，拉近彼此的距离，达成双方都可以接受的共识。

每天都要相互爱抚

伴侣之间的性生活会有起有伏，但对爱抚的需求却始终如一。

研究表明，人类如果得不到抚摸，会在幼年的时候夭折。爱抚会降低人类的血压，使大脑释放出令人镇静的物质，唤起人类追求异性的荷尔蒙。人类的相互抚摸还会传递安慰、支持、保护、鼓励等信息，它使人放松，也令人兴奋。

接受变化的现实

每个人都会发生一些变化，正是这些变化使两性关系保持着活力。

随着时间的转移，你要接受这样一个事实，并不是每一个变化都会沿着你的期望进行。变化可能会使你和伴侣更加亲密，也可能会给你们带来痛苦。它要求你调整自己的思维方式和生活方式，放弃一些你很熟悉、很喜爱的东西。

成功的伴侣会一起适应这种变化，认为变化是生活中不可避免的一部分。无论变好还是变坏，他们都能够相互理解、相互支持。

两个人共同成长

夫妻双方要共同成长，相互为对方带来新的知识，彼此帮助对方发掘潜力，超越自己，在更成熟的心态下与人相处。夫妻间要有分享、耐心、感激、接纳和原谅的意识。

学会沟通和谈判

没有良好的沟通，夫妻关系就像一艘空船载着一段充满困惑、臆测和误解的灰心之旅，没有什么比貌合神离更让人感到心痛的了。沟通可以让彼此了解对方有什么需要、愿望、变化和感受，这是夫妻之间相互保持关系畅通和活跃的重要方式。

共同面对发生的困难

夫妻双方应该是互动、和谐、互助的。当一个人脆弱的时候，另外一个人应该帮助对方坚强起来，共度难关。要建立一个生活机制，让伴侣共同分享你的成功和苦难。

精心呵护情感

珍惜你所爱的人，珍惜爱你的枕边人。当你们发生争吵时，一个主动而真诚的道歉，一个虚心的自我批评，一个和好的表示，都可以软化双方气愤的情绪，你们甚至会因为得到了及时的沟通，宣泄了负面情绪的影响，从而加深了彼此间的理解和爱。

不断更新情感

要不断更新你们的情感关系，保持新鲜和活力，如果有一部分失去了，你要再造它；如果破坏了，你要修复它。必须经常给你的婚姻注入新鲜活力，婚姻才能长盛不衰。

鸳鸯语典

很多人了解到婚姻问题的普遍，他们对婚姻抱着不安的心情。由于大众传媒大肆渲染单身人士的地位，不少青年男女认为单身比结婚更好。无疑，神让一些人士保持单身的身份，而圣经从不暗示单身不好。但是，神创造人类有此需要，以致大多数人士都会结婚的。他们都会感受到"那人独居不好"而谈婚论嫁。

让婚姻永远保鲜的8大秘笈

"相爱容易相处难"，就是说两个人从认识、好感、恋爱到结婚，再到从原来的激情转入平淡。那么，如何让婚姻永远不会变质呢？仁者见仁，智者见智，归纳出以下8大秘笈。

牵手一生

·互相理解、忍让、包容·

每一个人都有自己的优点和缺点，再好的一个人也会有自己的缺点，再不好的一个人也有自己的优点的。人都会在工作、生活中遇到一些不顺心的事情。夫妻也是这样，当他（她）遇到一些不顺心的事情时，最需要对方的理解和安慰。他（她）也可能向你发泄自己的脾气，这时候就该忍让着对方，应给予对方一些身心和精神上的安慰。包容对方的这种"宣泄"，这也许是一个人的缺点，但要想婚姻中能永远的长久下去，互相理解、忍让、包容是不可缺少的。

·互相尊敬、鼓励、支持·

所谓夫唱妻随，就是说老公不管做什么事情，老婆都要在背后默默地支持，当然不能做坏事。男人都会有一颗做事业的心，如果他想做一番事业，老婆的支持是至关重要的，甚至有时候自己站出来公开的的支持他，为他呐喊喝彩，鼓励打气。同样，要是老婆想做自己的事业时，老公就成了坚强的后盾。要尊敬对方的选择，在这种选择上不断地支持鼓励着对方，为他（她）承担失败的挫折，分享成功时的喜悦。这样，你们的夫妻生活就会步入一种理想的境地，这样的婚姻，幸福是必然的。

·给对方一个自由的空间·

每一个人都会有自己的一个空间和自己的秘密。所谓秘密，就是不想公开、不想让别人知道的事情，哪怕是夫妻之间，所以夫妻双双也都会有自己的一个自由私人空间，当对方不想让你知道的事情最好也不要去追根问底。恩爱夫妻要懂得经营自己的婚姻是拥有不是占有，适当保留自己的私人空间是夫妻之间最佳的"距离"，而这个距离，才是夫妻互相吸引的杀手锏。

·坦诚、信任、忌讳互相猜疑·

从相恋到结婚，由于两个人的生活背景、文化修养和个人的特质等的差异，走到一起，相当于两个交叉的圆，交叉部分是夫妻两个之间共同的坦诚和信任，而不是互相猜疑的重叠点，虽然可以拥有，但决不能占有。夫妻两个人即使走到了一起，那就是千年修来的缘，是多么的不容易，既然结合在一起不容易，那我们为什么不好好的珍惜呢？珍惜婚姻一起携手共同度过这人生短暂的几十年。

Hand in hand forever

牵手一生

· 互相关爱、体贴、营造一个欢乐的"城堡" ·

婚姻是船、家就是避风的港湾。 结婚以后,创造一个温馨的家是必要的,来维护这个家也是夫妻双方共同的义务和责任。 作为妻子可能就会付出的多一点。 中国人的思想无论怎么改变,'男主外,女主内'的思想还是有的。 这时候,女人就要把这个欢乐的"城堡"布置得井井有条,整洁干净。这样丈夫下班后才愿意进这个家,在家里有个好心情。 写到这里,我忽然想起了《天仙配》里面的一句戏词"恩爱夫妻,寒窑虽破能避风雨",这句词确实让我感动,所谓恩爱,不就是互相关爱、体贴吗? 不就是在这个"寒窑"里长期相守吗? 因此,在这个欢乐的"城堡"里,关爱、体贴是婚姻保鲜的最好"良药"。

· 处理好家庭成员关系 ·

结了婚,可能不只是两个人过日子,有时还要去面对家庭中的很多人,女人可能就会面对公公婆婆,兄弟姐妹,男的就要面对岳父岳母,姑姆亲表。 当你已经接受了你所爱的人时,也要接受你爱人的家人。 处理好整个大家庭成员的关系很重要,每当过年过节都要买一些礼品给对方的父母,孝敬老人是中华民族的美德。 婆婆是养育你老公长大成人的功臣,岳母是养育你的好老婆的伟人,哪一个做儿女的不希望对方对自己的父母好一点呢? 所以要把对方的父母当成自己的父母对待。 这样,你们的婚姻才不会因此破裂。

· 教育孩子是夫妻双方的责任 ·

说实话,现在养育一个孩子也不容易。 但也要养啊,从出生到读幼儿园,这几年得占一个整人去看孩子。 按照中国的传统,一般这种责任都要落到妻子身上,老公就在外面打拼,两个人都有功劳。 要做一个好的丈夫,做一个好的妻子,双方就不要互相埋怨,有的男人会说:"我在外面那么辛苦,还要养你们两个,多累啊!"这样是不对的,妻子在家看孩子也很辛苦,当丈夫的有时间就要帮着妻子看看小孩,老婆也要理解老公在外面也不容易。 等孩子读幼儿园时,也不要推托接送孩子的责任。 要把养育孩子的事情当成两个人共同的事情看待。

· 拒绝欲望,平平淡淡才是真 ·

两个人过日子,讲的就是实实在在,真真切切,每个家庭都会有快乐与

牵手一生

幸福，忧伤与不幸。不要过分的去攀比别人，过日子就按自己的方法和理念去追求自己的婚姻生活。不要说："你看那一家今年赚了几十万，我们怎么不行呢？""那一家昨天买了辆小车，我们家什么时候才买得起啊？"这样的话在婚姻当中最好不要说。其实，成功的路上没有境界，只要在走向成功的过程中能找到自己的生活乐趣是最重要的。只要夫妻两个人有共同的目标和方向，两个人一起携手并肩的去努力，去打造一个美好的明天，拒绝浮燥，这样才能把自己的婚姻永远的保鲜如新。

> 生活总是很现实，柴、米、油、盐、酱、醋、茶是离不了的，当婚姻遇到这些生活中现实的问题时，可能两个人的各种缺点也就暴露出来了，谁也不能保证这些缺点会让婚姻出现危机。

婚姻持久幸福的8大特征

幸福婚姻的理想状态是每一个男女能实现不同角色的变化：既是个好丈夫好妻子，又要是个好情人好性伴，使他（她）成为自己生命中情不自禁的牵挂。不幸的婚姻是由多种原因造成的，而根据有关研究表明，幸福长久的夫妻，一定是在爱情婚姻中具备以下八个特征：

爱情生活永远是快乐的

传统观念认为，成熟的爱情是随时间的流逝缓慢发展而成的。但幸福的夫妻几乎从相识之日起，就感到双方极为和谐，他们都感到与对方息息相关，并具有共同的价值观。

改变自己，迁就、习惯于对方

大多数夫妻都感到婚后在许多方面改变了自己，迁就和习惯于对方的习惯，幸福的夫妻都觉得自己已经变得更好了——他们的配偶也认为是这样。一个幸福的婚姻可以使夫妻双方变得更加完善。

共同分担日常琐事

日常琐事本身并不能带来幸福，但它们给配偶带来了信心，增强了相互的信任。在这些日复一日的满足中，幸福的夫妻可以使共同的理想上升到更高的境界。

从不相互嫉妒

他们一般不会吵架，但发生冲突时，他们一样会生气、发怒——但随后就各自退让了。有能力解决问题是这些夫妻的共同特点。

重视对方最好的一面

当配偶将注意力放在对方的优点上时，夫妻之间才会变得恩爱和睦。这并不意味着双方都有必要成为乐观主义者，只是他们不把注意力放在对方那些容易导致焦虑、生气或忧伤的缺点上。幸福的夫妻都知道对方最好的一面，并使他（她）最大限度地表现出这一面。这种"玫瑰色的现实主义"是幸福婚姻的基本特点。

理解性爱的重要性

人们常说，性爱在幸福的婚姻中并不算重要，幸福的婚姻取决于友情、尊重和承诺——当爱情减退时，这些因素可以使婚姻持续下去。但是，在这些婚姻貌似平静的外表下，经常可以发现，恩爱的夫妻都有着强烈而令人销魂的性爱生活，存在着明显的性的引力，其实，幸福和谐愉快的性生活是维持婚姻持久的强大动力。

决不互争高低

他们虽会发生冲突，但并不是因为家庭的权力和地位。不管双方贡献有多大，都被看成是对家庭做出了同样重要的贡献。在理财方面，每一对恩爱夫妻认为家庭收入是他们共同的，而不是他或她个人的。在财务问题上，他们不存在权力斗争。

牵手一生

配偶是最好的朋友

他们在一起共同度过大量的时间,谈论家庭,为家庭而工作,追求两人共同的爱好。无论想做什么,他们都想共同去做。在这方面,恩爱夫妻都能相互支持,忠实于对方——即使认为对方的做法是错误的。有些专家告诉我们,罗曼蒂克的爱情一定是带有"欺骗性"的,是现实的理想化,但幸福的夫妻都竭力将浪漫的婚姻生活维持下去,多年以后,他们仍被对方所深深吸引。

鸳鸯语典

"爱你而不用抓紧你,欣赏你而不批评你,跟你一起参与而不会伤害你,邀请你而不强求你,离开你而不歉疚,批评你而不谴责你,帮助你而不看低你,那么我们俩的相会就是真诚而且彼此润泽的。"

夫妻沟通的艺术

所谓沟通,是指通过相互的言语交谈,双方了解彼此的思想、情感和意向,消除误会,共同生活。

沟通是夫妻关系的润滑剂,美满婚姻需要有良好的沟通。

沟通的功能

1. 相互传递信息,夫妻沟通的本身就是相互传递信息。让对方知道发生了什么事情,双方共同面对所发生的事情,而感到夫妻是一体的。
2. 征求、表达意见,商量解决处理事情的办法。
3. 夫妻间的沟通还有一个重要功能,就是随时让对方知道你对他的感情,表白你的欣赏、喜爱与专情这样才能去维持和巩固夫妻间感情。

沟通的条件

1. 在家庭中沟通的前提必须是平等的，双方相互尊重，相互独立，不可替代，这是良好沟通的基本条件。如果认为对方从属于自己，把自己凌驾于对方之上，那么双方就没法沟通。

2. 沟通不可忽视双方性格。有时两人缺少沟通与两人性格有关，有人生来就不喜欢用语言来表达，再加没信心坚持自己的意见，特别是两人性格一强一弱，性格弱的一开口就被对方拦住，久而久之就不愿开口表达意见了。还有的夫妻对方一开口就带着火药味，相互批评和指责，没办法沟通，这样夫妻之间就无法沟通。

3. 沟通需要互动。我们说沟通是信息的互换，希望得到反馈。如果仔细观察就会发现有些话夫妻之间一天不知要说多少次，比如，"今天天气真好"，"地板有些脏了"，"今天的饭菜这么样"等等，如果对这类陈述的反应只是哼一声，或者点点头，甚至一无反应，说话的人就会感觉到受到了冷落，没有得到尊重，长久下去就形成了沟通的障碍，也形成了感情的障碍。即便是一个否定的回答也比没有回答强得多。因为夫妻之间总有认识不一致的时候，沟通的目的就要告诉对方自己的感受，所以即使是拒绝性的答复，否定的意见，也是必需的。

沟通的方式

语言的沟通：有的朋友说，同在一个屋檐下生活，两口子没有不说话的，说话本身就是交流、沟通。平时两个人聊的话题天南地北，可大可小，可以是国家大事，也可以是风花雪月，可以是工作大事、家中杂事或家庭目标、人生计划。当然，最重要的是，两人谈话时尽量避免责备对方，少说一句可能伤对方感情的话，多说一些鼓励和称赞的话。不要把自己的观点强加于对方。

身体的沟通：夫妻之间的沟通不仅仅是语言，包括一切夫妻之间进行交流的行为。如果丈夫一边吹口哨一边洗碗，这意味着向妻子传递自己很快乐，并不讨厌洗刷的活儿；家里来了客人，丈夫当着客人的面搂搂妻子的肩头，是丈夫以特有的方式对妻子招待客人表示感谢，同时也是在向家人炫耀自己有一个夫妻恩爱的幸福家庭；而当妻子的则对丈夫报以微笑，这也意味着表示自己很高兴给别人带来欢乐，即便是忙了点，累了点也没关系。虽然这一沟通只在瞬间完成，但却寓意深长。伴侣经常使用非口语沟通技巧来辅助双方的沟通。如，肢体语言，像抚摸、碰触、拥抱等。如一同散步、一

牵手一生

道去买东西，或忙中偷闲喝杯茶、聊聊天等。都能起到沟通的目的。

沟通的秘诀

1. 男女差异既擦出爱的火花，又引发两性大战。所以要注意不要总是以自己的方式去要求对方。

2. 男人是用来崇拜的，女人是用来疼爱的。男人和女人的需求是不一样的，男人需要信任、赞美、鼓励；女人需要关心、理解、尊重。成就感、满足感对男人非常重要，这让他觉得自己是个男人。女人切记：献出你自己，但不要放弃自我。

3. 两性感情没有对错，家庭婚姻不需要法官。在两性关系中，谁争了一辈子的对与错，谁就是永远的输家。

4. 用接纳和包容代替雕刻和改造，两性关系就会幸福。不要老是想着去改造你的另一半，每个人都有自己的尊严与信心，多一些宽容、多一分和谐。

5. 压力面前，男人需要山洞，女人需要倾诉。所以男人有了问题和压力，女人要给他足够的空间去休息、去疗养、去考虑对策，给他一个自己的"山洞"，让他一个人静一静，别去打扰他。女人出了问题、闹情绪，男人要做的是学会倾听，你不需要做什么，你只要安静地听她诉说、听她哭泣，看着她破涕为笑，事情就解决了。

争论的艺术

1. 在对别人提要求时，首先对对方的感受表示理解，如：我知道你很累，但是你是否把自己的衣服放在固定地方。

2. 要就事论事，不要把对其他的事情的不满一起说出来，不能说："你这个人就是一贯如此"，"你总是这样"。

3. 表达感受的目的在于解决问题，不是想吵架。在表示不满的同时，要提出你对下一步的建议，如："你回家晚了也不打电话，家里人很不放心，下次最好能事先通知家里一声。"把埋怨变成希望。

4. 不要提高嗓音，不用讽刺的腔调，更不要拉长了脸，用手指责对方。

5. 如果你坦诚的讲了自己想说的话，对方生气了，态度很恶劣，你不要反球"踢回去"别以为忍让就是自己吃了亏，过后他会后悔的，待他冷静下来后，你再平静地与他交谈也不晚。当一个人大吼的时候，另一个人就应该静听，当两个人都大吼的时候，就没有沟通可言了，有的只是噪音和震动，你无法赢得争论。十之八九，争论的结果会使双方比以前更相信自己绝对正确。

夫妻之间过多的争论，只会伤害感情，你指责对方，假使你指责的是对的，但是这种指责，往往伤了对方的心，你还是错了。最好不要指责，要多赞扬，多建议，把埋怨变成希望。

案例点评

1. 夫："今天晚饭吃什么？"
   妻："我想去吃一次肯德基，你不是也说过想尝尝它的味道吗？"

这是一次相互以成人意识对成人意识的交往，丈夫的话是探索性的，也体现了对妻子的意见和喜好的尊重。妻子的回答把丈夫的愿望和自己的意图统一了起来，既坦率地表达了自己的观点，也表达了对丈夫的体贴。丈夫过去说过的话妻子是记在心上的，这种交往是成功的，它对双方良好的关系起着积极的作用。

2. 夫："你知道我的蓝色衬衣在什么地方？"
   妻："你呀，衣服总是乱扔，什么都不知道。"

丈夫的话是探索性的，但妻子并不回答他的疑问，只是指责，以父母意识指向丈夫，是不成功的交往。

如果妻子首先告诉他的衬衣在什么地方，或表示愿意帮他寻找，或我现在正忙着做某件事情，过一会帮他找。或他说"对不起"一类的话，妻子的反应也就同样是以成人意识对成人意识了。

鸳鸯语典

任何一对男女在决定成为夫妻的时候，都是相爱的，如果不相爱就走不到一起。可是走到一起的相爱夫妻为什么不能相守，而最终要分手呢？这根本就不是不爱对方，而是不知道怎么去跟对方沟通。久而久之，两个人彼此之间就只剩下沉默是金了。

任何一个人都不是十全十美的，多去看对方的长处，多一些赞扬和肯定，在对方需要关心和倾听的时候坐下来静静地听对方诉说，并且给予对方积极正面的反馈。

牵手一生

幸福婚姻 10 不要

1. 不要对婚姻生活的期望过高,对伴侣过度要求。

2. 不要婚姻生活中一出现任何问题,就向自己的父母求援,而不会和伴侣共同设法解决。

3. 不要令对方感到"咄咄逼人"的压力,而且往往在问题发生之后,由于反应过烈而失去回转机会,结果也会宣告婚姻失败。

4. 不要对伴侣过度迁就宠溺,事无大小都侍奉代劳,惟恐不周,长年累月之后,形成理所当然的习惯。要是偶然"侍奉不周",便会成为冲突摩擦的导火线。

5. 不要让对方失去相对安静的环境,久而久之使对方产生厌倦情绪。

6. 不要依赖性太大,凡事都由对方去做,自己则像老爷、太太一样心安理得地享受伴侣的侍候,久了对方觉得这是一种累赘,体会不到生活的温馨,认为婚姻没意思。

7. 不要对伴侣的任何思想行为都不断作出尖锐的批评,令对方无法接受。

8. 不要自奉甚俭,亦不容伴侣做稍超常规的消费,生活上应有的娱乐或享受都被剥夺,生活将毫无乐趣。

9. 不要不断将一些想像出来的"疾病"向丈夫诉苦、抱怨,希望引起丈夫的关怀注意,但往往弄巧成拙,使丈夫无法忍受。

10. 不要对一切事物都要求达到自己心目中的最高标准。由于对自己或伴侣要求过高,致使双方心理、精神均受重大压力,良好的婚姻关系不易维持。

Hand in hand forever

牵手一生

不管是在外打拼的丈夫还是在家做主妇的妻子,如果想让你们的婚姻生活和和美美,减少不必要的争吵的话,那么请你们多几分理解。要知道理解万岁!

夫妻 22 条经典"魔鬼定律"

以下定律,未必条条有理——

❤1 炒菜定律:经常炒菜的肯定是妻子,炒菜好吃的肯定是丈夫。

❤2 忠诚定律:妻子越是爱丈夫,丈夫对妻子越是忠诚;丈夫越是爱妻子,妻子越是对丈夫不忠诚。

❤3 花钱定律:妻子把钱花在打扮(美容、穿戴)上;丈夫把钱花在过(烟、酒、牌……)瘾上。

❤4 买菜定律:一到菜市场就不知买什么菜好的多是妻子;一到菜市场见啥菜买啥菜的多是丈夫。

❤5 成熟定律:越是被妻子深爱着的丈夫越是成熟;越是被丈夫娇宠着的妻子就越是不成熟。

❤6 说话定律:夫妻之间谁说得话多;谁的话就没分量。

❤7 伤害定律:夫妻之间,一方对另一方付出得越多,分手时所得到的伤害越大。

❤8 抱怨定律:经常抱怨的总是妻子;经常被抱怨的总是丈夫。

牵手一生

♥ 9　干活定律：在丈夫的眼里，家里总是没有什么活；在妻子的眼里，家里总是有干不完的活。

♥ 10　做事定律：做事见好就收的总是丈夫；做事想好上加好的总是妻子。

♥ 11　着装定律：男人只有合身的服装而缺少流行的服装；女人只有流行的服装而缺少合身的服装。

♥ 12　出门定律：最着急出门的是妻子，最后一个出门的也是妻子。

♥ 13　洗碗定律：妻子洗碗易净；丈夫洗碗易碎。

♥ 14　唠嗑定律：越唠越有精神的多是妻子；越唠话越少的多是丈夫。

♥ 15　回家定律：妻子一出门就想回家，丈夫一出门就不爱回家；妻子一旦不愿回家，丈夫就得匆匆回家；丈夫一旦不愿回家，妻子迟早也得离家。

♥ 16　吵架定律：夫妻越是毫无原因的吵架越是吵得越凶。

♥ 17　讥笑定律：在懂得爱情的夫妻那里，相互间的讥笑会演化成一种幽默；在不懂得爱情的夫妻那里，相互间的讥笑会演化成一场战争。

♥ 18　距离定律：有时候夫妻之间的地理距离越远，情感距离越近。

♥ 19　危机定律：当家庭经济出现危机之时，丈夫的想法总是希望妻子帮自己一把，而妻子的想法是能否换一个丈夫。

♥ 20　脾气定律：夫妻之间，挣钱多少决定脾气大小，不挣钱的人没脾气。

♥ 21　平等定律：夫妻双方都认为自己是家长，可重大的事情又一个人说了不算。

♥ 22　劝说定律：夫妻之间一旦发生矛盾，出面劝说的人越多，矛盾越是不容易解决。

206

Hand in hand forever
牵手一生

蜜运语典

> 婚姻是种艺术,如果两个人都能找到适合自己的模式,那就得一起厮守。

夫妻恩爱手册

❤ 1 夫妻间不要相互对嚷和诅骂,要温柔善意地只说那些有益的字眼。每天都要交流,这是最重要、最能表示关爱的形式。不要批评、谴责、抱怨。要对彼此间的关爱表示感谢。

❤ 2 在与朋友会面、出入公共场合时夫妻要端庄恩爱,在外夫唱妇随,在家妇唱夫随。

❤ 3 夫妻间无特殊情况总是共同进餐;要有应酬外出必须事先给妻子(丈夫)打电话。

❤ 4 因工出差或出远门在外到达目的地时必须第一时间给妻子(丈夫)打电话;不能按正常时间归家或者临时有突发事情延误时间时必须及时给妻子(丈夫)打电话。

❤ 5 夫妻间有分歧、不满、猜忌时,一定要通过各种途径表露出来;出现问题,只能就事论事不能连带旧事,不能扩大问题,就针对发生的事进行沟通与交流、协商与解决。

❤ 6 夫妻间出现争吵与不和,不能言语过激!做错了事情、伤害了对方要承认,并且以行动向对方赔不是。放下所谓的面子!

❤ 7 夫妻间无论发生什么事件,必须同一个被窝相拥而眠!不能分居!

牵手一生

❤ 8　夫妻因工作或其他原因不能见面期间,每日联系至少一次,且多选择在临睡前的时间;在对方乐意接受的情况下联系次数不限!

❤ 9　夫妻间每周性生活不少于三次或每月不少于10次;(在不影响工作与正常生活、身体没有异样或者不舒适的情况下,性交次数不限)除性生活以外的亲昵行为每日不少于一次:如拥抱、亲吻、抚摸、轻拍、端详、凝视等。

❤ 10　夫妻间逛街散步时必须挽手或牵手;相互间距不能超出一米范围!

❤ 11　在有婴儿的情况下,根据孩子对母亲(父亲)的亲近度来判定谁来抱孩子玩或哄孩子睡觉。

❤ 12　夫妻间要注重语言交流;心灵沟通;相互欣赏;尊重对方;无论在外在内都要多为对方着想;要以妻子(丈夫)忧为忧;以妻子(丈夫)乐为乐!相互珍视!珍惜拥有!

鸳鸯语典

爱情存在着被爱和去爱,夫妻间既要让自己变得可爱,也要主动学会如何去爱对方。真正去爱是需要倾其全身心的"我给"而不是"我要"。在爱情的道路上,给予比接受更快乐,爱是分担而不是迷恋,爱意味着关心、责任、尊重的认识,只有达到"你中有我、我中有你"才是婚姻的极品。

快感婚姻6方案

不要妄想在婚姻以外去寻找快感,那可能只是刺激与新奇,却远远不是婚姻应有的快感。太丰富的物质,有时候反而是对快感婚姻施的障眼法,你只看到表面,却无法深究本质。

Hand in hand forever
牵手一生

天长地久更能培养出美好的默契，快感婚姻也是如此。 当你沉下心来，为你的婚姻寻找到更多的快感，相信我，你会上瘾，会更加离不开只属于你的婚姻。 不要因为婚姻的平淡繁琐而抱怨，也不要为身边人的不够完美而对婚姻判下死刑，那是不明智的。

·高　　潮·

高潮自然要排在快感婚姻的榜首，没有什么比高潮更能令婚姻充满快感了。

这是一个良性循环的起点，有了美妙的高潮，会让婚姻更加充满快感，而快感婚姻，则会令高潮向更高的美妙冲刺。

·一起做饭、散步和跳舞·

无论什么事情，都邀请他一起参加吧。 任何一方坐享其成都会导致惰性的恶习，你们一起做饭，一起分享美食，哪怕只在周末。 共同的努力与分享，可以让琐碎的片断成为快感的前奏。

·把蜜月之旅拍下来·

蜜月不是只有一次，当你们将蜜月之旅拍下来，并且精心地剪辑、配乐，加注彼时的心情。 在平淡的日子，不止一次地重放，温故而知新，彼时的甜蜜，扩张成现在的快感。

·每年举办一次婚礼·

不要以为这是一个胆大妄为的设想，一年一度的婚礼自然不必像最初的婚礼那样盛大，其实，那也可以理解为你们的每一个结婚纪念日的盛宴——哪怕只有你们两个人，将交换戒指时的誓言在这一天重新说一遍。

·搞一场7年之痒聚会·

就是要做一场秀！ 把你们7年来的甜蜜公之于众吧，也把你们的争吵与和好的过程拍成一段DV。 有什么关系呢？ 婚姻处处都是快感，做秀的时候，更是将快感曝光的高潮。

·一起完成最遥远的心愿·

挑一个最不可能完成的心愿，一起去努力实现！ 比如他想去珠峰登顶，

牵手一生

她想去摩洛哥看"北非谍影",都没有关系,至关重要的是你们在一起!

蜜蜜语典

物质可以让婚姻充满华衣美服,充满玉食琼浆,充满别人的艳羡,却也可能满是欺瞒与寂寞的窟窿。物质只能带来短暂而易逝的快感,而那些真正发自内心深处的愉悦与幸福,却是必须要超越物质的,与相爱有关,与智慧有关,与默契有关。要记得你们是相爱的,这便是你为婚姻寻找快感的全部理由——婚姻当然会有坐云霄飞车的快感,并且这快感更加持久甜蜜,无所不在,一切不过在于你如何选择以及是否以真心在寻找!

夫妻性爱 3 禁忌

性爱本是夫妻生活中一件十分美好的事情。然而,很多夫妻在性爱问题上处理得并不和谐,使他们在精神上倍受折磨。原因何在?就是他们触犯了家庭生活中夫妻性爱活动的一些禁忌所至。

• 性猜疑 惹祸端

案例:柳君是一家公司的业务主管,年轻而英俊潇洒,搞公关很有办法,办事能力强,公司经常派他出差在外,这却使其妻颇费心事,生怕一脸帅气的他在外被别的女人勾引了去。于是,妻子对他采取了以下积极的防范"措施":一方面,每当柳要出差时,出差前总是主动示爱,其意一是表达真切的爱意,用情束缚柳君;二却是想在出门前把柳君"喂饱",以防他万一心血来潮行为出轨。另一方面,每当柳君出差返来时,更是热情伺候,常常迫不及待地与柳君及时情意绵绵一番,其意一是小别胜新婚,"性趣"使然;二是可以"查验"丈夫在外是否有负于她,尽管这办法并不科学而只是自己的一种感觉。

如果柳君归来表现不好，她的心里就直犯嘀咕：丈夫在外是不是有了外遇？

一次，因误了车次柳君归来已经半夜时分，连日的旅途奔波实在太累了，简单洗漱后就想睡觉休息。可妻子还要履行她的做爱查验程序，柳君无意扫了妻子的兴趣，便强打精神勉强做爱，显然精力不济，导致最终失败。柳妻不悦，长期隐匿在心头的猜疑顿时变成妒火，喷薄而发。见妻子一点也不体贴人，竟怀疑自己有外遇，想到自己辛辛苦苦地在外奔波还不是为了这个家，柳君顿时也火冒三丈。片刻间，二人你来我往，唇枪舌剑，如此大吵一番。

事后，二人陷入了冷战，好久都是冷眼相对，家庭的温馨荡然无存，柳君的差还是要出的，只是一切都变了，婚姻大厦眼看岌岌可危。

• 性戏言过了头 •

案例：阿燕姑娘性格开朗，喜欢开玩笑。新婚之夜，她与新郎阿翔宽衣上床后，双眼微闭，满面潮红，倾心迎接那令人失魂丢魄的幸福时刻的到来，可不曾想到夫君阿翔的那个玩意儿真不争气，一触即发，初次做爱就这样失败了。她的第一次期望突然落空，心里自然多少有些不满，可看着丈夫阿翔气喘吁吁又像做错了事的尴尬样，顿觉好笑，"没想到你这男子汉大丈夫干这事竟这么没水平。"一句戏言酸得紧张感还没消失的阿翔羞愧难当，满面绯红，顿觉英雄气短，恨不能钻到床底下去。后来每每做爱，可怜的阿翔总会不自觉地想起她曾说过的这句话，精神总是紧张，经常溃不成军败下阵来，时间久了，真的显得力不从心，患了严重的早泄症。

其实，作为性格开朗的知识女性，阿燕明白丈夫出现早泄是太紧张了，然而，这样一句戏言给丈夫造成如此大的精神压力和严重后果是她始料不及的，也给新婚不久的婚姻生活长时间地留下了挥之不去的阴影，她真是后悔不已。后来，经过心理医生的辅导治疗和阿燕的温存体贴，丈夫阿翔总算重振了雄风。

• 性爱不宜太牵强 •

案例：小强做生意近几年发了财。妻子小梅为防"男人有钱就变坏"，对其是悉心照顾，无微不至，尤其在夫妻性生活中更是尽其兴致，她不想因自己在性生活上不能满足老公而为其"性走私"留下借口。因此，对于小强频繁的做爱要求，小梅尽管有点受不了，却也强撑着；甚至有时为博小强欢心而努力表现出一副很投入的样子，而当小强达到性快感高峰时，她却是身心疲惫、强颜欢笑。

有一次，小强带着醉意要做爱，她像往常一样温柔地任他去做。也许是酒兴大发，小强一次做爱持续了很久，可仍觉不尽兴，稍停又二次再来，如此这般竟折腾了几个回合。小梅本来就有些勉强，没多少性欲望，阴部强烈的不适感和精神痛苦终于使她发了怒，坚决拒绝他的再次侵犯。从此以后，小梅一想起那次做爱就有些心有余悸，她再也不像从前那样陪小强做爱了，夫妻原有的"和谐"也不复存在。

作为妻子，应该信任自己的丈夫，相信丈夫的性道德。这也是自信心的具体体现。夫妻之间的彼此信任是奠定婚姻关系的起码要求，是爱情的基础。男子的性心理很脆弱，特别是男人的性自尊，些微的伤害都会给其造成难以想像的致命伤。现实中性生活配合再默契的夫妻，也会存在程度不同的性差异，科学而合理地调整这种性差异，需要夫妻双方彼此互相体贴，并在长期的性生活实践中不断摸索和总结。

夫妻性生活7大魅力

随着时间的推移，夫妻的性生活是否会最终变得平淡而乏味呢？下面7点是性生活美满的夫妻们通常所用的一些小技巧，他们享受到了更为多彩、频繁而满意的性生活，或许会对你有些帮助。

·优先考虑性的要求·

美满的夫妻认为性生活是其日常生活中的一个重要组成部分。为了使性生活尽可能圆满，他们能够付出一些代价，例如：偶尔推迟晚饭、独自外出度假——不带孩子，也不跟随另外的朋友。

· 为性生活腾出时间 ·

通常的办法是约定"日子",彼此都要事先安排好各自的事情,以便空出那段时光。 他们也很善于捕捉不期而遇的闲暇去过性生活,而不是一有空就干家务或者采购之类的事。

· 保持温存热烈的气氛 ·

完成性生活需要的是相互之间的亲近、抚慰和占有。 如果彼此冷淡、疏远、呕气、那么性生活肯定是枯燥乏味。 每种关系都有冷时、热时。 自然,性生活圆满的夫妻也有吵架的时候,甚至于互不理睬。 但是他们能够很快的摆脱不良状态,重归于好,这是因为他们善于发现解决问题的途径。

· 美满的夫妻知道怎样去抚摸 ·

性生活和谐的夫妻比起其他人来更为敏感。 他们知道紧紧的拥抱和热烈的亲吻不仅是传递着爱意而且会使性的感觉长久不退。 比起那些夫妻间正常做爱而平时很少或者根本没有接触的模式来,这一点显得非常重要。

· 保持浪漫的生活气息 ·

性生活完美的夫妻懂得温柔、赞赏和抚慰的妙用,他们相信魅力,他们喜欢夸赞对方多么美丽或者英俊。 他们偶尔点着蜡烛吃饭、纵情嬉戏。 他们记得纪念日或者其他特殊的日子互赠礼物,有时会让对方有意外的惊喜。

· 明白语言的艺术 ·

专家们普遍认为在交谈和性满足之间存在着很强的因果关系。 这倒不是他们互相之间能畅所欲言,而是他们能够给对方这样的反馈;性生活和谐的夫妻互相倾诉自己的幻觉和快感,当然并非所有的夫妻都这样做,但许多人的确发现分享这些秘密会给他们的性生活增添不少情趣。

· 相处,依旧像恋人那样 ·

一些研究证实夫妻间的性满足会随着孩子的出生而降低,而性和谐的夫妻能够抵制这一点。 他们不让孩子随便进入自己的卧室,他们会让孩子意识到什么时候他们想独自呆着,不受打扰,除非出了什么大事。 他们为了享受不紧不慢又无拘无束的性生活会把孩子托付给保姆一会儿。

> 美满夫妻的性生活，并没有什么秘密。很多事情都是显而易见的，关键在于付诸实践。只要试一试这些办法，你就会获得满意的性生活。

"新鲜"性生活6主张

许多夫妇常为性生活的不和谐、不美满而苦恼，严重者甚至危及婚姻关系。除了夫妇身体疾病所导致的性生活不和谐外，究其原因，主要是对性生活缺乏基本的知识和了解，而且大部分是属于心理因素方面的问题。为此，自感性生活乏味的夫妇应从以下几方面加以调适。

性生活和谐要以爱为基础

夫妻性生活的目的，不仅仅是生儿育女，同时也是夫妻整个爱情生活中的一个重要组成部分。做爱的目的就是为了分享和表达对对方的爱。至于做爱能否出现性高潮并不是最主要的。

做爱要注重过程

有位性学专家指出：夫妻间的性生活有如从事体育活动一样，你不要只对最后的结果感兴趣，应该对体育活动的过程更感兴趣。不然的话，就会造成夫妻间做爱过程的紧张，反而达不到性高潮。

及时表达做爱的感受

性学专家指出，夫妻做爱时，沉默寡言，互不表露自己的感受，那是很糟糕的事情。做爱时要及时互相吐露自己的性感受，帮助对方了解敏感部位及获得性快感的技巧。

Hand in hand forever
牵手一生

- 做爱方式要多样化

千篇一律的性生活方式会使人产生单调乏味感。其实，每对夫妇表达情爱的方式是可以多种多样的，就像人的味口一样需要不断变化翻新，这样做可以提高性生活的新鲜感和吸引力，使性生活更为和谐和富有魅力。

- 要创造良好的做爱氛围

夫妻过性生活，应该像节日旅游度假一样，要事先做好准备，如事前洗个澡、打发孩子早点入睡等，还要多谈论些与做爱有关的使人兴奋的话题。

- 和谐性生活需要双方共同的努力

有些夫妇总是把性生活不和谐的责任推给对方，责怪对方没有很好配合。事实上，一次令人愉快的交欢，是夫妇双方共同合作的结果。为此，夫妇双方应阅读一些性知识基础之类的书籍，了解男女性心理和性生理的不同特点，以便互相配合，互相激发，使性生活美满愉快。

鸳鸯语典

如果想要达到性的最高潮，你就应该自由自在地运用触觉来使自己兴奋。抚摸伴侣的全身，也让对方抚摸你，没有一个部位例外。

提高"性趣"的5个直觉

身体的触觉、体味、爱人的外观以至声音，都与性乐趣的大小有关系。

- 触　觉

人类的身体，除了性器官外，其他的性感区还有：耳垂、口、乳房、臀和

牵手一生

脚以及腹部。这些部位因为神经末梢多，或血流较多，因此特别敏感。由性感小的部位开始，向性感大的部位爱抚，感觉最强烈。

研究显示，男性和女性的喜爱的爱抚方式是不同的：女性喜爱较柔和的爱抚，男性喜爱较强烈的爱抚，因为女性对痛楚的反应较快和敏锐，对皮肤的压迫反应亦较大。

爱抚之所以引起兴奋，它传达的信息起着重要的作用。"皮肤中的触觉只是告诉脑部某一部分被刺激，"专家说，"脑部接到信息后，理解到是伴侣的爱抚，然后我们察觉到伴侣的欲念，才产生兴奋。"

外　观

传统观念认为，男性较易由视觉的刺激引起兴奋。但是，最近的研究指出，女性和男性对性感形象的反应是一样的。

男性和女性，在视觉方面确是有些不同。研究显示，女性比男性在黑暗中看得清楚。所以，做爱时男性喜爱开灯，而女性则喜爱关灯或灯光暗些。

甚至卧室的颜色或内衣的颜色，亦影响性的乐趣。研究显示，男性和女性皆认为：红橙色、深蓝、紫、黑、黄、褐和灰色是性感的颜色，而且女性比男性认为性感程度较大。

奇怪的是，虽然视觉是强烈的性刺激物，但是，在做爱时，大多数人却避免睁开眼睛，因为不愿看到身体令人不满意的部分。专家说："做爱时，两人眼睛的接触是会增强性兴奋的。闭目做爱，便使性的乐趣降低，实在是一件可惜的事。"

・体　味・

每个人都有身体的气味，是皮肤上的细菌化合造成的。它们和手指纹一样独特。71%的男性和女性承认，气味有很大的性刺激作用。而类似麝香的气味，性感就更强。麝香味的香水之所以受欢迎，道理即在此。

女性比男性嗅觉较好，她们可闻到1米距离内的汗味。在排卵期，她们更能嗅出男性的特别体味。

此外，男性的类似麝香的体味，只有成年女性才嗅得出，男性本身和儿童均嗅不出。研究指出，这种体味叫做"信息素"，由性器周围和腋下的腺体制成。当你闻到此气味时，会变得心情轻松、性感。某些食物也含麝香味的信息素，例如香槟和鱼子酱。

口　味

人类的口中有约一万个味蕾，按感觉的味道类型而形成一簇簇：舌后感觉苦味、舌尖感觉甜味、舌侧感觉酸味，舌的各部位感觉咸味。我们的身体大部分在性爱时出的汗和分泌的液体，则是咸味的。

女性对苦味敏感，但是喜爱甜味；而男性则对咸味敏感。一个人喜爱或讨厌汗液、精液或其他身体分泌液，通常都与这"口味"喜好有关。

声　音

何种声音性感？每人的感觉都是不同的。淫亵的谈话对一些人有强烈的兴奋作用。但是，对另一些人则不一定性感。至于音乐，一些人喜欢听浪漫的民谣；另一些人则感觉节奏快的舞曲可使热血沸腾。一些人随着音乐的速度做爱可增加性的乐趣。但是，另一些人感觉在做爱时听音乐，会分散注意力。女性的听觉比男性的敏锐，因此，女性喜欢柔和的音乐，而男性则喜听强烈的音乐。

快乐时发出的声音——叹息、呻吟和喊叫，也有很大的兴奋作用。男性特别喜欢听做爱时女性发出的这类声音，是因为这代表他使你得到乐趣，因此，如果你真的在做爱时喉头发出这类声音，不要强忍。总之，在做爱时，一切顺其自然，乐趣便会更大。

鸳鸯语典

要达到最高境界的性满足，你必须专心去做一些练习。情感的动机会刺激你内在的力量，并进一步发掘你真正的潜能。试着对自己要求更多，那么你的收获会更大。要知道，想拥有积极的性生活，首先要确定你的需要，然后尽快着手去做！

夫妻性生活 14 点禁忌

忌酒后房事

一些人习惯酒后房事，有人甚至认为酒后过性生活会"提高质量"。其实，酒后尤其是大量饮用烈性酒后反而会导致男子阴茎勃起不坚或早泄，妨碍性生活和谐，而且酒后受孕还会危及胎儿。我国医学历来认为："醉后房事，以欲竭其精。"这说明酒醉后进行性生活，要损害健康。现代医学研究表明，酒后怀孕的，所生子皆痴呆无才。

忌疲劳后房事

人在经过强体力劳动或激烈运动后，身体十分疲劳的情况下，不宜勉强进行性生活。否则，不仅因劳上加劳，体力消耗过大而损伤"元气"，而且不能产生成熟和健壮的精子，影响下一代的正常发育。

忌浴后房事

洗澡时全身血液循环加快，皮肤血管充分扩张，这种生理变化情况要持续一段时间。浴后立即房事，会使血液循环平衡失调，而影响身体健康。

忌强行房事

一般而言，男子的性欲强于女性，而且往往急于求成，性欲一动，不顾女方的身体、情绪如何，粗暴地强求房事，这样会使妻子得不到快感或被迫应付，而引起性冷漠，甚至会恐惧、厌倦、性欲减退，最后会因此导致夫妻感情上产生裂痕。

忌经期房事

女子经期性交会加重子宫内膜充血，使经期延长、流血增多，还容易使细菌经男性生殖器带入，引起子宫慢性炎症，严重的，会导致终身不孕。

忌产后即房事

民间有产后房事忌百日的习俗，是有科学道理的。因妇女产后9周内子宫还未完全收缩复原，如果过早地进行性生活，很容易造成子宫复原不良和子宫出血。"恶露"不尽，可导致急性贫血或细菌感染发生炎症，造成妇女终身痛苦。

忌病体房事

夫妻间一次房事要付出一定精力与体力。据医学家试测，心率可达每分钟130次，并伴有血压升高。因此，一般青壮年也应适当节制，不可纵欲。高血压、心脏病患者或急性心肌梗塞后正在恢复期的病人，男女都应节欲，以免引起病情骤变，而发生意外危险。

忌心情不快时勉强房事

有些夫妻在一方情绪不佳时勉强过性生活，不仅得不到性生活的和谐，还会使精神不好的一方对此反感，如反复发生，会导致女子的性冷淡或男子的阳萎。

忌不讲环境卫生即房事

夫妻在污浊、杂乱不堪的环境里过性生活，会影响男女双方的精神状态，干扰性生活的成功，杂污的环境容易使各种细菌和病原体经男性生殖器带入女方体内。

忌男尊女卑思想作祟

在性生活中有些人仍有男尊女卑思想并表示出来。最常见的是男方为所欲为，不听、不尊重女方意见，或动作粗鲁，甚至粗暴，这种封建意识及错误做法，将严重损伤妻子的自尊心，不仅会破坏夫妻感情，还会使女方逐渐对性生活产生厌恶，最终导致性冷淡。

忌饱食或饥饿时房事

因饱食使胃肠道充盈并充血，大脑及全身其他器官相对地血液供应不足，故不宜在刚刚吃完饭后就过性生活。相反，饥肠辘辘，人的体力下降，精力不充沛，此时过性生活往往不易达到满意的效果。

牵手一生

忌精神过度紧张或羞怯时房事

多见于新婚夫妇。由于精神极度紧张或过于羞怯，易引起男方的早泄，或女方性交时疼痛（阴道痉挛），影响快感。夫妻性生活时，要尽量保持轻松、愉快的心绪，女方也不必为此感到羞怯，应从容大方，积极主动地与丈夫密切配合，这样才会保证性生活的质量。

忌"五更色"

"五更色"就是在黎明前、快起床时进行性生活。在起床前进行性生活后，夫妻双方在兴奋后，精力都得不到充分的休息和恢复，使机体的平衡失调，从而降低了身体的抵抗力。同时，由于过度疲劳，白天头昏、脑胀，肢体乏力、精神不振，也会影响工作和学习的效率。

忌性器官病变时房事

男女任何一方，性器官不卫生对对方的健康构成威胁，将其上面的细菌及病原体带入对方体内损害健康，特别当一方生殖器官或泌尿系统发生急性病患或其他传染病期间，必须严禁性生活，以防病情加重或受孕，影响优生。

> "性"本身无罪，只是看人如何使用它，别让我们成为性的奴隶，那不该有的罪恶感就加深了。人们衷心地盼望，性生活的美满不是由于性技巧的进步，性的新奇或冒险，而是一种情感的分享，一种爱的学习。它不该是一种目的，而是一种方法。

夫妻性生活5点劝告

如果夫妻间的性生活美满幸福，一定是他们的感情与肉体交融得非常协调。

做爱不是单纯的性交

妻子们总是埋怨丈夫应该给予她们更多的情感和爱，绝不是仅仅在性生活的那一瞬间。而男人们认为他们向对方表示爱，就要发起进攻，妻子应该接受。

因此和配偶保持新鲜快乐的情感，需要经常交流思想。体贴和理解对方，以保持性爱的持久性，不能等到性生活开始时才进行努力。只有这样，这种自发的爱才能在配偶之间引起共鸣，双方才会感到性生活协调而不再是突如其来的了。

"女性喜爱被诱惑"

男性很少以诱惑的方式去吸引对方，然而在男性面前表现自己魅力是女性的一种本能。这样女性便感到自己长得漂亮，富有性感。当然诱惑对方并不意味着占有对方，而应在做爱之前进行情感培养。比如说：给予对方暗示，表现一些亲昵行为。

诱惑对方还意味着男性在做爱过程中不断吸引对方，表示亲密。一般女性的性感激发通过思维、形象和暗示，男性则更多是通过视觉和抚摸。在性交过程中，女性注意的是对方的情感和自己在其心目中占有的位置。

做爱是男人的一种欲望

很多女性没有意识到拒绝性生活对男性意味着什么，而男性认为做爱才是给予对方爱和情感的主要方式。男性激发做爱念头时往往兴奋冲动，要求对方马上接受。女性应该理解男性这个特点，这就是为什么男性遭到对方拒绝时会恼怒，特别是听到对方说什么"我不爱你，讨厌你"之类的话。在这种情况下，如果女方没有这种要求，她应该告诉丈夫，现在不是时候，应该珍惜性爱。

牵手一生

这只能是两人之间的事

造成对方猜疑是一大错误。将自己无私奉献给对方时，双方在感情上都有一种安全感，应该珍惜这段情感。反之没有安全感，相互猜疑，双方都会陷入苦恼之中。因此，猜疑会使夫妻间产生裂痕，甚至中断性生活。

有位妻子对丈夫冷淡起来，原来她发现丈夫抽屉里有一些色情杂志，这使她感到在丈夫的心目中失去了位置。另一位丈夫很爱自己的妻子，却发现妻子在外另有新欢。最后，妻子染上艾滋病，双方都很痛苦，但悔之晚矣。所以说爱情一定要专一。

为亲昵创造时间

情感应自然地流露。晚饭后夫妻俩人应尽量挤出时间坐在一起交谈，倾吐思想，发现对方新的东西，为做爱创造良好的条件。

但在现实生活中很少有夫妻饭后呆在一起，而是被很多家务缠身，如打扫卫生、付清账目、继续做白天留下来的工作，有的外出参加会议，或帮助孩子温习功课，或感觉疲乏而早早休息……总之大多数夫妻都感到没有闲暇时间。解决这个问题的方法就是在繁忙中挤出半小时至一小时时间散散步，坐下来听听音乐，或是交流思想，这期间最好不要提及家务和烦恼之事。双方都应当学会为做爱创造良机，而不是机械地为性行为而做爱。

> 夫妻间性感最强烈的时候往往是爱得最深的时候。性生活不但需要肉体上的协调，而且需要感情上的融洽。

影响夫妻性欲的 10 大因素

性欲是性生活的重要组成部分，性欲的强弱也是性生活能否正常进行的关键因素。美国性学专家通过长期调查、研究认为，对个体性欲影响最大的因素有下列 10 种。

❤ 1 遗传因素。个体性欲的强弱受他的遗传因素影响。

❤ 2 荷尔蒙水平。雄性荷尔蒙对性欲的影响最大，如果个体体内雄性荷尔蒙偏低，不论男女，性欲均会减退。

❤ 3 认知上的刺激。由于个体神经活动兴奋与抑制的类型不同，其接受和反射视觉、听觉、触觉、味觉、嗅觉和知觉等感知觉刺激的敏感度也不一样，而感知觉是唤起男女神经兴奋，进而引起性欲的重要条件。

❤ 4 以往性经验和社会经验。过去有过愉快的性经验和社会经验的人，比较容易唤起性欲；反之，便比较难唤起性欲。

❤ 5 环境因素。在性生活中，环境因素也是不能忽略的，男女双方所处的具体环境、条件、气氛、房屋温度、季节、饮食多少，有无服用药物等，都会影响性欲及性生活的正常进行。

❤ 6 性生活后恢复的时间。很多人在性生活高潮后，需要一段时间才能再唤起另一次的性欲，而这段时间的长短因人而异。

❤ 7 文化因素。接受教育程度、家庭教养、对性现像的认识、道德伦理、民族背景、法律等对个体都有约束力。

❤ 8 心理状态。心情愉悦、心理无压力，是进行性生活的最好心境；而忧虑、愤怒、恐惧、挫折、疼痛、不舒服等消极心境或情绪，会干扰性欲的唤起。

❤ 9 年龄因素。从个体生理进程看，男性在 18～25 岁时，性欲最强烈、最高涨，几乎每天都想过性生活；女性则在 30～40 岁时，性欲最强烈，民间有"三十如狼，四十如虎"之说，就是形容此时女性的性欲非常高涨。但是，随着年龄

牵手一生

的增长,雄性荷尔蒙的减少,感知觉反应的迟钝,性器官血液循环的减慢,个体的性欲开始呈下降趋势。

10 健康状况。只有健康的身体才能保证正常的性生活。如有疾病,特别是一些内分泌疾病、生殖器官疾病、心脑血管疾病等,都会影响个体的性欲。

因此,夫妻要想保持性生活的质量,在性生活中获得愉悦的体验,就必须保持身心健康,做到饮食均衡、适量运动、心态良好、戒除不良嗜好、保证充足睡眠。

鸳鸯语典

"食色,性也。"吃饭和做爱是人类最基本的需求。不管你承认与否,它都存在,要想使自己的生活有意义,家庭充满欢笑,缺少性是万万不可的!

夫妻性生活调适的6条原则

性是婚姻生活中重要的一部分。改革开放以后,人们对于性的看法渐趋开放,与此同时,也带来了一些新的压力与冲突,诸如焦虑、知识的贫乏、技巧的不足、夫妻态度的分歧等等。于是,在今天的婚姻生活中,愈来愈多的夫妻抱怨彼此得不到性的满足,进而造成怨偶,甚至产生不幸的离异事件。类似性生活协调的问题正逐渐成为讨论的主要问题之一。

增进情感是上策

许多进行婚姻性生活咨询的夫妻,尽管他们表面上是生理上的问题,如男性无法勃起、早泄,或女性感到疼痛不适,性冷淡等。但是,深入地加以分析,却可以发现夫妻间的关系是造成这类问题的主要因素。曾有一位男子长久以来阴茎不能勃起或不能坚挺,后来发现他在心理上有抗拒和逃避妻子的趋向，因为他的妻子是一个支配欲很强的女性，他很难了解妻子内心的想法，而且妻子又常常毫无由来地生气、发怒，使他不知道如何才能取悦妻子。 还有一位妇女抱怨自己结婚后，没有任何一次达到高潮，甚至连原先的一点满足也逐渐地消失，原因是她非常不满丈夫过分地亲近和照顾婆家，甚至后来对丈夫家人亦有很深的敌意，她常觉得夫妻的关系比不过丈夫与他家人的关系，于是在性生活上，渐渐失去了兴趣，甚至懒得与丈夫合作。

由此，可以明确地指出，一些性的问题很可能源自夫妻关系中情感亲密度不够。 如何增进彼此的亲密关系，是有待夫妻双方共同学习与沟通的。比如说，找个安静、有情调的餐厅享受一顿晚餐；一起听听音乐或散步；彼此心平气和地交换意见，倾听对方的心声等。 创造一个身心愉快的气氛，让两个人体验到情感的亲近，往往会增进身体接触的要求。

个人问题先解决

一些有性问题困扰的人通常会有高度的焦虑。 有的因为生活或工作上的压力；有的对自己缺乏信心；有的过于害羞或对于"性"有罪恶感。 有一位妇女因过去的家庭教育而视"性"为肮脏污秽的东西，婚后经常逃避丈夫的要求，而且在房事之后到浴室冲洗全身一遍又一遍，似乎想洗净内心那种不安的内疚。 有一位男士一直担心自己不能满足妻子的要求，有失男人本色，然而愈是担忧，愈产生焦虑，以致产生所谓"阳痿"的情形，甚至到最后不敢一试。 类似这种个人的困扰，应该寻求医生的帮助，先检查一下生理的问题，如没有问题，再求助于心理医生或辅导人员。 当然，自己如何建立正确、合理的性观念，培养改变现实的勇气，是更重要的条件。 同时减轻生活或工作上的压力，鼓励和肯定自己的信心等，也是舒解紧张的良药。

可以这样说，求助于某些补肾成药、气功之类的偏方，是舍本逐末、缘木求鱼的做法。 因为在许多求助的事例中，人们的反应是这些偏方助力实在有限而且往往在采用后不见改善，或因服药而对自己的性能力期望过高，反而容易造成挫折感，失调的情形也愈加严重。

以性知识为后盾

许多人从不良的书刊、色情录像带，或道听途说而得知一些不正确的性知识，然后误以为自己早期的手淫（或自慰行为）造成现在的困惑；或自惭不及影片上的性爱技巧、持久时间而有挫折感。 甚至有人因为在性方面的无知，如第一次梦遗或月经出现的恐惧，在心灵上蒙上一层阴影，及至成年，仍深深地受到影响而产生性心理障碍。 曾有一位男士在经过性教育方面的指

牵手一生

导后，才知道男性有时会因精神、体力的不足而无法勃起，甚至因紧张而不能射精。又如有位男士以为性关系就是从阴茎插入到射精为止短短几分钟的事，根本不知道性交前后都需一段时间的爱抚。很遗憾的是，我们无法从正规的学校教育获得完整的性知识，这使得有些人甚至不知如何保持性器官的清洁和卫生，因此，我们必须通过对一些有关医学、心理学、生理卫生等方面的书籍的阅读来补足性知识的缺乏。

善于表达自己的意思

许多性生活方面的问题不能解决，常是因为一方或双方不会或不便以坦诚、直接的态度来沟通。一项性关系的调查表明，绝大多数的性要求都是由男性主动提出的，而女方即使鼓起勇气也是以半主动的暗示为多，这种情形往往会产生一些沟通不良的情形，有时妻子会责怪丈夫想要的时候就要，完全不顾自己的感受；有时一方想拒绝对方的要求，但心中会产生疑虑："他会不会不高兴？"，"我实在很累，可是我该怎样告诉他？"而遭到对方拒绝的人也可能会想："是不是他已对我失去兴趣？"，"他是不是有点不舒服？"诸如种种内心的想法，不说出口，反而造成一些心中的猜忌。因此，夫妻之间的床笫之事应该彼此鼓励对方表达出来，并且接纳对方的想法与做法；同时，自己也应该坦然地表明自己的态度。除了一些语言上的沟通，也可以用一些非语言的方式表达，如穿上一件特定的睡衣、打开一盏特别的灯、放一首音乐，或用肢体去询问或回答对方等。当然，若能语言与非语言两者并用更佳。有些夫妻平时就不太了解对方的意思，又不能肯定地表达己见，自然很难建立一个轻松愉快的关系，更不用说增进性生活的沟通了。

减低焦虑的方法

心理学有一个"系统消除敏感"方法已被应用多年，以减轻焦虑的情绪，如惧高症、害怕某种动物等。在这里简单地介绍这一方法：先从一手的手掌握紧，然后慢慢放松开始，而后依一紧一松的方法顺着手肘、手臂、额头、眉间、眼睛、脸颊、唇、颈、肩、胸、背、腰、臀、大腿、小腿、脚掌等部位渐次而下，每一部位做 3~4 次。另一个方法是可以帮助男人在行房之前减轻当时焦虑情绪的"深呼吸"，做的方法是：一次稍快的深深吸气，然后呼气时是一节一节慢慢地呼出来。每循环做 3~5 次，多做几个循环功效更大。此外，平时运动也是一个很好的方法。有调查表明有一些人，尤其是过了中年，缺乏适当的运动，常有精神不佳、体力不支的情形。因此，每天安排一个时间做 15~30 分钟的运动是增强身心健康之道，同时也可以增进性生活的情趣。

给对方正面的回馈

有些做丈夫的总是埋怨妻子在性生活中没有反应，而有些妻子则怪男人完事后倒头就睡。这种没有回馈的性关系，会使一方或双方有被忽视的感觉。即使男人有力气不支的情形，妻子也应给予正面的鼓励，如真诚地表达满足之感、用身体接触或抚摸、拥抱等，都能帮助丈夫更有信心。相反地，男人只图自己的需要，动作粗鲁、草率，以及不给妻子一些口头上的爱语，或事后的亲吻等爱抚动作，容易让妻子对性渐渐失去兴趣。因此，性伙伴的积极反应可以说是性生活的润滑剂，这是有待夫妻双方彼此鼓励和培养的。

鸳鸯语典

不必过分强调"性"的重要性，因为有些人大力提倡性在婚姻生活中的功能，这样就容易陷入"性是一切"的纯肉体享乐的陷阱之中，也很难拥有一个幸福愉快的婚姻。由于彼此很难接近对方的情感世界，有时即使不是性的问题造成婚姻危机，最后也可能会归咎于性的失和。

夫妻性生活禁忌及性保健

做爱之后四不要

性生活是一项比较剧烈的运动，肌肉、骨骼，尤其是神经系统极度兴奋，全身血管扩张，血流速度增快，能量消耗大。因此，性生活之后，应该：

一不要吸烟。此时吸烟，会促使烟中有害物质的吸收，影响健康。

二不要淋浴。淋浴会加速热能丢失，容易感冒。

三不要冷浴。冷浴容易引起风湿性关节炎。

四不要再交。频繁性交，对双方身体有害无益。

性保健10秘诀

1. 女性婚前所患的某些妇科疾病，婚后可不药而愈。患月经不调、痛经和神经衰弱等病的女性，婚后可逐渐自愈。

2. 婚前性行为是女性健美的一害。此种行为会造成心理压力，有损健康，容颜易早趋衰老。

3. 做爱后，女方应排尿一次，将尿道里的细菌冲洗出去。

4. 重病初愈不宜过性生活；过度劳累、情绪不佳和男方酒醉不宜过性生活；经期和妊娠头三个月以及后三个月不宜过性生活；分娩后七周内不宜过性生活；生殖器患病不宜过性生活。

5. 性生活必须和谐。须知一次的满足，比十次的不满足要好得多。因此，已婚者要善于在性行为中获得乐趣，同时也获得了健康。

6. 性生活不可过频，否则会加重心脏和大脑神经中枢的承受力，从而引起疾病。

7. 20岁前不宜过性生活。据科学抽查验证：50%的子宫颈瘤患者源于早婚。

8. 女子体操不仅可以促成健美，而且可以矫正性的缺陷，提高性功能，增进性功效，防止性器官衰老松驰，有利于健康的性生活。

9. 性生活前不要用烈性肥皂清洗外阴，以免引起外生殖器粘膜的刺激。更不要用水冲洗阴道内部，因为阴道内部有自净作用。

10. 手淫虽说不是健康的大敌，但经常的手淫可导致精神萎靡，减弱皮肤和头发的光泽，严重者可导致某些疾病。

茶与性

茶是古今中外最广泛饮用的饮料。茶叶中含有许多生物碱，人体吸收后对中枢神经系统有明显的兴奋作用，能消除疲劳，振奋精神，提高机体对性刺激的感受能力和反应能力。因此，适量饮茶，可增强和改善性欲，对性功能有益。

然而，由于大多数人在临睡前过性生活，而晚上饮茶，则会提高神经系统的兴奋性，从而导致失眠。因此不提倡在晚上喝浓茶来提高性的兴奋性，以免影响睡眠。

茶对于性功能也有正反两方面的作用。我国医学认为过量饮用浓茶会因过度利尿而伤肾，肾气受损则性能力亦下降。并且因茶叶性味苦寒，肾阳虚者不宜多饮。

咖啡与性

咖啡是近年来悄悄进入中国老百姓家中的"洋饮料"。它也是一种兴奋剂，在某种程度上会提高人体对外界或自我的感受力。所以饮用咖啡后，对性生活产生的性快感印象特别深刻。咖啡的兴奋作用，会提高性兴奋性，使性欲提高，性高潮出现的时间缩短，并且对女性的作用比男性明显。国外有人认为每天喝一杯咖啡能增强性欲并提高性功能。

但是咖啡是一种兴奋剂，多饮对人体并无益处，它可使人在性生活后仍处于兴奋状态，不利于体力和精神的恢复。近年来国外的许多试验发现，大剂量的咖啡有致突变的作用。因此，专家们劝告，咖啡不宜长期饮用或过量饮用，还是少饮为佳。

酒与性

我们都听过莎士比亚曾这样描述酒精对性生活的作用："酒精能让你的欲望之火燃烧，也能让你的表现大失水准。"

那么，酒精到底能给您的性生活带来什么呢？

首先，适量的酒精能降低你的焦虑，减轻你的压力。因此，在日常的生活中，喝一两杯酒将有助于男人战胜羞涩，游刃有余地接近女人。这的的确确能帮助那些羞涩胆小的男人，那些一做起来就紧张的男人。

适度的酒精对你情绪有小小的影响也将有助于男人放松和更好的表达自己。如果你已经拍拖或者寻找一夜之欢，朋友，喝上一、二杯酒，尽情享受你消魂夜晚吧！

然而，一定要把握好酒量。酒精对性功能的影响对每个人都是不同的，因此，要明白自己的度量。

饮用过量的酒精将导致一系列不良后果，阳痿和性无能就不用提，酒精带来的暴力会让对方无法接受。男人的酒后失态，会让事情变得更遭。

床上十大禁忌

专家说过，男人只是有坚强的外表，社会压力迫使他们一定要冷静地处理事情。因此在他们的内心世界，积压着很多不可触犯的忌讳，若不小心的犯了他们的禁忌，他们强烈的自尊心受刺激后所表现出来的反应肯定让你吓倒。所以，请别忽略了这些禁忌，尤其是男人在床上的禁忌，他们的自尊心好比小孩，容易受创。

1. 别嘲笑他的包皮，这会严重地刺伤他的自尊。
2. 别在每次做爱时间都问他爱不爱你，或许有时该告诉他你爱他的一切。
3. 无论他多爱清洁，但如每次做爱前你都花长时间沐浴，会令他很扫兴。
4. 男性最讨厌完全被动的女人，尤其在床上，太过严谨的女性让他们感到乏味。
5. 男性在无法勃起时，如你说"没关系，我也不是很想要"更会令他以为只有他才有这种欲望而更扫兴。
6. 他们害怕听到伴侣说，希望每天都能过着美妙的性生活，这会造成他的压力。
7. 呻吟声虽能增加情趣，但整晚叫不停地伴侣也会让男人厌恶。
8. 别在床上一直不安地掩饰自己的身材短处。
9. 男人都不喜欢和一个训导老师同床，别在床上告诉他做错了什么动作或不应该怎样做。
10. 对于他兴致勃勃提出地性爱新姿势，你强烈地拒绝或厌恶，会令他感到自己很无聊，可以以婉约地方式告诉他你的不安。

鸳鸯语典

夫妻性爱是一种高雅、纯洁的行为，是夫妻生活中一项不可缺少的内容，也是生活中一种重要的享受。因此，做好性生活的保健，过好健康的性生活，对保持夫妻间的感情，促进家庭和谐，都是至关重要的。

中年夫妻如何获得新婚般性激情

35岁以后，男性性成熟度及性经验达到高峰期，之后则渐渐处于下坡的状态，那么，如何调节才能拥有和谐性生活呢？

调整速度

年轻人的性行为表现得快速而激烈，他们很容易兴奋，而且像火药一样一下子爆发出来。20多岁的男性在性交开始后2～3分钟即可达到高潮，而妻子却可能需要二十多分钟才能达到高度兴奋。于是往往出现妻子正渐入佳境时，丈夫却已经偃旗息鼓的情况。调查表明，二十几岁的新婚女性在所有年龄段中是最难达到性高潮的。而随着年龄的增长，男性兴奋的节奏开始缓慢，血流速度和肌肉收缩速度自然减慢，因而四五十岁的男性达到高潮需要更长的时间。这种缓慢的富于感情的性爱对妻子却更具诱惑力。随着"性奋"的同步化，妻子自然会获得满足。

以做代看

年轻男子即使只看到晾晒着的文胸也可能会产生勃起，但过了35岁以后，面对妻子的身体也可能不以为然了，他会更加注重妻子的亲吻和爱抚。51%的年轻丈夫在看到妻子脱衣服时会兴奋，而到了四十几岁，这个比率会下降到40%。如果夫妻能多以自己的行动来代替眼睛，以主动的表达代替被动的接受，将会获得意想不到的效果。

改变角色

年轻夫妇之间，总是丈夫主动拉近妻子并在耳边轻言细语地表达做爱的愿望。经过多年以后，妻子则可能变得积极主动，其原因在于激素分泌的变化。男性和女性体内都分泌雄性激素和雌性激素，但在不同的年龄阶段，它们的分泌量比例不同。男性的这两种激素分泌比例改变后，他可能更愿意处在被动者的位置。女性体内的雌性激素减少后，雄性激素分泌相应增加，就有可能变得更加主动。

牵手一生

尝试创新

夫妻年龄增长后,互相了解增多,由于彼此的熟悉和信赖,不再羞于讨论如何获得更满意的性生活。不妨学会用新的方法、新的观点解决旧问题,比如夫妻同浴等等。

以少胜多

50%的年轻夫妇每周做爱两到三次,其中有11%的夫妻在四次以上。过了35岁以后,这个比例降到39%。而45%的夫妻可能"一个月没几次",但他们还是会感受到情感和身体上的满足。做爱的次数减少后,夫妻更应意识到每次性生活质量的重要性,要是两人能同时获得身心上的满足,哪怕只有一次性爱,也比平常的数十次好得多。"小别胜新婚",也说明一次高质量的性生活对于夫妻关系有多么重要。

鸳鸯语典

中年夫妻要想拥有和谐的性生活,需要双方的调整和适应。夫妻双方只要真正了解这些正常的、无法避免的变化,就能够正确地面对,从而获得持久的快乐,哪怕进入了老年,也是如此。

如何改善中年夫妻感情淡漠

爱的感觉,总是在一开始觉得很甜蜜,总觉得多一个人陪、多一个人帮你分担,你终于不再孤单了。至少有一个人想着你,恋着你,不论做什么事情,只要能一起,就是好的。但是慢慢的,随着彼此的认识愈深,你开始发现了对方的缺点,于是问题一个接着一个发生,你开始烦、累,甚至想要逃避。有人说爱情就像在捡石头,总想捡到一个适合自己的,但是你又如何知道什么时候能够捡到呢?她适合你,那你又适合她吗?

Hand in hand forever
牵手一生

其实，爱情就像磨石子一样，或许刚捡到的时候，你不是那么的满意，但是记住人是有弹性的，很多事情是可以改变的，只要你有心、有勇气，与其到处去捡未知的石头，还不如好好的将自己已经拥有的石头磨亮，你开始磨了吗？ 很多人以为是因为感情淡了，所以人才会变得懒惰。 错！ 其实是人先被惰性征服，所以感情才会变淡的。

案例：在一个聚餐的场合，有人提议多吃点虾子对身体好，这时候有个中年男人忽然说："10 年前，当我老婆还是我的女朋友的时候，她说要吃 10 只虾，我就剥 20 只给她！ 现在，如果她要我帮她剥虾壳，开玩笑！ 我连帮她脱衣服都没兴趣了，还剥虾壳？"

听到了吗？ 明白了吗？ 难怪越来越多的人只想要谈一辈子的恋爱，却迟迟不肯走入婚姻。 因为，婚姻容易让人变得懒惰。 如果每个人都懒得讲话、懒得倾听、懒得制造惊喜、懒得温柔体贴，那么夫妻或是情人之间，又怎么会不渐行渐远渐无声呢？ 所以请记住：有活力的爱情，是需要适度殷勤灌溉的，谈恋爱，更是不可以偷懒的！

有一对夫妻，相约下班后去用餐、逛街，可是妻子因为公司会议而延误了，当她冒着雨赶到的时候已经迟到了 30 多分钟，他的丈夫很不高兴地说："你每次都这样，现在我什么心情也没了，我以后再也不会等你了！"刹那间，妻子终于决堤崩溃了。 同样的在同一个地点，另一对夫妻也面临同样的处境：妻子赶到的时候也迟到了半个钟头，他的丈夫说："我想你一定忙坏了吧？"接着他为妻子拭去脸上的雨水，并且脱去外套盖在妻子身上，此刻，妻子流泪了，但是流过她脸颊的泪却是温馨的。

你体会到了吗？ 其实爱、恨往往只是在我们的一念之间！ 爱不仅要懂得宽容，更要及时，很多事可能只是在于你心境的转变罢了！ 懂了吗？ 当有个人爱上你，而你也觉得他不错，那并不代表你会选择他。 其实，很爱很爱的感觉，是要在一起经历了许多事情之后才会发现的。 或许每个人都希望能够找到自己心目中百分之百的伴侣，但是你有没有想过在你身边会不会早已经有人默默对你付出很久了，只是你没发觉而已呢？ 所以，还是仔细看看身边的人吧！ 他或许已经等你很久喽！

当你爱一个人的时候，爱到八分绝对刚刚好。 所有的期待和希望都只有七八分；剩下两三分用来爱自己。 如果你还继续爱得更多，很可能会给对方沉重的压力，让彼此喘不过气来，完全丧失了爱情的乐趣。 所以请记住，喝酒不要超过六分醉，吃饭不要超过七分饱，爱一个人不要超过八分情。

牵手一生

蜜邀语典

爱一个人，要了解，也要开解；要道歉，也要道谢；要认错，也要改错；要体贴，也要体谅；是接受，而不是忍受；是宽容，而不是纵容；是支持，而不是支配；是慰问，而不是质问；是倾诉，而不是控诉；是难忘，而不是遗忘；是彼此交流，而不是凡事交代；是为对方默默祈求，而不是向对方诸多要求；可以浪漫，但不要浪费；可以随时牵手，但不要随便分手。

婚后如何与异性交往

婚后男女有交异性朋友的权利，但是在和异性朋友相处时，一定要把握好尺度，不要过于亲昵或发展到暧昧的程度，更不能因担心伤害婚姻另一方而隐瞒和异性朋友的交往，这样只能适得其反。

与异性发暧昧短信咋办

现状实录：事业单位工作的苏先生一直安于朝九晚五的生活，做私立中学教师的妻子却对这样的规律生活感到厌倦，因此常常出门和朋友一起打牌吃饭，苏先生敞开心扉告诉妻子，他不喜欢女人在外面疯玩，希望妻子能够早点回家。接下来的日子，妻子开始准点下班回家了，但是苏先生却发现她常常有事无事地发短信、接短信，然后拿着手机痴痴发笑。

趁妻子去洗手间的工夫，苏先生偷偷翻看了其手机，结果发现是个异性在跟她你来我往地发消息，内容已经暧昧到夫妻私房话的程度。苏先生怒不可遏，妻子却笑嘻嘻地说这些都是发着玩儿的，谁都不会当真。为了避免家庭矛盾，后来妻子养成了收发完短信就随手删除的习惯，但这更加重了苏先生的疑心，觉得这样的日子没法再过下去了。

专家分析：70年代出生的苏先生和80年代出生的妻子似乎有点小小的"代沟"，苏先生言行一致，做人诚恳，对妻子一心一意，并按照传统女子标准约束妻子行为。但苏先生的妻子却喜欢热闹而有刺激的生活。她甚至对专家振振有词：现代人就是生活压力太大，太缺乏激情，但又不敢真的到外面胡来，利用网络的屏障与陌生异性进行一些沟通，这不算什么大事，我并没有真的背叛他。出现这种事态，千万不要听之任之。如果丈夫一点没反应，妻子反而觉得你一点也不在乎她，可能会促使她另寻情感出路；如果你动不动就拿此事说事，也会在双方的生活中蒙上一层阴影。所以态度必须坚决但方式要大度，关键是要在必要的时机采取疏导的办法，引导妻子和异性将交往限制在朋友的层面。

丈夫为什么要认"妹妹"

现状实录：在性心理门诊室内，28岁的纯纯一提起丈夫的"妹妹"，就气不打一处来。也就是一个月前，纯纯的丈夫浩在工作中遇到了23岁的丝丝，得知浩的英语水平很高，而且顺利通过了高级口译，报名要考英语6级的丝丝提出要浩多辅导她，浩爽快地答应了。

两天后，丝丝打电话约浩一起吃饭，为怕纯纯多心，浩以和同事聚会为借口跟妻子打了招呼。那次晚饭中，浩觉得出生于80年代的丝丝思想开放、观念新潮，两人聊得非常投机，并答应丝丝认他做哥哥的请求，不知不觉竟到午夜12时。第二天，浩再次接到丝丝的邀约，他鬼使神差地去了，并再次向纯纯隐瞒了这件事。这样的交往持续了三次，丝丝对浩表现出强烈的好感，浩知道这样发展下去是不妙的，但他没有去抗拒。

终于，忍无可忍的纯纯开始追究浩频繁晚归的原因，本就不想背叛家庭的浩一五一十地将与丝丝的交往过程和盘托出，并再三向纯纯保证和丝丝做个了断。两天后，纯纯却发现丝丝依旧不停地打浩的手机，并给他发各种带挑逗意味的短信。对感情要求非常纯粹的纯纯心灰意冷，甚至萌发了离婚的念头。

专家分析：在与纯纯的接触中，发现她是个对婚姻和家庭生活要求较高的女子，她非常爱自己的丈夫，以至于难以容许丈夫背着她而和别的女子单独来往。其实浩和丝丝的几次交往说不上是什么出轨行为，但浩的处理方式有不当之处。浩在和丝丝接触后，如果能大方地将这个异性朋友介绍给妻子，尊重妻子的想法，以后他和丝丝的正常交往也就不会让人疑心了。当然，还要提醒的一点是，不管你是丈夫还是妻子，在你单独和异性朋友相处时，最好赶在晚上10:30前归家，这样不但给配偶一个心理上的安全感，也避免了你和异性之间进一步发展下去的可能。

牵手一生
鸳鸯语典

> "物欲横流的多元化的价值观，使中国传统的婚姻遭受到了空前的冲击：情人、"三插"、试婚、分居、非法同居、同性恋等，都让固守围城的留守者们徒然慨叹："无可奈何花落去！"

与异性朋友交往的三大纪律八项注意

时下，社会的进步，经济的发展，教育层次的提高，物质文化生活的改善，使人们渴望拥有各种类型的朋友包括异性朋友，以减轻高强度快节奏带来的工作、生活的压力。俗话说：男女搭配，干活不累。我们既要反对所谓的男女授受不亲，也要反对无节制交往，更要反对不分场合不加区别的那种庸俗的异性朋友。

三大纪律如下：

纪律一：一切为了纯友情，互相帮助才能有永久。

纪律二：不拿心计对朋友，朋友对你真心又实意。

纪律三：一切误会要消除，暧昧玩笑坚决不能要。

八项注意如下：

1. 做人做事要坦诚

古人云：百年修得同船渡，千年修得共枕眠。能在茫茫人海中相见是机缘巧合，相识更是缘，那么相交、相处、相互交流自然应当称为缘。朋友是有缘之人，异性朋友是有缘无分，也不想有"分"的朋友。一旦异性谈缘分，便超出了朋友的范畴。故异性朋友因缘而聚，又因缘而散。

2. 男女有别

交友的男女双方，只要出于正当的纯洁的友情，就可以堂堂正正地来往。为什么要说堂堂正正，原因很简单，藏着掖着，会引起误会，产生猜疑。那么如何把握交往的"度"呢？第一，交异性朋友，要注意分寸，注意场合，如果可能多邀几个朋友一起交往。第二，交往要"师出有名"，也就是要有合理的解释，合理的机会。 男女毕竟有别，如果有事无事时常在一起，难免日久生情，情不自禁。 第三，时间不宜过长，如果男女双方交往，时常深更半夜，这种交往即使正当，也难免引起家人的抱怨，久而久之怨言可能变成怨恨，这样就影响了双方家庭的和睦。

3. 有理有节

熟悉的人并不一定可以成为朋友，熟悉异性的人其实比熟悉同性的人更容易。 男人在一起，评头论足，谈的是女人。 女人在一起，同样也会谈到男人。 异性之间更容易注目，虽然异性的相识总是带着羞涩，带着腼腆，即使与你擦肩而过，你也会念念不忘。 然而，异性之间的相互交往，却笼罩着一份戒备，一份神秘，一份好奇，一份怀疑。 异性之间的交往，如果是刻意向对方提出来，是很尴尬的。 它首先从仰慕、好奇、心仪开始，所以谁都不愿意首先提出，甚至两人不知不觉中已经到了无话不说的地步时，才发现他（她）是我的异性朋友。 其次，任何一方的提出，都有可能被怀疑动机不纯。 所以，我们不要刻意去寻找异性朋友。

4. 只可遇而不可求

异性是在相互关心、帮助下逐步形成的，而非一朝一夕，一见钟情。 由于男女双方都是已婚人士（或者其中一方是已婚人士），故没有年轻人那种一见钟情的浪漫。 一般情况讲，男女之间是通过了一定的观察、比较，认为对方某些方面的特长，性格可以互补，需要进行沟通；或者工作、学习中需要交流；或者生活中需要帮助，然后逐步增加了解，继而形成了一种友情。

5. 友谊爱情有界限

首先作为本方交友的目的要纯洁，同时也得提醒和帮助对方认清双方是纯友谊的交往。 否则，即使你分清了友谊与爱情的界限，但对方却误认为你们是在谈情说爱，那么用一句时髦的话说："问题搞大了，后果很严重！"因此，双方要相互尊重、相互理解，只有这样，异性朋友的友谊才维持和发展。

6. 取长补短

异性朋友之间要有互补性，我指的互补性是指心理、性格、社交、工作等方面，也就是取长补短，只种具有互补性的异性朋友，比互相仰慕的异性朋友的友谊更加牢靠，也更加长久。 相互仰慕的异性朋友容易发生转变，而相互互补的异性朋友，双方都有支持依靠的源动力。 但这种互补是优点的互补，切不可将恶习传染他人。

7. 博爱无私

人人有爱，有博爱，有友爱，有情爱，也有性爱。 男女之间四种类型的爱都可能存在。 爱的无私奉献是人的美德，这就是博爱。 特别是现在只有

牵手一生

独生子女的家庭，作为女孩，需要一个大哥哥或者小弟弟，作为男孩他渴望有个大姐姐或者小妹妹。他（她）需要姐或者哥的呵护、关心、照顾，也需要像妹妹（或者弟弟）在兄（姐）那里调皮、淘气。异性朋友的相识相交，如果以姐弟、兄妹相处，不仅可以相互关心、帮助，体贴别人，学会以博爱之心爱人，找到爱的寄托，还可以提高自己心灵的境界。我是个男人，但我知道没有当母亲的女人也有母爱。故我想，如果你是个男人，没有妹妹，你是不是很想有个妹妹疼她、关心她呢？如果你是个女人，你是不是很想有个小弟弟关心他、帮助他、理解他呢？

8. 情义无价

如果你已婚，而对方未婚，不论其是否恋人，交往都应当节制。应当设身处地为他（她）人着想，也应当鼓励其与其他异性朋友多交往，应当引导其成家立业。异性朋友婚姻出现危机时，应当设身处地为他（她）人着想，应当规劝你的朋友，而不是煽风点火，制造矛盾。你也可以向其告诫：朋友之间没有法定的责任和义务，也没有家庭的重担，故朋友好交，夫妻难做。此时，你应当减少往来，与其保持点距离为好。

鸳鸯语典

与异性朋友的交往，不仅可以减轻工作压力、精神压力，甚至还可以提高工作积极性。交异性朋友不是为了满足"性"，交异性朋友是为了解人类，了解社会，增加沟通；是为了学会理解、学会尊重，给人以厚爱；也是为学会关心，学会体谅，丰富自己的学识。

侵蚀夫妻感情的6种毒素

相互间的反感

这种情况表现为，你不要看我，我不要看你，双方各自为政，互不干涉。对一些必须合作的问题，往往采取旁观、冷漠、嫌恶的态度。造成这种情况的主要原因是因为夫妻双方或一方有坏脾气，把夫妻生活仍旧当做单身汉生活来处理。在各个方面只顾自己，不顾他人，对丈夫或妻子采取一种不合作的态度。不管说话也好，做事也好，只要自己愿意，便听不进任何反对意见，如果对方稍微表示一下反对，便大发脾气。时间长了，使逐渐出现了反感：一方对另一方的言行举止总感到不顺眼，甚至嫌恶。

彼此间的不忠实

一般地，夫妻在结婚前都有一个君子协定，比如说"家务活谁多干一些"，"家庭经济收入如何处理"，"个人的交际活动互不保守"，等等。但若夫妻的一方不遵守或破坏诺言，那么婚前的海誓山盟，就会付之东流。日常生活中，有的夫妻双方互相隐瞒自己的收入与开支；有的夫妻在家务劳动上互不守诺言，彼此欺骗；也有的夫妻私自与异性朋友交往甚密。这样的例子举不胜举。一方的不忠实，往往会连锁性地引起另一方的不忠实与怨恨，甚至以同样不忠实的行动来报复对方，最终陷入相互猜疑的泥坑中而不能自拔，这时再后悔就来不及了。

不良的个性

夫妻生活在一起，仍需保持各自的独特个性，一个人缺乏个性，则会使与他（她）同处的人感到单调和乏味。一个缺乏个性的丈夫不会得到妻子的欢心，同样，一个缺乏个性的妻子会使丈夫觉得味同嚼蜡。恶劣的个性脾气是造成夫妻冲突的重要诱因。

性生活不和谐

和谐的性生活在我国一直是被忽视的，一谈到性问题，别人马上便会指责你别有用心或居心不良。实际上，和谐的性生活在维系夫妻关系中占有十分重要的地位。很多夫妻的感情不和，实际上是由此促成的，只不过"感情不和"比"性生活不和"来得更文质彬彬些，使人容易接受，而后者难登大雅之堂。在某些离婚案件中，感情不和成了性生活不和的替代词，从而成为离婚的正当依据。因此，夫妻间感情的维系，固然不完全靠性的结合，但是，如果一方或双方在长期的性生活中从来没有得到过满足，无论如何是要影响夫妻感情的。

家庭经济处理不当

家庭的经济收入问题，常常影响夫妻之间的感情，成为夫妻冲突的导火

牵手一生

索。家庭经济状况要做到量入为出，合理使用。实际上，这并非是一个钱多钱少的问题，主要在于对钱的态度，以及如何安排的问题上。双方用钱态度不一致，你要买冰箱，我要买西装；你要买烟抽，我要买菜吃；或者说丈夫大手大脚，妻子小里小器；丈夫花钱吝啬、勤俭节约，妻子追求高消费生活方式。而夫妻双方一旦在钱的问题上纠缠不清，夫妻感情势必受到影响，夫妻关系的进一步发展就更谈不上了。

亲戚问题

丈夫的亲戚就是妻子的亲戚，妻子的亲戚就是丈夫的亲戚，婆家和娘家都是一家人，这样就可以大大减少夫妻间因为赡养、接待等问题上的矛盾冲突。亲戚问题处理不当，不但影响家人的感情，同时还会影响夫妻之间的感情。有一对夫妻就因为这个问题处理不好而闹得天翻地覆。丈夫的老家在农村，有一次，丈夫的爸爸妈妈进城看望儿子、儿媳，妻子嫌婆婆和公公土里土气，不讲卫生，不讲文明，始终不给婆婆和公公好脸色看，并故意寻些小事与丈夫争吵，见丈夫给了爸爸妈妈几块钱，便在房间里大吵大闹，逼得他们只待了两天便满怀惆怅地回家了。丈夫当然对此不肯罢休，于是双方就"真枪实弹"地干起来，最后不得不分手。这个例子说明，亲戚问题处理不当，往往首先会伤了一方的自尊心，而这又往往会导致双方感情的破裂。因此，夫妻双方都应把"你妈当做我妈"，彼此尊重，彼此客气，这样才会使双方的关系更加融洽起来。

鸳鸯语典

古人云："同舟一渡，十年姻缘"，那么面前的这个能和你伴随一生的爱人不知道早已在冥冥中修了多少年，你没有理由不去珍惜这个"永远的朋友"。我们的先族造"朋"字就别有意趣，好像是说即使是人类仰慕的皎皎月亮也怕孤单。夫妻之间也许并不一定要作到像廉颇和蔺相如的刎颈之交，或者如刘关张的"桃园结义"，但至少要互谅与相知。所谓相敬如宾的尊重、举案齐眉的心仪、高山流水般的知音都会是梦寐以求的理想境界。

夫妻间产生猜疑的 3 大根源

猜疑大多产生于那些心胸狭窄、性格不够开朗的人中，婚姻中倘若有了猜疑，悲剧便会产生，生活中产生猜疑的原因大致有 3 种：

缺乏了解和信任

也许一方婚前展示自己性格、爱好等不够充分，婚后，另一方发现你有许多方面并不为他（她）了解，如果豁达开朗的人，即使有点小矛盾心里也不会存什么芥蒂，依然会爱他（她）如初。但若是心眼比较小，遇事想不开，又不及时把心里的疙瘩说出来，窝在心里自己犯嘀咕，这就容易产生猜疑了。猜疑这种东西有时也挺怪，不猜疑时，什么事没有，一旦猜疑起来，就处处感到可疑，回来晚了，是不是去跟别人约会了？有时解释一下会引起更大的猜疑。

遇到这种爱人，你最好是尽可能多与对方在一起，尽可能多表示对他的感情，比如一块去郊游，一块下厨房，一块去散步。不要吝惜话语，心里想到什么就说什么，让他了解你信任你，把最初的猜疑打破之后，双方就会感到透亮多了。如果爱人猜疑，你却使性子，猜疑起来就会越重，以至酿成大的矛盾。

疑心重

有的人爱猜疑，是因为他有一种思维定式，认准了某件事是怎么回事，自己便在心理上自圆其说，产生出一连串的猜疑。

遇到这种情况，就需要你有耐心、有涵养，帮助爱人打破他的思维定式，向他坦露你的胸襟、你的情操，用诚恳的态度化解爱人的缺点。有问题时不要回避，把一切都处理得磊落大方，爱人对你有了基本的信任尊重之后，猜疑就会自然消失。

理解片面

认为所爱的人为表示对自己忠诚，就不应该再与他人交往，否则就是有问题。这是许多人产生猜疑的思想基础。

牵手一生

这时就需要你和爱人平时多交谈，或者为他提供一些书籍或文章，纠正他的片面性，使他明白，在现代社会中，社交是人的正常生活需要，封闭自己对夫妻双方都不利，帮助他提高修养。当然，这个过程不是一朝一夕可以完成的。婚姻的完善本身就是一个终身的事情，其间，需要夫妻双方付出辛苦和努力。

鸳鸯语典

夫妻间的感情必须建立在相互信任、相互尊重、相互了解的基础上，而猜疑恰恰违背了这些原则，它是夫妻真挚情感的杀手。

夫妻矛盾产生的4大成因

夫妻吵架是平常之事，不值得大惊小怪。但有一点要提醒你注意：夫妻感情的裂痕就是在这一次次吵闹中开始的。那么哪些问题容易造成夫妻间的裂痕呢？主要体现在以下几个方面：

说谎

这种说谎分善意和不信任两种。出于善意目的的说谎是怕伤害对方的感情或造成对方的心理压力，而隐瞒事实真相。另一种说谎是对对方不信任，怕对方事前阻止或事后指责。如果说前者是出于爱心的话，那么后者是最容易引起对方不快和伤感的事。

听信外界谣言

这也是对对方不信任的表现。如果你和你的配偶十分相爱，你了解他（她）的为人，钦佩他（她）的品德，那么，当有关配偶的谣言传入你的耳中时，你就会泰然自若。因为你了解他（她），相信他（她），知道对方不会作伤害你感情的事。相反，对外界的谣言、传闻，你不做任何分析便信以为真，并对配偶兴师问罪，于是双方的争吵便由此开始，显然裂痕便已由此开始了。

相互"揭短"

这是很伤感情的。生活中，每个人都有自己的短处，它包括失意、挫折、自身的毛病等，这些不尽人意的往事是最怕别人接触的。然而，在夫妻争吵时，由于一方想压倒另一方，因此，他们想尽一切办法使对方"精神崩溃"，其中包括揭对方的短处。这种做法虽使揭短者一时感到解气、痛快，但却大大伤害了对方的自尊心，可想而知，夫妻感情的裂痕也将由此出现。

性格上的不相容

结婚以后，夫妻双方面临实实在在的生活，由于在婚前，他们自己所处的环境、地位、文化修养、思想素质等方面的不同，因此，他们性格、脾气、秉性也就不同。面对同一件事情，便会有各自不同的处理方法。如果夫妇双方都固执己见，各不相让，就会发生争吵，久而久之，这种性格上的不相容，便会导致各种矛盾的产生，并逐步由相互不满演变成感情上的裂痕。

> 信任，是夫妻感情赖以生存的基础。一旦一方失去了对另一方的信任，夫妻之间的裂痕也就由此开始了。

附：丈夫妻子20问

1. 问丈夫的问题

（1）你是否还在"追求"你的太太？如偶尔送她一束花，记住她的生日和结婚纪念日，或出乎她意料的殷勤，给她所预期的体贴？

（2）你是否注意永远不在他人面前批评她？

（3）除了家庭开支以外，你是否还给她一些钱，让她随意使用？

（4）你是否花时间去了解她各种女性方面的情绪问题，并帮助她度过疲倦、紧张不安的时期？

（5）你是否至少空出你一半的娱乐时间，跟你太太共度？

（6）除了可以显示她的长处，你是否机智地避免把你太太的烹调手艺和理家本领跟你母亲或某某人的太太相比较？

（7）对于她的内心活动，她的俱乐部和社团，她所看的书和她对地方行政的看法，你是否也有一定的兴趣？

（8）你是否能够让她和其他男人跳舞，接受他们的友谊和照顾，而不会说些吃醋的话？

（9）你是否经常注意找机会夸奖她，告诉她你对她的赞赏？

（10）关于她为你做的小事情，如缝纽扣、补袜子，把衣服送去洗，你是否会谢谢她？

2. 问妻子的问题

（1）你是否让丈夫有处理公事上的完全自由，并避免批评他交往的人、他所选的秘书，或他所保留的自由时间？

（2）你是否尽力使家庭有品味和有吸引力？

（3）你是否常常改变口味，使他坐到桌上的时候还弄不清楚会吃什么？

（4）对于你丈夫的事业，你是否有适当的了解，以便跟他做有益的讨论？

（5）在金钱拮据的时候，你是否能勇敢地、愉快地面对这种情形，并不批评你丈夫的错处，或把他跟成功的人做不利于他的比较？

（6）对于他的母亲或其他亲戚，你是否尽特别的努力，和她们融洽相处？

（7）你选择衣着时，是否注意到他对颜色和样式上面的好恶？

（8）为了家庭和睦，你是否牺牲一点自己的意见？

（9）你是否尽力学学丈夫所喜爱的运动方式，以便和他共享休闲的时间？

（10）你是否阅读当今的新闻、新书和新技术，以便在智慧兴趣方面，配合你的丈夫？

（如果每个问题你的答复"是"的话，每题就可得10分）

激化夫妻矛盾的4种语言

在家庭生活中，有些夫妻不注意讲话的方式方法，极易激化家庭矛盾，从而产生破坏性后果。常见的容易激化夫妻矛盾的语言有：

谴责性语言

任何激烈的谴责都无助于问题的解决。这类行为只会深深地刺伤对方的自尊心，易于引起对方同等性质同等程度的"自卫反击"。所以即使对方做错了事，也应讲明道理，提出建议，而不应生硬地指责对方的不是。

牵手一生

完全概括化语言

对方没有及时做饭,就概括为对方懒;对方偶尔晚回家一次,就概括为对方没有家庭责任感。这实际上是一种情绪化的责难,会造成抵触情绪。

翻老账语言

有的夫妻争吵,动不动就翻老账,指责对方过去怎样,数落对方从前做的错事。这将使对方误会你对过去的事怀恨在心,久久不忘。这样,非但不能平息矛盾,反而使感情越来越疏远。不论什么原因引起的怨恨心理,一旦翻老账,势必引起新的痛苦、不愉快和愤恨。清算往日的感情账会伤害现在的感情。

不切实际的猜忌语言

有的夫妻爱以自己的心理去猜测对方的心理活动。见自己说话时对方心不在焉,就猜测对方已不重视自己;见对方谈说别的异性,就猜测对方已生外心。须知,夫妻之间的感情靠信任维系,相互的思想应主要靠沟通来获得。胡乱的猜忌只能引发对方的反感和伤心,从而恶化双方的关系。

> 抽身而出,停下脚步,让纷繁的思绪沉淀,静下心来,静能生慧,宁静致远。冥冥中神的牵引,使迷惘无知的人超脱。敬神重德,方使我们淡泊笃定,澄澈祥和,明晓进退取舍。

夫妻矛盾 7 忌讳

夫妻在共同生活中，要想对任何事都保持观点一致是不可能的，不发生一点矛盾也是不客观的。有时双方对某些事情总会有不同看法，甚至由此引起争执，出现矛盾。这时应该怎样处理才不致于使矛盾激化而重归于好呢？

忌揭短

在争吵中切莫攻击对方的弱点，或揭对方的短处，也不要扩大争论的范围和算旧账，否则只会使矛盾激化，甚至导致感情破裂。

忌打骂

不能以辱骂代替说理，更不能动手，以免造成难以弥补的精神创伤。

忌离家出走

争吵后，任何一方不应因此离家出走，一去不回，这样会使夫妻关系更加变僵。

忌堵气分居

夫妻发生争吵后，不要就此分房或分床而居，互不理睬。如此双方情绪更不易平静，也不利于夫妻关系的改善。

忌记仇

争吵过后，不论谁是谁非，都不要以胜利者自居，或产生失败者有失脸面的心理，夫妻争吵是很平常的事。

忌轻言离婚

任何一方不要以离婚来威胁对方，这容易造成误会，有时还会弄假成真，酿成自己其实并不愿看到的、不可收拾的后果。

牵手一生

蜜语语典

> 磕磕碰碰，急慢放肆，出口伤人，恶性循环。恭敬之心，不可少。尊重自己的另一半，也是尊重自己。敬能生敬，带有良好的意念和可能性。

化解夫妻矛盾7妙法

❤ 1 缄默。对方发脾气，火气正旺时，你最好保持沉默，只管做你手中的事，或泡一杯茶，待对方气消之后，再彼此交换意见，找出原因。切不可针尖对麦芒或互不相让，说出伤感情的话。

❤ 2 转移。夫妻之间出现口角，你要马上理智地转移话题，或干你的事，或和别人聊天。

❤ 3 回避。发现引起冲突的事件将要来临，你可以暂时回避一下，或设法马上躲开。当他（她）发现没有发泄的对象时，气也就消了。这样既尊重了他（她），又感化着他（她），可避免矛盾复杂化。

❤ 4 幽默。这是夫妻争吵时防止矛盾激化的妙法。

❤ 5 小别。当夫妻之间出现矛盾时，你可借事外出三到五天。小别几日，彼此尝尝离别的滋味，反能激发爱的思念。当然这种不是赌气出走。

❤ 6 多为对方考虑。俗话说："一个巴掌拍不响。"夫妻之间发生不和，一般双方都有责任。因此，各人要主动扪心自问，查己不足，多站在对方的角度考虑或主动承认错误。生闷气，不理人，只会扩大矛盾。

❤ 7 破例做事。一旦夫妻关系僵持，一方加倍体贴对方，尽量为对方多做些事，特别是破例做些平时没有做过的事。这样，会使矛盾化解，关系缓和。有时,他(她)还会破涕为笑,言归于好。

鸳鸯语典

> 如果夫妻忙到无暇关注滋养彼此,岂不可悲?钱再多又如何?轻松愉快、温馨安宁的家庭氛围才有利于孩子身心健康成长。

吵出更幸福的婚姻生活

来自英国的最新一项调查表明,如果吵架讲艺术,并且善用吵架"秘笈",架吵得好,也许可以成为两人感情的催化剂,使你们的感情在经历"冲突"之后,比以前更加稳固和坚实。

秘笈1:就事论事,不伤及无辜

在发生口角时,你的大脑是否仿佛有一个数据库,只要和对方有关的人,无论是父母朋友,还是同事邻居,一律"杀无赦"? 一个简单的争执,却因为你的乱"开炮",从他身上扩展开去:他父母去年中秋没有请你吃饭;他那穿"开裆裤"的死党很不识相,经常到你家骗吃骗喝……吵到最后,你撂下一句伤人的话:"我要是单身多好啊!"

专家建议:绝对不要在吵架时牵拖出一大堆陈年旧事,不要打击对方的家人、朋友以及同事、老板,否则战场将无限扩大,而你原本所想解决的问题却连影子都没看到。 心理学家建议,在开战前30秒,先问自己三个问题:一、究竟是什么在让你生气? 二、这件事情是否很糟糕,需要通过吵架来解决? 三、吵架能解决问题吗? 在回答完这三个问题后,你会发现,有些事情根本不值得争吵。

秘笈2:以退为进,从控诉到沟通

"糖衣炮弹"有时比真枪实弹来得更有威力,因为男人通常是吃软不吃硬的。 吵架艺术的"最高境界"在于,既不指着他的鼻子做河东狮吼状,也不恶狠狠地跟他约法三章,而是"以柔克刚"。

牵手一生

玲打算在参加同学聚会时，将丈夫介绍给自己的高中同学，但丈夫迟到了一小时，而且只是向玲的同学简单打了个招呼，就匆匆离开了会场。等到聚会散场，玲强忍住的怒火再也无法抑制，她开始指责丈夫："你总是这样目中无人！那些都是我5年没见面的死党，你怎么能对人家那么冷漠呢？"可丈夫却并没觉得自己做错了什么："凭什么我要听你颐指气使？"一场内战就这样爆发了。

专家建议：在遇到这种情况时，与其怒不可遏地指责他对你的朋友太不礼貌，还不如平心静气地对他晓之以理。比如，"你若是招呼也不打一声就消失不见，我真的很难办，因为本来是有很多关于你的话题要跟大家谈的。"——这样，你就变成了一个受害者，而不再是歇斯底里的控诉者了，这也会给你们之间进一步的沟通打下良好的基础。

秘笈3：集中火力，切勿空对空地争吵

娟最近刚刚从一场失败的婚姻中走了出来，她和丈夫分手的原因很简单：不断升级的口舌之争。两个人经常为一些鸡毛蒜皮的小事吵架，为晚饭到哪家餐馆吃而争吵，为何时要孩子而争吵，甚至会为了一句话中不恰当的形容词而吵架。婚姻就在这样的不良争吵中渐渐失去原来的温情。终于，在结婚两年后的某一天，疲惫不堪的丈夫提交了离婚申请书。娟将婚姻的破裂归咎于"性格不和"，可在离婚后的一个星期，丈夫和她的一次长谈让她颇感意外：丈夫"记仇"的是娟在每次争执中所说的"气话"。

专家建议：许多夫妻吵架到最后，都发展成一场"控诉会"，你恨不得把心掏出来，他却句句都在误会，这样，几乎所有的吵架都以冷战不了了之。那么，在争吵时，怎么样才能进行有效沟通呢？

1. 说"我"不说"你"。"你居然用这种态度对我？""你又犯老毛病了。"这样的句式是不是很熟悉？当我们开始用"你"句式谴责对方时，就已经把对方逼到一个自卫的角落里。对方认为你在乱下判断，第一个自然反应就是捍卫自己，然后反攻。当防御体系建立起来时，沟通就立即停止了。

2. 不进行冷嘲热讽。"你不带我出去玩，我还要多谢你给了我自由呢！"嘲讽是夫妻吵架时常用的蹩脚伎俩，用途只是激怒对方。但这种伎俩的负面影响却很大，会给双方带来巨大伤害，很可能会一下子给感情减去很多分。

3. 不打断他说话。抢白他或打断他，你认为你完全知道他想说的是什么，这无非是"借口"而已。如果你拒绝倾听，那么对方怎么会注意倾听你的想法呢？告诉对方你的理解，以此来确定这是否是他想要表达的。在争吵时，常常用"你是说……吗？"，"你的意思是……"的句型重复对方说过的话，如有误差则让他纠正你的错误理解，这样才能达到聆听的目的。

秘笈4：不要打消耗型冷战

有一招虽然不是很高明，但是大家都喜欢用，那就是冷战。吵架后，不接对方电话，故意"忘记"此前的约定，或者一气之下搬到娘家去住……冷战成了一场赌博，赌的是耐心，看谁先选择妥协，而冷掉的是感情。

专家建议：不要想各种各样的形式去惩罚对方，因为在这同时你也惩罚着自己。当你在大街上漫无目的地闲逛想晚点回家时，不如用积极一点的态度给争吵后的感情加温：回家一起吃饭；也不要再犹豫要不要接听你们吵架后他打来的第一个电话，除非你永远都不想接听他的电话，否则第一个电话和第五个电话有什么区别？

一位家庭心理学家说得好：夫妻吵架大都没有结果，谁是谁非，不可能明明白白，有时只不过是做某一个选择而已。所以，夫妻吵架并不可怕，关键在于双方要懂一些吵架的艺术，使爱情的纽带越系越紧，能经受住任何的冲击。

婚姻危机的本质根源——性

由于长时间波澜不惊的夫妻生活，夫妻间开始发觉婚姻缺少了以前那种活力，性爱也没有了以前那种激情。这样稍有不慎就很快步入婚姻的可恶阶段。这一阶段要是处理不好，其结果就必将导致婚姻的破裂。

婚姻是每一个人都必需经历的一桩事。人们无不例外地渴望自己有一桩美满幸福的婚姻；人们无不例外地以一句"白头偕老"祝福每一对步入新婚殿堂的新人；人们还无不例外地缺乏一种预测能力来预测自己或每一对新人是否在一声声"白头偕老"的祝福声后，能善终其相识相恋时的海誓山盟。这是因为现行的一夫一妻制的法制婚姻制度，在稳固社会、稳固家庭的同

牵手一生

时，也把个体的男女限制在一个狭小的两性空间中。而人与生俱来的反叛感和好奇心，使得他（她）不由自主地产生一种想窥视那狭小空间之外的异性世界的欲望，从而造成了对婚姻的冲击，而这种欲望的强弱是随年龄变化而变化的。欲望最强的时候就是婚姻最危险的时刻。

婚姻最危险的年龄段是 35 到 45 之间，这时的婚姻已进入了一个平淡不惊的时期。夫妻在狭小的两性空间中，长时间一种模式的生活，难免给他们带来厌倦感。生活需要调剂，需要更新。爱情需要润滑，需要激情——这是人本性的一种诉求。

夫妻在经历一段平淡的生活之后，会渴望寻找某些新的感觉，产生对法制婚姻制度一种反叛感。这种欲望对男人来说显得直面一些。而女人受了中国几千年传统的封建礼教的约束，只是想说而不敢说，想做而不敢做而已，因此在诉求上显得含蓄一点。但人总归都是人，直面也好，含蓄也罢，无不体现着人的一种本性。

人由于两性的本能私底下对异性趋之若鹜，又由于自私的本能对性有着极端的排他性，还由于传统观念和法制婚姻制度的约束产生反叛感，使得一些人一方面有婚外的性渴求，给婚姻制造了危险；一方面又不愿自己的他（她）成为婚外被渴求的性对象。这就是人性丑陋的一面。

然而，"性"固然是人们的生活中不可或缺的东西，但并非人生的全部内容，也不是所有的人都会把这种本性的性诉求付诸行动而危极婚姻。由于世界观的差异、思维方式的不同以及文化素养的高低，一些人年轻时侧重性爱、注重激情，因而在冲动时失去了控制力，结果导致婚姻解体、家庭破裂。片刻的快乐换来的是一些永久的失去，在给别人带来伤害的同时最终伤害到自己和亲人。等到他（她）们"性"意义上的"刀枪入库、放马南山"的时候，才忽然发觉纯情、纯爱的可贵。

人们因为性而衍生了爱乃至婚姻（夫妻之爱）；又因为婚姻而衍生了责任（对夫、妻的责任，对子女的责任），更因为责任而维系了人类的繁衍不息。也就是说大多数人，他（她）们在冲动前或冲动后找到了平衡点——责任，从而站稳了婚姻的脚根，安全地度过了危险期，从而迈向婚姻圆周运动的更高层次的起点。

鸳鸯语典

爱情,归根结底就是一种性爱。没有性作为纽带就无所谓夫妻,无所谓爱情。"性"是夫妻感情的一种润滑济,是人类一个永恒的话题。以前人们往往是讳忌它,怕提它,可从来谁也没回避过它,谁也离不开它。人们常说的"没有爱情的婚姻是不道德的",事实上,"没有爱情的婚姻是不道德的;没有性爱的爱情是不长久的,没有激情的性爱是不可心的"。这才是性本质意义上婚姻的全部内涵。

婚姻危险期的"曲线"

中科院家庭社会研究室的一项调查表明:人们对于婚姻的满意度随结婚年头的增长变化呈现出"U"字形状,即在新婚后不久和年老时期是夫妇双方对婚姻最满意的阶段,而40岁前后的某个阶段对婚姻的满意度则会滑落至谷底。

• 20多岁婚姻类型:需要"磨合"的危险期 •

孩子出生时,夫妻两人的压力骤然加大,原来的嬉戏和娱乐大大减少,性生活质量下降。孩子到来所产生的"三角"关系,改变了原来的"二人世界",夫妻对婚姻同时感到紧张、困惑、茫然。

案例:玲玲与肖辉都是26岁的年轻人,刚结婚不到一年。谈恋爱的时候,两人天天腻在一起,觉得幸福无比,恋爱半年后就步入了婚姻殿堂。经过短暂的蜜月旅行,小两口过上了还算满意的日子。但好景不长,没过两个月,两人就开始争吵,这都是生活中琐碎小事引起的,时间长了,两人都不愿意待在火药味十足的家里。两人在家时又互不沟通,日积月累后,双方的感觉与婚前大不相同,如同两个熟悉的陌生人。

诊断:根据有关统计数字显示,维持婚姻并不那么容易。尤其是婚后一

牵手一生

年半至两年蜜月期过后，争吵几率会上升，大约70%的夫妇对婚姻的满意程度会降低而且不会回升。

支招：新婚阶段是需要有一个磨合期的，如果双方磨合不好就很容易出现上述状况。但这个过程却很真实、自然，因为夫妻双方原本就来自两个不同的家庭，在生活习惯和交往方式上会有差异，细到如作息时间、饮食口味等等，这些生活方面的小事特别容易造成争吵或者纠纷。引起这些家庭问题的关键一点是缺乏婚前教育，缺乏足够的生理和心理准备，对婚姻的理解和认识不足。婚姻不是纯粹为了享受人生，这个过程很漫长并且会遭受很多心理挫折。处于恋爱巅峰期的男女青年往往对婚姻中的磕碰以及具体现实生活中的冲突想得过少，没有为未来生活做充分的思想准备，遇到问题后心理上接受不了。因此，年轻人要做好婚前心理准备，对婚姻生活有所了解，并积极应对矛盾的发生与解决。

30多岁婚姻类型：婚姻"角色转换"的危险期

婚后四至五年。这时期夫妻容易觉得生活平淡乏味。丈夫工作了多年，却见不到什么光明前途，更加懒于做家务；妻子既要工作又要照顾孩子，忙得不可开交；夫妻都没有闲情卿卿我我。这时候他们有可能另觅知音。有位社会学家调查了七十位与有妇之夫有染的女性，发现这些婚外情多半始于单纯的友谊。当丈夫或妻子把本应说给对方听的知心话向别人倾诉时，夫妻双方都难辞其咎。

案例：晓宇30出头，与爱人结婚5年。谈及这5年的感受，他说："开始时婚姻生活幸福美满，但有了孩子后，琐碎事多了，就开始争吵了！妻子总认为自己的重心偏重于家庭和孩子，而我的付出少得可怜！"

诊断：婚姻的危情时刻会出现在婚后头5年左右。因为这个时候通常会出现当父母的角色转换，这可能动摇到婚姻的基础。这也是婚姻脆弱的一个阶段，孩子小，压力大，所以夫妻可能变得很疏远。

支招：孩子暴露出夫妻矛盾的例子在生活中屡见不鲜，如果没有孩子，夫妻关系就简单得多，因为现在大部分家庭都只有一个孩子，两人的注意力会过多地集中在孩子身上。对于孩子的教育、成长等诸多问题，两人有时也会产生很大的分歧，并且很多时候两人还会因为坚守自己的想法而伤了彼此的和气。因此，在关心孩子的同时，不要忘了关心爱人，让家庭关系达到平衡。

40多岁婚姻类型："审美疲劳"的危险期

婚后二十年左右。这时候，男女双方身体状况逐渐发生变化。妻子进入更年期往往烦躁不安，担心自己魅力全失，丈夫则为日渐衰老而忧心忡忡——精力不再充沛，才思不再敏捷，打篮球打不过儿子，提升全然无望。此时他正需要理解和安慰，而妻子也恰恰有同样要求，如果夫妻不能彼此给予，那他就可能到其他异性那里去寻觅。

案例：赵磊与欣欣是一对结婚10年的夫妇。两人结婚之初就商量好不要孩子，虽说省去了因为孩子引起的烦恼，但也因为如此，他们之间与一般家庭相比，缺乏共同的关注点。对于步入中年的婚姻状态，两人的描述最一致的地方就是平淡。时不时两人头脑里还会蹦出想寻找新鲜或变化的想法。

诊断：婚后十多年的夫妻，因为彼此的了解和生活压力的增大，可能对生活会失去新鲜感，甚至有寻找刺激的想法，这也是婚姻最危险的一个阶段。

支招：处于不惑之年的夫妇，要学会体谅对方，寻找两人共同感兴趣的事情，多沟通，多为对方着想，并努力寻找新鲜的二人氛围。比如，周末一起去看场电影，假期出去旅游，寻找年轻时的激情与浪漫。

婚姻生活的危险期不完全是由男人主动引发的，女人也会有"7年之痒"，当你自己在度过多年的婚姻生活之后，忽然又对异性发生了兴趣，别忘了，这可能是生理经期和体内激素调节造成的"非常时期"，在这非常时期当中，对异性产生的迷惑、迷恋、关心情爱，应该控制自己，不要让粉红色的遐想演成了"桃色事件"，破坏了家庭幸福。

牵手一生

如何度过"危险期"

不管多么美满的婚姻，都可能会有一段危险期，这就是心理学上公认的"婚姻低潮"，在这个时期内，夫妻彼此之间的新鲜感减弱了，生活也定型了，经济情况也由结婚初期的拮据渐趋安定了，这时，两个自以为是"老夫老妻"的男女，再也不注意对方了，妻子的新发型，丈夫看不见；丈夫的笑话，妻子也不能领会；这两个人已经适应了婚姻生活，有了爱情的结晶，旁人或他们自己都以为这个婚姻成功了，但这也就是婚姻低潮的来临。

如何度过低潮，享受柳暗花明又一村的第二度爱情呢？专家警告：

1. 沉闷的婚姻会导致外遇。多年的婚姻生活会使夫妻之间的一切变成例行公事，在这种单调、乏味的低潮中，一个第三者会使婚姻生活的危险期立即来到。

2. 嫉妒的意识会促成另一半的不贞。因为担心丈夫有外遇，而对他的行动过度猜疑，不停地监视丈夫以观察他是否对其他女性发生兴趣，反而会促使丈夫向外发展。

3. 没有安全感。不能应付并解决婚姻中复杂问题的夫妻，可能逃避到婚姻外的爱情世界里，而造成婚姻生活的危险期。

4. 受到轻视。怀孕时为了确保胎儿的安全，拒绝和丈夫同房的妻子，会使丈夫感觉因新生命的降临而自己受到轻视，以致引起外遇。

5. 耐不住寂寞。丈夫出差的时候，因为觉得寂寞，所以受引诱的机会也较多，因此，当丈夫出差前，不可引起争执，而归来时，也应表现欢迎的热情。

6. 得不到性满足。当丈夫性能力减弱时，不要表示对他失望，否则会使他向外发展，以求证实他仍是"男子汉"。

当然，婚姻生活的危险期是要夫妻共同来避免的，下面是专家研究调查之后提供的八个方法：

1. 夫妻双方应以彼此为重，切不可让其他的感情（如对方父母或儿女的爱）超越了夫妻之爱。

2. 夫妇双方必须培养个人的兴趣，避免过分依赖对方。

3. 夫妇双方对于另一半的"需要征象"应保持警觉。

4. 夫妇双方均应注意仪容、修饰外表、锻炼体格。

5. 夫妇之间有摩擦时，应正视问题，坦白讨论，而不怀恨于心。
6. 夫妇双方必须彼此迁就，多做适度的进步。
7. 夫妇双方均应有固定数额的零用钱，可以随意支用。
8. 夫妇双方在其配偶成功时，应引以为荣，在其失败时，应作对方的支柱。

那么，如何顺利度过"婚后危险期"呢？

沟通思想

一般说来，恋人之间往往具有"情人眼里出西施"的特点，把对方拔高了、美化了，婚后便常会因发现对方在恋爱时所不曾有的缺陷而产生失望的心情。因此，新婚的青年，必须在心理上有所准备，正确地对待相互的性格差异，经常谈谈共同生活中发生的事情，尤其是心中的苦恼或双方的误解。这样即使彼此有疙瘩，也能尽快解开。

宽容忍让

对对方婚前遮掩而婚后暴露出来的缺点和弱点，采取宽容忍让的态度。正如富兰克林所说："婚前眼睛睁大，婚后眼睛半开半闭。"夫妻双方的个性应在相容互补基础上得到充分的发展。谦让是婚姻美满的润滑剂。适度的有益争论，有利于解决冲突纠纷，但应尽量避免为一些无原则的生活琐事针锋相对。

互相尊重

自尊和要求平等是维护人格的心理基础，夫妻之间尤其需要平等和尊重。在夫妻相处中，要防止"夫唱妇随"的大男子主义；妻子也要警惕"妻管严"的意识。至于家庭角色的分工，夫妻间最好顺其自然，形成一个能发挥各自独特作用的、最合适的组合。

注意"感情投资"

夫妻在日常生活中，要多为对方着想，经常想到对方的实际需要，想到对方的情趣爱好，还要记住有特殊意义的日子，如结婚纪念日、对方的生日、女方的"三八"节及双方父母的寿辰、祭日，以及平时的饮食起居的互相照应等。事情虽小，但于细微处见真情。

经济民主

夫妻双方都应做到收支公开，量力而出，不同别人攀比。

牵手一生

・多一点幽默感・

在一方心情烦恼或双方发生冲突时，刺激性的语言无疑是火上浇油，唠叨不休地劝解也是事倍功半。这时如有一个得体的小幽默，便能使其破涕为笑或化干戈为玉帛。

・加强道德修养・

夫妻任何一方绝不做"第三者"，也不许"第三者"插足。"篱笆扎得紧，野狗不进门。"夫妻双方应用高尚的情操、真挚的爱情铸成一堵铜墙铁壁，使不道德的"第三者"无隙可乘。

・注意性生理的协调・

多一点诗意和罗曼蒂克，少一点动物性本能。因为性交往往不仅指两性的交流，重要的还有性心理交流，如甜蜜的爱抚、钟情的语言、热情的拥抱接吻等。

・注意爱的再分配・

小宝宝呱呱坠地后，注意夫妻感情的再分配，避免因亲子情弱化夫妻之情，而应把夫妻之爱明智地同父子（女）之爱、母子（女）之爱融为一体。

・谨慎对待离婚的冲动・

现实生活中，许多要分道扬镳的夫妻，并不都是非分不可的。闹离婚的人在心理上往往是一时的偏激和愤怒，结果导致离异。因此夫妻发生矛盾冲突时切莫轻易以"离婚"相威胁，那样只会激化矛盾。

鸳鸯语典

正如鲁迅所说："爱情必须时时更新、生长、创造。"这是度过婚后"危险期"的根本之途。

外遇的 8 种形式

不管明显或潜藏的动机如何，外遇常可归类为以下八种形式。

旧情复燃式

婚姻专家普遍认为夫妻间的感情在经过婚后短暂的"钟情幻想期"和"热情实现期"后，便进入"婚后危险期"。所以，即使再恩爱的夫妻也有相看两相厌的时候。假若再有机会与以前的恋人相见，那么就很有可能旧情复燃。事实上，与旧恋人一起生活未必就好过现在，这只是对失去的旧情的一种盲目迷恋。

弥补式

这类男女大都觉得自己的配偶有不尽如人意的地方：丈夫认为妻子整天只知道买菜做饭而缺乏生活情趣，当他遇到一个充满诗意的女子时，便会情不自禁地喜欢上她的脱俗；妻子则认为自己的丈夫缺少才干，她迷恋的是那种才华横溢又有志向的男人。

死不认账式

不论配偶如何追问、调查，虽有蛛丝马迹，若无实际证据，外遇者往往会说："我这么爱你，怎么可能？"或是"你少神经过敏了。"

不声不响式

有些男人隐瞒自己的妻子，既与其他女人约会，还表现得对妻子疼爱有加。若不是自己招认，这位妻子恐怕要一直被蒙在鼓里。

明目张胆式

这是许多妻子面对的最痛苦的一种形式。外遇者自认做了最合理、最公平的安排，也就是星期一、三、五在妻子处，二、四、六在第三者处。然后是——他高兴怎么做就怎么做。

牵手一生

一去不回式

外遇者和第三者双宿双飞，完全弃家庭于不顾。

拈花惹草式

这种形式是本性花心，没有固定第三者，纵使有，也可以同时又和多位异性交往，关系复杂。

浪子回头式

在一段激情爱恋后，外遇者仍选择了"回家"，和妻子重建家庭关系。

鸳鸯语典

> 外遇，不论是哪一种形式的出现，对家庭结构、夫妻关系、亲子相处来说，都会有极大的伤害，往负面想是——这个家庭可能面临解体；往正面想是——这个家庭有重新整合的好机会了！

夫妻外遇的5种心理

由于工作原因或是两地分居，一些丈夫经常不在妻子身边。如果这样的丈夫既缺乏家庭责任感，又不关爱妻子，不经常写信表达自己的思念之情，久而久之，必然使夫妻之间的感情日益淡漠，使妻子产生寂寞心理，感到没有精神寄托。此时，如果遇上合适的异性，双方就会丧失抵御诱惑的能力，导致外遇的发生。

怨恨心理

性生活是夫妻生活中一项十分重要的内容。如果配偶因为性功能障碍，或因为追求事业终日忙碌，忽视了给予对方温情，或丈夫在外面贪恋酒色，不能满足妻子正常的生理需要。

失落心理

这种心理多见于婚前缺乏了解，一见钟情，草率成婚；或者是恋爱不久就"生米煮成熟饭"而"身不由己"的。婚后长期生活在一起，他们逐渐发现对方有很多坏毛病，或生理上有某些缺陷。在这种情况下，容易产生心理上的失落感，从而萌发异心。

达标心理

有的男人为了某种目的，娶了并不中意的女人，由于妻子与丈夫缺乏感情基础，一旦目的达到，就会觉得妻子或老或丑，不是以离婚而告终，就是"另抱琵琶"。

报复心理

有的妻子对丈夫不忠，在外面偷情，一旦事情败露，往往会导致不愉快的结局。如果做丈夫的考虑欠妥，一怒之下可能产生报复心理：既然你可以在外面拈花惹草，那么我为什么不可以去寻找寄托？

优越心理

有的丈夫或学历比妻子高，或地位优于妻子，如果做妻子的不愿积极进取，就容易使丈夫"恨铁不成钢"，觉得妻子配不上自己。所以各方面条件都比妻子好的丈夫出现婚外恋的几率较大，因为在他周围很可能有比你强的女人。

鸳鸯语典

为了提高婚姻质量，夫妻双方要了解发生外遇的种种心理轨迹，加强交流，从自身做起，及时调整夫妻间的感情，使之不断得到升华。这样，才能保证家庭的稳定和婚姻的幸福。